秦汉帝陵制度研究

徐卫民　张渊　著

上海古籍出版社

图书在版编目（CIP）数据

秦汉帝陵制度研究 / 徐卫民,张渊著. —上海：
上海古籍出版社,2024.5
ISBN 978-7-5732-1095-1

Ⅰ.①秦…　Ⅱ.①徐…②张…　Ⅲ.①黄帝陵—等级
制度—研究—中国—秦汉时代　Ⅳ.①K928.76

中国国家版本馆CIP数据核字（2024）第076680号

西北大学考古学系列研究　第5号

秦汉帝陵制度研究

徐卫民　张　渊　著

上海古籍出版社出版发行

（上海市闵行区号景路 159 弄 1-5 号 A 座 5F　邮政编码 201101）

（1）网址：www.guji.com.cn

（2）E-mail: guji1 @ guji.com.cn

（3）易文网网址：www.ewen.co

上海雅昌艺术印刷有限公司印刷

开本 710×1000　1/16　印张 16.5　插页 10　字数 279,000

2024 年 5 月第 1 版　2024 年 5 月第 1 次印刷

印数：1—2,050

ISBN 978-7-5732-1095-1

K·3565　定价：98.00 元

如有质量问题，请与承印公司联系

一　秦始皇陵

二　秦始皇陵铜车马

三　秦始皇陵兵马俑

四　汉平帝康陵

五　汉吕后陵

六　汉武帝茂陵

七　汉元帝渭陵

八　汉宣帝杜陵玉杯

九　汉宣帝杜陵玉舞人

十 汉阳陵出土的刑具

十一 汉阳陵穿着铠甲的陶俑

十二 汉阳陵发现的围棋盘

十三 汉阳陵陪葬坑骑兵俑

1

2

十四 汉阳陵出土的陶塑动物

十五　汉阳陵陪葬坑陶动物

十六　汉阳陵陪葬坑陶动物　　　　　　　　　　　　　　　十七　汉阳陵陪葬坑陶器

十八　汉阳陵陪葬坑陶俑　　　　　　　　　十九　汉阳陵陶俑头

二十　汉阳陵陪葬坑陶俑

二十一　汉阳陵出土的乐伎俑

二十二　汉元帝渭陵玉仙人奔马

二十三　汉长陵陪葬兵马俑

二十四　汉长陵陪葬兵马俑

目　录

一

秦汉帝陵制度研究综述

秦汉时期是我国古代制度的形成与发展时期，帝陵制度也是如此。帝陵是秦汉历史、考古研究中一个极为重要的组成部分，是最能反映当时社会各方面状况的宝贵资料，因为当时墓葬制度奉行"事死如事生"的理念，是帝王生前生活的具体反映。而且这些资料由于两千多年来一直埋在地下，相对比较完整。

在我国现代科学意义上的考古学诞生以前，就有许多历史学者包括近代的日本、法国、美国学者致力于对陕西秦汉帝陵位置、形制规模、陵墓制度等诸多方面的研究著述，从而为现代学者的研究提供了借鉴之处；20 世纪三四十年代，以"西京筹委会""陕西考古会""北平研究院""西北史地考察团"和"教育部西京艺术文物考察团"为主体的中国学者，也对陕西秦汉帝陵做了一些考古勘探研究工作，并取得了一定的成果。[①] 但是，有关秦汉帝陵的深入研究，则在 1949 年以后考古工作大规模展开以来才得以系统开展。学者们在田野考古资料与文献资料相结合的基础上，对秦汉帝陵的认知也达到了前所未有的高度。特别是秦兵马俑的发现，带动了考古学界对秦始皇陵的全面勘探，以及近些年来国家实施的大遗址保护中对汉代帝陵的勘探与试掘，为秦汉时期帝陵的研究提供了比较充裕的资料，大大促进了秦汉帝陵制度的研究。下面分专题对目前的研究现状进行陈述。

（一）帝、后陵墓

1. 陵墓的地望与选址

秦始皇帝陵的地望十分清楚且无争议。王学理认为其地望的选择受到了多种因素的影响。首先，骊山陵墓为秦都咸阳规划的既定组成部分；其次，骊山

---

① 陕西省考古研究院秦汉考古研究部：《陕西秦汉考古五十年综述》，《考古与文物》2008 年第 6 期。

地区悠久的人类历史文明令秦始皇欣羡，又环境优美、交通方便而使其乐于死后居于此地，且骊山北麓地理形势也符合堪舆术的要求，是理想的葬地。[①]徐卫民认为秦始皇陵的选址是受到了风水因素的影响而如同秦公大墓一样选址在山环水抱的高台地上。[②]段清波也认为虽然秦陵主体分布范围黄土发育较差，地下水位太高，地貌狭窄的山前地带的地质特征并不符合春秋战国之际人们对帝王陵墓应选址于原高土厚水深的开阔地带、地势高敞和下不及泉的要求，但这里的山水环境和历史背景也许更符合秦始皇本人的心理要求或者条件，符合秦统一后经过整合后的风水观念。[③]

　　位于长安城南的杜陵文献记载清晰，杜陵陵园经过局部发掘因而其地望所在没有争议。霸陵的地望一直以来就有人怀疑，最新的考古成果提出了异议，认为其位置应该在窦皇后陵附近的江村一带。[④]且经过进一步勘探发掘，得到确认。对于咸阳原上的九座汉代帝陵的位置所在，清代陕西巡抚毕沅曾经考证立碑，20 世纪 70 年代末至 80 年代初，陕西省考古研究所的杜葆仁与中国社会科学院考古研究所的刘庆柱、李毓芳在对西汉诸陵大量调查研究的基础上又重新确定了咸阳原上西汉帝陵的具体位置。他们认为，渭北九陵从西向东依次为茂陵、平陵、延陵、康陵、渭陵、义陵、安陵、长陵、阳陵，并得到了学界大多数专家的普遍认可。但王建新对这一观点中西汉后四陵即延陵、康陵、渭陵、义陵的位置排列提出了不同看法，他在综合研究文献、考古资料以及具体历史背景的基础上指出，西汉后四陵从西向东的排列顺序应为成帝延陵、元帝渭陵、哀帝义陵、平帝康陵。[⑤]

　　一些学者认为传承自西周的昭穆制度决定着西汉帝陵的选址，[⑥]沈睿文尤其认为在昭穆制度依旧根深蒂固、五音姓利学说已经存在的情况下，西汉帝陵实行的是以太上皇万年陵为祖穴，在五音姓利学说的指导下进行的五音昭穆选址

①　王学理：《秦始皇陵研究》，上海人民出版社，1994 年，第 18—25 页。

②　徐卫民：《秦帝王陵墓制度研究》，《唐都学刊》2010 年第 1 期。

③　段清波：《秦始皇帝陵园相关问题研究》，西北大学博士学位论文，2007 年，第 29—31 页。

④　杨武站、曹龙：《汉霸陵帝陵的墓葬形制探讨》，《考古》2015 年第 8 期。

⑤　王建新：《西汉后四陵名位考察》，《古代文明》第 2 卷，文物出版社，2003 年。

⑥　杜葆仁：《西汉诸陵位置考》，《考古与文物》1980 年第 1 期；石兴邦、马建熙、孙德润：《长陵建制及其相关问题——汉刘邦长陵勘察记存》，《考古与文物》1984 年第 2 期；刘庆柱、李毓芳：《西汉十一陵》，陕西人民出版社，1987 年，第 143—149 页；李毓芳：《西汉帝陵分布的考察——兼谈西汉帝陵的昭穆制度》，《考古与文物》1989 年第 3 期。

制度。① 而杨宽则认为西汉仅高祖、惠帝、景帝三陵是按照昭穆制度埋葬，其他诸陵却是比较杂乱地葬在武帝茂陵以东和惠帝安陵以西地区，不再按照左昭右穆之制。② 刘尊志虽然也持长陵、安陵和阳陵的相对位置基本沿袭昭穆制度的观点，并认为这与西汉初期的政治、经济、思想文化相关，此后随着中央集权的不断加强和新的统治秩序的建立，代表统治者意志的社会思想文化的形成等，西汉早期所沿用的相关昭穆制度内容也逐渐被破坏并走向灭亡；但又认为西汉陵墓的选址是在综合考虑堪舆术、地理与地势、皇帝本人的爱好以及一些特殊原因的基础上进行的。③ 雷百景、李雯认为西汉帝陵除汉平帝康陵因后事由逆臣王莽操纵安排而不遵昭穆制度外，其他帝陵选址则遵循昭穆之序。④

也有不少学者认为，西汉帝陵选址中并不存在昭穆制度因素。⑤ 其中，焦南峰、马永赢认为昭穆制度在先秦考古资料中尚未见确凿证据；高祖长陵所选取的位置也并不适合后世帝陵按昭穆排列；汉成帝时大臣们劝谏其罢昌陵还复故陵时丝毫未提及昭穆制度；平帝康陵与哀帝同辈却葬入渭北主陵区，这不符昭穆礼仪；西汉帝陵符合昭穆制度这些结论都是以西汉帝陵面向南方为基础的，而考古钻探却证明西汉帝陵可能都是坐西面东；这几点都证明西汉帝陵布局并无昭穆之序。黄展岳则认为即使西汉帝陵坐北向南其陵位安排也不符合昭穆制度。

在否定西汉帝陵选址及布局中存在昭穆制度这一基础上，焦南峰与马永赢进一步提出传统墓地选择习俗、风水思想、政治形势以及皇帝个人爱好等诸多因素的合力是西汉帝陵选址的最终成因。⑥ 刘炜也提出西汉帝陵之所以选择在咸阳原上，是受到了汉代已经流行的堪舆之风的影响，而咸阳原地势一平如砥、踞高临下、广阔雄伟，是西汉诸帝眼里的累世隆盛的风水宝地，⑦ 概言之，即风水因素决定着西汉帝陵的选址。王子今则认为，一方面，咸阳原"高敞"

① 沈睿文：《西汉帝陵陵地秩序》，《文博》2001年第3期。
② 杨宽：《中国古代陵寝制度史研究》，上海古籍出版社，1985年，第201页。
③ 刘尊志：《西汉帝陵分布及相关问题浅析》，《中原文物》2010年第5期。
④ 雷百景、李雯：《西汉帝陵昭穆制度再探讨》，《文博》2008年第2期。
⑤ 雷依群：《论西汉帝陵制度的几个问题》，《考古与文物》1998年第6期；焦南峰、马永赢：《西汉帝陵无昭穆制度论》，《文博》1999年第5期；黄展岳：《西汉陵墓研究中的两个问题》，《文物》2005年第4期；崔建华：《论皇权传承规范对西汉帝陵布局的制约》，《考古与文物》2012年第2期。
⑥ 焦南峰、马永赢：《西汉帝陵选址研究》，《考古》2011年第11期。
⑦ 刘炜：《西汉陵寝概谈》，《中原文物》1985年第2期。

的地理条件同时满足西汉统治者追求地势高亢以体现尊贵地位、陵墓防水以及保证陵邑居民生活用水和符合帝都总体设计思想这几个条件，因而是渭北九陵定址于此的原因[①]；另一方面，西汉诸陵所在之地交通便利、邻近道路，便于人们追怀凭吊及营建陵墓时的施工组织也是影响西汉帝陵选址的一个重要因素。[②]杨哲峰在利用地理坐标观察诸陵之间的位置关系，并将帝陵封土、陵园的形制和方位与其所处的地理位置结合起来分析相互之间的关联性和隐含的布局设计问题的基础上提出了一个全新的观点，他认为，渭北西汉诸陵在布局上应该存在一条依据咸阳原的地理特征，并在西汉初年就已经测定的帝陵选址设计基线，西汉渭北九陵可能就是在这一规划的指导下进行选址的。[③]

2. 帝陵及陵园的方向

秦始皇帝陵有东向与南向、北向之说，东向说更为学界所接受。20 世纪 80 年代，在对秦始皇陵的勘探中曾在陵墓东侧发现五条墓道，地宫西侧中部发现一条墓道，南侧因沙石无法勘探而未发现有墓道存在。[④] 袁仲一据此认为秦始皇帝陵地宫四面设置墓道，东边五个，西、北边各一个，南边不明，东边为主墓道，陵墓坐西面东。[⑤]2002—2003 年，陕西省考古研究院对秦始皇帝陵封土再次进行了勘探，经过对封土东侧内外 K0202、K0203、K0204 陪葬坑和东墓道、地下砖坯围墙南侧东端的勘探，发现秦始皇陵东侧只有一条墓道。[⑥]后经"863"计划"秦陵考古遥感与地球物理综合探查技术"进行物探遥感探测，并经过洛阳铲勘探验证，发现封土东、西两侧封土下的细夯土墙上各有一个缺口存在，即地宫东西两侧各有一条墓道，且东墓道长度、规模大于西墓道，南北两侧封土下的细夯土墙上则未发现有墓道迹象。[⑦]由此，此前所认为的秦始皇陵为"亚"字形最高等级墓道这一观点也受到了挑战而需要进一步的考古验证。

① 王子今：《说"高敞"：西汉帝陵选址的防水因素》，《考古与文物》2005 年第 1 期。
② 王子今：《西汉帝陵方位与长安地区的交通形势》，《唐都学刊》1995 年第 3 期。
③ 杨哲峰：《渭北西汉帝陵布局设计之观察》，《文物》2009 年第 4 期。
④ 韩伟、程学华：《秦陵概论》，收入石兴邦主编：《考古学研究》，三秦出版社，1993 年。
⑤ 袁仲一：《秦始皇陵的考古发现与研究》，陕西人民出版社，2002 年，第 33 页。
⑥ 陕西省考古研究院、秦始皇兵马俑博物馆：《秦始皇帝陵园考古报告 2001—2003》，文物出版社，2007 年，第 34 页。
⑦ 陕西省考古研究院、秦始皇兵马俑博物馆：《秦始皇帝陵园考古报告 2001—2003》，文物出版社，2007 年，第 104—105 页；段清波：《秦始皇帝陵的物探考古调查——"863"计划秦始皇陵物探考古进展情况的报告》，《西北大学学报》2005 年第 1 期。

秦始皇陵园的方向也存在着争议。徐苹芳认为"陵墓东西墓道与内外陵园的东西门相对应，这说明始皇陵的方向是东西向的"。[①]杨宽也据秦始皇陵遗址内外有二道城墙，其中内城墙呈方形围住陵墓，外层城墙长方形且只有东面设门，因而认为整个陵园是东向的。[②]孙嘉春则根据秦始皇陵园的地形地貌、交通形势及秦人思想政治意识等方面得出了秦始皇陵坐南面北的观点。[③]王学理认为秦始皇帝陵墓向当为东向，陵园的正方向则是北向的。[④]孙伟刚、曹龙认为"东向说论述的核心是陵墓方向，忽略了整个秦始皇帝陵园所在的地形环境及秦代这一区域的交通形势等因素；而坐南面北说则'只见森林、不见树木'，考虑了秦始皇帝陵园的总体，未重视墓本身；而墓葬本体作为整个陵园的核心，其方向所蕴涵的固有传统因素不容忽视"；继而，他们提出秦始皇帝陵园是陵园方向与陵墓方向并存的，"秦始皇陵墓坐西面东是继承了秦人先祖传统葬俗的必然选择"，而"骊山北麓南高北低的地形特点及陵园所在台地周围的环境因素决定了秦始皇陵园坐南面北的结构，这不仅体现在陵园为南北向长方形，从陵园内建筑的布局来看，坐南面北应为陵园的整体方向"；因而秦始皇陵是"墓向与陵向二元结构的完美统一"。[⑤]

西汉帝陵的方向也有东向和南向之争，但大部分学者认可东向的观点。汉景帝阳陵的调查报告认为："南、西两阙门保存较好，南门现存宽 14 米，西门现存宽 12.7 米，东门已破坏，残宽 19 米，东阙门中间原有 1 米多宽的河卵石路面，直达陵冢。"[⑥]说明东门比南、西两门宽大。刘庆柱、李毓芳认为西汉帝陵以东司马门为正门且其前有司马道，陪葬墓均位于司马道旁侧，因而西汉帝陵是东向的，这一点可能既与未央宫以东门为正门有关，也有可能是受到了秦始皇陵的影响。[⑦]石兴邦等人在对长陵调查的基础上，也认为从长陵与吕后陵的位置和排列方式以及附近的地形看，其正门可能向东。[⑧]杨宽以为西汉诸陵

①　徐苹芳：《中国秦汉魏晋南北朝时代的陵园和茔域》，《考古》1981 年第 6 期。

②　杨宽：《中国古代陵寝制度史研究》，上海古籍出版社，1985 年。

③　孙嘉春：《秦始皇陵墓向与布局结构问题研究》，《文博》1994 年第 6 期。

④　王学理：《秦始皇陵研究》，上海人民出版社，1994 年。

⑤　孙伟刚、曹龙：《再议秦始皇帝陵墓方向与陵园方向——墓向与陵向二元结构并存的秦始皇帝陵园》，《考古与文物》2012 年第 4 期。

⑥　王丕忠、张子波、孙德润：《汉景帝阳陵调查简报》，《考古与文物》1980 年创刊号。

⑦　刘庆柱、李毓芳：《西汉诸陵调查和研究》，《文物资料丛刊》(6)，文物出版社，1982 年。

⑧　石兴邦、马建熙、孙德润：《长陵建制及其有关问题——汉刘邦长陵勘查记存》，《考古与文物》1984 年第 2 期。

的寝殿之所以都设在帝陵城墙的东南，或北方，或西北，是因为诸陵的方向都是向东的，而且以东门和北门作为主要通道，这与西汉都城宫廷制度一致，原因当即为陵寝的建筑仿效的是宫廷的规格。[①] 叶文宪认为西汉帝陵同秦始皇陵一样坐西向东应当是对秦制的继承。[②] 雷依群据长陵、阳陵调查报告认为，西汉帝陵的正门基本上都是东向，此为受到秦始皇陵影响的结果。[③]1996—1998年，陕西省考古研究所阳陵考古队对汉景帝阳陵的帝陵和后陵进行了详细的钻探和测绘，从而发现景帝阳陵陵园平面为正方形，帝陵地宫平面为"亚"字形，东南西北各有一条斜坡墓道，东墓道长 69 米，远超南、西、北三条分别长 11 米、21 米、23.1 米长的墓道；景帝王皇后陵亦为"亚"字形，四条墓道，东墓道最长为主墓道。[④] 由此，焦南峰、马永嬴认为西汉帝陵可能均是坐西面东的。[⑤] 但秦建明、姜宝莲则认为西汉渭北诸陵是按昭穆以东西向排列的，因而可以说明帝陵墓向应当是向南；而且，西汉帝陵存在的南北向中轴线也可以说明除杜陵外的陵墓建筑是南向的；此外，咸阳诸陵背负高原、俯临渭水这一地形也与中国古代建筑一般都安排为前低后高、背山面水这一特点相符，因而在咸阳原这种地形安排建筑只能是面南的设计。[⑥]《西汉帝陵钻探调查报告》则认为，虽然从帝陵的四出墓道中不少帝陵东墓道最长这方面来看西汉帝陵陵园的方向应是朝东的，但从宏观来看，西汉帝陵是以长安城为中心作对称分布的，位于长安城北部咸阳原上的九座帝陵应该是朝南的，建于长安城南部的霸陵和杜陵则是朝北的[⑦]。考古资料证明，西汉最后一个皇帝平帝康陵是面南的。"汉平帝康陵是西汉王朝的最后一座皇帝陵园，相对于中期的汉景帝阳陵、汉武帝茂陵、康陵的形制布局与结构均发生了巨大变化。首先，陵园方向发生变化，康陵陵园由东西向长方形变为南北向长方形，而且仅在大陵园南侧开有一门。其陵园可能由原来的坐西面东变为坐北面南"。[⑧]

---

① 杨宽：《中国古代陵寝制度史研究》，上海古籍出版社，1985 年，第 184 页。

② 叶文宪：《西汉帝陵的朝向分布及其相关问题》，《文博》1988 年第 4 期。

③ 雷依群：《论西汉帝陵制度的几个问题》，《考古与文物》1998 年第 6 期。

④ 陕西省考古研究所阳陵考古队：《汉景帝阳陵考古新发现（1996—1998 年）》，《文博》1999 年第 6 期。

⑤ 焦南峰、马永嬴：《西汉帝陵无昭穆制度论》，《文博》1999 年第 5 期。

⑥ 秦建明、姜宝莲：《西汉帝陵的昭穆与陵位探》，《文博》2002 年第 2 期。

⑦ 咸阳市文物考古研究所：《西汉帝陵钻探调查报告》，文物出版社，2010 年。

⑧ 陕西省考古研究院、咸阳市文物考古研究所：《汉平帝康陵考古调查、勘探简报》，《考古与文物》2014 年第 6 期。

东汉时期的帝陵坐北向南为学界的共识。韩国河在《东汉帝陵有关问题的探讨》一文中，根据洛阳东汉帝陵南兆域高崖村大墓（静陵）经过钻探确认为一座带一条南向墓道的砖（石）室墓、20 世纪 50 年代以来洛阳地区发现的东汉时期大墓都是一条墓道的砖（石）室墓的情况以及文献证据，认为东汉时期陵寝"坐北向南"的埋葬习俗已经可以确认；"这无疑是对秦至西汉时期的'坐西向东'葬俗的根本性变革，并对其后魏晋隋唐宋元明清时期'南向'为主流的葬俗产生了深远影响"；对生活中南向地上建筑的模仿可能是促使东汉帝陵变为南向的原因之一，而东汉洛阳的南北宫制则也可能与之有一定的内在联系。[1]

3. 皇帝与皇后陵墓的位置

秦始皇陵园不见后陵，东汉帝、后合葬于一陵，仅西汉帝、后同茔异穴。因而，西汉帝后陵墓的相对位置关系也是学界研究的一个重要问题，并同样颇具争议。徐苹芳认为，"后陵都葬于帝陵之东，如长陵、阳陵、平陵和杜陵。凡葬在帝陵之西的，都有其特殊原因"。[2]沈睿文也称"西汉的帝陵与皇后陵位置，一般前者居西，后者居东"。[3]但曾青则认为帝西后东决非西汉帝后合葬之通制，"帝西后东者有之，帝东后西者亦有之，而帝东后西制在西汉前中期帝陵中还是较为普遍的"。[4]

陕西省考古研究所在对惠帝安陵勘察之后发现惠帝安陵位于陵园东南，孝惠皇后张嫣陵则在惠帝陵西北 270 米处，属于"帝东后西"。[5]2001 年，咸阳市文物考古研究所对平陵的调查也表明，同此前所认为的"帝西后东"相反，平陵也是昭帝陵在东，上官皇后陵在西。[6]刘卫鹏、岳起认为"目前可以确定属于'帝东后西'之制的有太上皇万年陵、惠帝安陵、武帝茂陵、昭帝平陵、元帝渭陵，其后陵均位于帝陵的西北方；可以确定属于'帝西后东'之制的有文帝霸陵、景帝阳陵、宣帝杜陵、哀帝义陵。高祖长陵、成帝延陵、平帝康陵还有一定的争议"。而长陵原来被认为是帝西后东，"主要是根据《史记·外戚世家》中的晋人裴骃的'集解'中所引《关中记》的记载，《关中记》为西

---

① 韩国河：《东汉帝陵有关问题的探讨》，《考古与文物》2007 年第 5 期。

② 徐苹芳：《中国秦汉魏晋南北朝时代的陵园和茔域》，《考古》1981 年第 6 期。

③ 沈睿文：《西汉帝陵陵地秩序》，《文博》2001 年第 3 期。

④ 曾青：《关于西汉帝陵制度的几个问题》，《考古》1987 年第 1 期。

⑤ 陕西省考古研究所：《西汉安陵调查简报》，《考古与文物》2002 年第 4 期。

⑥ 刘卫鹏、岳起：《由平陵建制谈西汉帝陵制度的几个问题》，《考古与文物》2007 年第 5 期。

晋潘岳所著，已佚，其时上距西汉已经四、五百年，记载失误不是没有可能"。且据考古钻探调查，"长陵陵园内两座封土的规模相差无几，但东边的陵墓封土周围陪葬坑比较密集，而西边的陵墓周围几乎未发现陪葬坑，东边陵墓的东墓道正对陵园的东门阙，西边陵墓的东墓道则没有正对东门阙"。因而刘卫鹏和岳起倾向于长陵内东边是高祖陵，西边是吕后陵。由此，"咸阳原上的9座西汉陵墓（包括太上皇陵）中就有6座属于'帝东后西'之制，仅有景帝阳陵和哀帝义陵确属'帝西后东'之制，另外2座不明确。由此看来，'帝东后西'之制是西汉帝陵的主要模式，而'帝西后东'之制是次要的模式。凡属于'帝东后西'之制的，后陵一般位于帝陵的西北方；属于'帝西后东'之制的，后陵均位于帝陵的东北方"。这种陵位的安排也符合《汉旧仪》对西汉诸帝寿陵"天子即位明年，将作大匠营陵地，用地七顷，方中用地一顷。深十三丈，堂坛高三丈，坟高十二丈。……已营陵，余地为西园后陵，余地为婕好以下，次赐亲属功臣"的记载。"说明当时规划、营建帝陵时，首先考虑规划帝陵，然后在剩余的地中规划后陵，而且后陵位于帝陵的西边，称为'西园'"。不仅如此，位于渭河以南、与咸阳原上的西汉诸陵相对而望的杜陵和霸陵皇后陵均位于帝陵的东南，"这同咸阳原上西汉诸陵的布局正好相反，说明陵墓的总体规划是以汉长安城为中心作对称布局。如果将这两座陵墓反过来置于咸阳原上，其帝、后陵位置正好也是'帝东后西'，这就充分说明了'帝东后西'之制是西汉帝陵流行的主要模式，并非以前人们认为的'帝西后东'模式"。[1]陕西省考古研究院和咸阳市文物考古研究所 2009 年至 2010 年对汉哀帝义陵的钻探调查也证明其为"帝西后东"之制。[2]

4. 陵园

以秦始皇陵园为标志，"独立陵园制"在秦代全面确立，汉代帝陵继承之并进一步完善化，从而奠定了尔后中国近两千年帝王陵园制度的基础。[3]

关于陵园，在相关文章中所指代的范围也因人而异，界定不一。段清波在《秦始皇帝陵园相关问题研究》中对秦始皇帝陵园的定义为："指秦始皇帝陵以陵墓为中心、由内外两重城垣围就的陵园范围，外城垣西墙长 2 188.378 米、

---

① 刘卫鹏、岳起：《由平陵建制谈西汉帝陵制度的几个问题》，《考古与文物》2007 年第 5 期。

② 陕西省考古研究院、咸阳市文物考古研究所：《汉哀帝义陵考古调查、勘探简报》，《考古与文物》2012 年第 5 期。

③ 赵化成：《从商周"集中公墓制"到"秦汉独立陵园制"的演化轨迹》，《文物》2006 年第 7 期。

东墙长 2 185.914 米、北墙长 971.112 米、南墙长 976.186 米，面积为 2.135 平方公里，包括陵墓、城门、陵寝建筑、园寺吏舍、陵园内的陪葬墓等。"① 王学理也认为陵园就其范围而言，有着广义和狭义的区别，前者指陵墓的整个葬区，后者则就陵城之内的范围而言。②

一般认为秦汉帝陵均实行两重陵园制度。刘瑞则撰文提出，秦、西汉时期普遍存在着三重陵园制。他在对西汉景帝阳陵存在内、中、外三重陵园制度的认识上又提出围绕秦始皇陵封土的第一重陵垣应为"内陵垣"，其内的空间即"内陵园"，其内的主体为帝陵和附属建筑，在帝陵周围埋藏"百官藏"；过去所谓"外陵园"的围绕秦始皇陵封土的第二重陵垣，实应为陵墓的"中陵垣"，在其与"内陵垣"之间的空间为"中陵园"；在围绕秦始皇陵封土的第二重陵垣即"中陵垣"之外的空间，则相当于景帝阳陵的"外陵园"，应即朱思红在《秦始皇陵园范围新探索》一文中指出的通过利用、改造自然水系，或开挖人工壕沟的方式形成的陵区范围；汉阳陵考古资料揭示出的景帝阳陵的内、中、外三重陵园制度应是西汉时期各帝陵均施行的陵园制度，只不过在阳陵之前的长陵、安陵、霸陵采取的是简化的三重陵园制度而已。即，内、中、外三重陵园应是西汉帝陵的基本陵园制度。③ 王学理亦认为秦始皇陵园是具两道垣墙的三城制，即内外两道垣墙构成"回"字形重城，再在内城的东北角另隔出一个小城；外城较内城宽而高，土墙夯筑上有遮护，围墙的四角原有角楼建筑；陵园三城共 10 门，重城的四面各自有门，其中东、西、南三面的六门是内外相对而直指陵冢。④ 在秦始皇帝陵墓封土东西两侧的内外城门之间，分别有一组南北对称的独立三出阙，位于陵墓东西轴线的南、北两侧，东侧内、外城之间的北阙南北长 45.9 米、东西宽 4.6—14.6 米，西侧内、外城之间的南阙南北长44 米、东西宽 5—15.5 米。⑤

---

① 段清波：《秦始皇帝陵园相关问题研究》，西北大学博士论文，2007 年，第 1 页。
② 王学理：《秦汉相承、帝王同制——略论秦汉皇帝和汉诸侯王陵园制度的继承与演变》，《考古与文物》2000 年第 6 期。
③ 刘瑞：《秦、西汉帝陵的内、中、外三重陵园制度初探》，《中国文物报》2007 年 5 月 18 日，第 007 版。
④ 王学理：《秦汉相承、帝王同制——略论秦汉皇帝和汉诸侯王陵园制度的继承与演变》，《考古与文物》2000 年第 6 期。
⑤ 陕西省考古研究所、秦始皇兵马俑博物馆：《西安秦始皇陵园的考古新发现》，《考古》2002 年第 7 期。

秦始皇帝陵园还发现了阻排水系统。王学理指出秦始皇陵园排水的防护设施由秦始皇陵南的改变大水沟水流方向的"五岭"大堤、始皇陵墓之南的明渠，以及陵园之中的铺设管道用以引流的暗道构成。[①]段清波进一步指出，五岭遗址呈东南—西北走向，系粗夯筑成，作用是将陵园南侧原本北流的骊山来水引向东北流去，其起点在陈家窑村东南，终点在杜家村南，全长约 1 700 米；杜家村以东来自五岭大坝的水流沿着自然形成的低洼地势继续向东北流去，经过兵马俑坑以南，构成绕行陵园南侧、东侧的地面防水设施；其修建不仅阻挡了地表水对陵区的潜在危险，更重要的是减少了地下潜水对陵墓墓室的隐形破坏；明代大地震之后，五岭大坝被洪水冲毁。此外，陵园范围内还有由石、陶水道构成的引流管道和由陶质管道、漏斗和渗井构成的渗水设施组成的排水设施。[②]

刘庆柱认为根据文献记载分析，西汉帝陵陵园应该至少是按双重城垣设计的。[③]而最新的考古钻探也发现武帝茂陵和元帝渭陵均修筑有两重垣墙。[④]刘庆柱、李毓芳提出西汉初年高祖和吕后陵墓位于同一座陵园内，安陵陵园形制可能与长陵相近，从文帝霸陵开始，西汉帝、后单独设置陵园。[⑤]《西汉帝陵钻探调查报告》认为长陵和安陵为帝、后同位于一个陵园内，陵园平面呈长方形，陵园内设置陪葬坑和寝园等建筑；阳陵以后则属于帝、后各处一个陵园，陵园平面基本呈方形，陵园四面中部开门并且修建门阙，陵墓基本位于陵园的中部，寝园位于陵园外西北或者东南部，陪葬坑区位于陵园外面。[⑥]

门阙也是西汉帝、后陵园比较重要的建筑。刘庆柱、李毓芳认为，西汉帝陵中除长陵、安陵和杜陵等少数皇帝和皇后陵园司马门之外未置阙外，景帝及其之后的帝陵多在陵园司马门外设置双阙；阙与门一般相距十余米，每个阙的夯土基址一般面宽 40 米，进深 10 米，台上有复杂的建筑物；双阙之间往往仿照宫城形制连以"罘罳"；帝后陵园门阙形制基本相近，但规模的大小、建筑物本身的奢华等方面有着明显的差别。[⑦]1996 年至 2000 年的阳陵考古工作发

---

① 王学理：《秦始皇陵研究》，上海人民出版社，1994 年，第 56—57 页。

② 段清波：《秦始皇帝陵园考古研究》，北京大学出版社，2011 年，第 36—43 页。

③ 刘庆柱、李毓芳：《西汉十一陵》，陕西人民出版社，1987 年，第 57 页。

④ 咸阳市文物考古研究所：《西汉帝陵钻探调查报告》，文物出版社，2010 年，第 183 页。

⑤ 刘庆柱、李毓芳：《西汉十一陵》，陕西人民出版社，1987 年，第 57 页。

⑥ 咸阳市文物考古研究所：《西汉帝陵钻探调查报告》，文物出版社，2010 年，第 182—183 页。

⑦ 刘庆柱、李毓芳：《西汉十一陵》，陕西人民出版社，1987 年，第 58—59 页。

现了阳陵南阙门遗址，其由一组两座三出阙相连接构成，三出阙的平面由大小依次递减的三个长方形组成。① 但段清波认为从平面上观察，阳陵南门台址平面形状均不属三出形，其主副台之间的南侧有台阶状的台梯，可以供人们登高远眺，从而更像是"观"，并且夯土台与陵园围墙相连，也不具备与皇帝身份相合的三出阙的特征，其形制实质上应为阙形门，杜陵也是如此；但根据文献和阙制推测，在西汉帝陵和后陵陵园之外，还应当有更广阔的园墙，园墙之外建造着独立的双阙。② 杨武站则撰文认为阳陵帝陵陵园南门遗址符合阙的所有特点，其平面形制从陵园围墙向中央门道有三次由小到大递增的凸出，亦即三出；且阳陵、帝陵陵园南门阙改变了阙、门分离的传统，将二者有机地结合在一起，开创了阙的新形式。③

韩国河认为，东汉时期，据文献记载，除光武帝原陵陵园有垣墙及四出司马门之外，明帝显节陵、章帝敬陵、和帝慎陵、殇帝康陵、安帝恭陵、顺帝宪陵、冲帝怀陵、质帝静陵均为"无周垣，为行马，四出司马门"，桓帝宣陵及灵帝文陵则没有同样的记述，因而不排除东汉晚期的"行马"发生变化的可能。④

5. 封土

秦汉帝陵的封土也是帝陵研究中的一个重要问题，并在考古钻探及科技手段的应用之下取得了新的进展（图一）。

秦始皇陵的封土高度，《汉书·刘向传》说"秦始皇葬于骊山之阿，下锢三泉，上崇三坟，其高五十余丈，周回五里有余"，其后的文献一般沿袭此说。以此为据，按秦尺一尺合今 23.1 厘米，秦始皇陵封土高五十丈应为 115 米。但 20 世纪 60 年代以来现代考古测量所得结果均不同且与之相差甚远，有 35.5 米、43 米、45.72 米、46 米、52.5 米、55.05 米、71 米、73 米、76 米、77 米、86 米等多种说法。⑤ 对此，刘占成等人认为文献中"陵高五十丈"的记载应为"十五丈"之误，即应约 35 米，与今天所测数据基本相吻合，且这一点可以与

---

① 陕西省考古研究所阳陵考古队：《汉景帝阳陵考古新发现》，《文博》1999 年第 6 期；陕西省考古研究院：《汉阳陵帝陵陵园南门遗址发掘简报》，《考古与文物》2011 年第 5 期。

② 段清波：《秦始皇帝陵园考古研究》，北京大学出版社，2011 年，第 158—159 页。

③ 杨武站：《关于汉阳陵帝陵陵园南门遗址的几点认识》，《考古与文物》2011 年第 5 期。

④ 韩国河：《东汉帝陵有关问题的探讨》，《考古与文物》2007 年第 5 期。

⑤ 段清波：《秦始皇帝陵园考古研究》，北京大学出版社，2011 年，第 77 页。

图一　秦始皇陵封土

汉武帝茂陵封土高度实测数据和《关中记》所载基本一致这一现象相互印证。①
武丽娜也赞同这一观点，她认为若选择合理的测点并排除水土流失的影响，封
土的高度就是十五丈，文献对此的记载则有误。② 还有学者认为秦始皇陵封土
现存高度与文献记载不符可能是因为秦陵覆土工程因受秦末农民起义的影响并
未最后完工，《汉书》中记载的"五十余丈"很可能是陵墓封土的设计高度。③

　　秦始皇陵封土之上有无先秦时期享堂一类的墓上建筑这一问题，学界讨论
已久。杨鸿勋认为战国时期在陵墓上建享堂的制度大约对秦和西汉都有影响，
《后汉书·明帝纪》注引《汉官仪》"秦始皇起寝于墓侧，汉因而不改"的"墓
侧"乃非墓上之意，并不一定是左、右，因而"估计秦是在墓上享堂之后又置
寝，大约是按照'前朝后寝'的宫廷格局来规划的"，"秦始皇陵覆斗形的封土
可能是享堂多级中心土台'墉'的遗存，即原来地面之上可能是一座远较平山
中山王陵更为庞大的高台建筑式样的享堂"。④ 瓯燕也认为始皇陵封土上有宫
观之类的建筑。⑤ 秦零则认为无论从古代墓上建筑沿革考察还是按文献记载的

　　① 刘占成、杨欢、张立莹：《秦始皇陵封土研究》，《秦俑博物馆开馆三十周年国际学术研讨会——
暨秦俑学第七届年会论文集》，三秦出版社，2010年，第422页；徐卫民：《对秦始皇陵规模的新认识》，
《西北大学学报》2007年第6期。
　　② 武丽娜：《秦始皇陵封土高度问题试探》，《文博》2009年第5期。
　　③ 段清波：《秦始皇帝陵园考古研究》，北京大学出版社，2011年，第77—88页；陕西省考古研究
所、秦始皇兵马俑博物馆：《秦始皇帝陵园考古报告（2000）》，文物出版社，2004年，第252、255页。
　　④ 杨鸿勋：《战国中山王陵及兆域图研究》，《考古学报》1980年第1期。
　　⑤ 瓯燕：《始皇陵封土上建筑之探讨》，《考古》1991年第2期。

秦始皇 115 米高的封土和当时的建筑技术来看，秦始皇陵封土上都不可能筑享堂，且秦始皇陵封土上既没有发现柱洞、柱础及散水遗迹，也没有发现大量的瓦片，甚至连红烧土及木炭屑也不甚见。[1]"长期以来的地面调查并没有发现秦陵封土上存在有建筑遗迹，于是多数学者相信秦始皇陵封土上没有享堂类的建筑，它不属于享堂墓建筑，而属于冢墓类型，同时又兼具二者的特点，带有多级台榭式享堂墓封土的特征"。[2] 然而，王志友提出在外观呈三层台阶的秦始皇陵封土之下存在着一个面积远大于墓室的台基——堂坛，而堂坛则来源于先秦墓上建筑的台基底座。[3] 但在 2002 年度国家 863 计划"秦陵遥感与地球物理综合探查技术"项目实施过程中，发现在秦始皇陵封土内的墓圹周围、地面以上有一周高 30 米的九级台阶式墙状夯土台，顶部夯土台阶上有以瓦铺设的屋面建筑，但被覆压在封土之下。段清波认为这一高台建筑在秦始皇未死前就已建成，并屹立于墓室之上若干时日，只是在最后堆筑封土前木构建筑才被人有意识地拆毁，封土覆盖的时间可能在埋葬秦始皇之后，其并不具有祭祀的功能，而是《汉书·贾山传》中对秦始皇"死葬乎骊山，吏徒数十万人，旷日十年，下彻三泉。合采金石，治铜锢其内，漆涂其外。被以珠玉，饰以翡翠。中成观

———

① 秦零：《关于始皇陵封土建筑问题》，《考古》1983 年第 10 期。

② 袁仲一：《秦始皇陵考古发现与研究》，陕西人民出版社，2002 年，第 26 页。

③ 王志友：《从先秦墓上建筑的台基到汉代帝陵的堂坛》，《四川文物》2001 年第 3 期，第 27—29 页；王志友、刘春华：《秦始皇陵封土形式意义试探》，《秦文化论丛》第 10 辑，三秦出版社，2003 年，第 434—436 页。

游，上成山林”中“中成观游”的写照，其功能为满足秦始皇帝灵魂离开墓室登观出游娱乐的愿望，在顶层高耸的封土上则“上成山林”，因而不存在封土之上的墓上建筑。[①]

关于秦始皇陵封土的建筑形式来源也有不同的看法。有观点认为秦始皇帝陵高大的封土堆的出现是春秋时期坟丘墓发展的历史必然。[②] 李毓芳认为封土来源于先秦用于祭祀的墓上建筑——“堂”。[③] 王志友则认为来源于先秦时期墓上建筑的台基，是先秦时期墓上建筑形式发展演变的结果，并受神仙、通天思想的影响，而其三层台阶的形式也受到了“数”的观念的产物。[④] 段清波则提出秦始皇陵封土内部的建筑形式不见于此前的中国古代帝王陵墓，其台阶式夯土台以及其上的木构建筑在迄今的考古发现中也只有中山王陵和秦始皇陵具备且两者之间还存在形式、功能和所体现的埋葬观念的差异；但与建成于公元前351年的土耳其摩索拉斯陵墓其底部为高大台基内置棺木、台基之上竖立着由36根柱子组成的高11米的爱奥尼亚式连拱廊、最上层为24级台阶的金字塔形屋顶的建筑形式有强烈的相似性，令人联想二者或许有某种为现在的资料还无法证明的关联性。[⑤]

对于秦始皇陵上封土的土源，有学者提出其一部分来自秦陵地宫中挖出的土，另一部分来自鱼池。[⑥] 但刘占成等认为这与秦始皇陵封土含有较多沙石不符，秦陵地宫以及鱼池所出之土应当是用来修筑陵园城墙了，封土的土源则来自骊山山脚之下的冲击土。[⑦]

西汉帝陵除文帝霸陵依山为陵，不起封土外，其余帝、后陵墓均有高大的封土。[⑧] 李毓芳认为汉代陵墓封土规模主要反映的是封建社会的等级观念；西汉时代，帝陵一般“坟高十二丈”，“武帝坟高二十丈”属于例外；皇后陵的封

① 段清波：《秦始皇陵封土建筑探讨——兼释“中成观游”》，《考古》2006年第5期。

② 刘占成、杨欢、张立莹：《秦始皇陵封土研究》，《秦俑博物馆开馆三十周年国际学术研讨会——暨秦俑学第七届年会论文集》，三秦出版社，2010年，第420页。

③ 李毓芳：《西汉陵墓封土渊源与形制》，《文博》1987年第3期。

④ 王志友、刘春华：《秦始皇陵封土形式意义试探》，《秦文化论丛》第10辑，三秦出版社，2003年，第434—436页。

⑤ 段清波：《秦始皇帝陵园考古研究》，北京大学出版社，2011年，第98—100页。

⑥ 袁仲一：《秦始皇陵考古发现与研究》，陕西人民出版社，2002年，第29页。

⑦ 刘占成、杨欢、张立莹：《秦始皇陵封土研究》，《秦俑博物馆开馆三十周年国际学术研讨会——暨秦俑学第七届年会论文集》，三秦出版社，2010年，第423—424页。

⑧ 咸阳市文物考古研究所：《西汉帝陵钻探调查报告》，文物出版社，2010年，第186页。

土规模不尽相同，但规模变化趋势是越来越小，吕后陵墓的封土与高祖基本相同或许是吕后特殊的政治地位和其多年把持朝政所致。① 《西汉十一陵》进一步指出西汉皇后陵墓的封土规模可分三个阶段：第一阶段是西汉初年的高祖、吕后时期，吕后特殊的政治地位导致二者陵墓封土规模基本相同；第二阶段相当于西汉中期，包括景帝、昭帝、宣帝皇后陵墓，其封土一般高 24—25 米，底部边长 150 米、顶部边长 45 米左右，规模小于皇帝陵封土；第三个阶段为西汉晚期，自元帝至平帝其后妃陵墓封土明显变小。②

王志友提出在西汉帝陵封土之下设置有从先秦墓上建筑之下的台基发展而来的大型夯土台基——"堂坛"，且西汉景帝阳陵的调查、发掘所揭示的陵墓修建前先在修陵范围内进行土地平整再进行夯打之后才在其上开挖墓室的修建过程似乎证实了这一推测。③ 李毓芳认为，西汉陵墓封土由先秦时期用于祭祀的墓上建筑"堂"发展而来；其形制可分为"坊"形与"覆斗"形两种，"坊"形者，底部和顶部平面均呈长方形的截锥体并受到了商代墓冢和秦公陵园中基址平面为长方形的墓上建筑物的影响，西汉初期的高祖长陵和吕后陵、安陵皆如此；"覆斗"形者，状如覆扣之斗，即文献中所载的"堂"形，西汉帝陵的封土除个别的坊形和山形以外均为"覆斗"形。④ 以后的帝、后陵封土基本如此。《西汉十一陵》在此基础上则又指出渭陵、康陵、上官皇后陵、李夫人陵、孝宣许皇后陵封土的上部四面皆内收，形成一个二层台，这可能是仿造"山"形筑坟所致。⑤ 焦南峰认为，根据文献记载，秦、西汉帝陵陵墓封土至少经过三次大规模的破坏，而在经过一次较大规模的破坏后便会有一次较大规模的修复，但这些修复工程能否准确地恢复包括封土位置、形状、高度在内的陵墓原貌则令人怀疑。考古资料显示，长陵封土与墓室严重错位，其西墓道完全覆盖在封土之下，而东、南、北三条墓道及超过三分之一的墓室则位于封土之外；吕后陵的封土与墓室也有一定程度的错位，东墓道基本位于封土之外，西墓道则完全覆盖在封土之下；二者的封土也没有明显的夯层。武帝茂陵的封土高度与文献记载相差 16.6 米；平帝康陵封土与陵园四侧垣墙的距离相差悬殊。但

---

① 李毓芳：《西汉陵墓封土渊源与形制》，《文博》1987 年第 3 期。

② 刘庆柱、李毓芳：《西汉十一陵》，陕西人民出版社，1987 年，第 161—162 页。

③ 王志友：《从先秦墓上建筑的台基到汉代帝陵的堂坛》，《四川文物》2001 年第 3 期。

④ 李毓芳：《西汉陵墓封土渊源与形制》，《文博》1987 年第 3 期。

⑤ 刘庆柱、李毓芳：《西汉十一陵》，陕西人民出版社，1987 年，第 174 页。

参照有关"方上"的研究成果，考虑到封土的基本功能，方形墓室之上覆盖覆斗形封土应是可信的，至于"二层台"式、"三层阶梯"状、"坊"形则缺乏可靠的文献和考古资料的依据。[①]

东汉时期帝陵封土的形制发生了新的变化。根据调查，洛阳邙山的东汉帝陵及其陪葬墓群多采用圆形的封土，覆斗形的封土则不存在。[②]这一特点也已成为考古学界的共识。对于这种外观为一种类似馒头或者小山丘的特殊封土形制出现的原因，严辉、慕鹏根据《后汉书》及《太平御览》中东汉光武帝对自己寿陵"无为山陵，陂池裁令流水而已"的诏令做出了一种较合理的解释。他们依据《故训汇纂》中对"陂池""其一池水，其二山阪"的解释，以及吴树平的《东观汉记校注》引《刊谬正俗》卷五所说："陂池，《东观汉记》述光武初作寿陵，云'今所制地，不过二三顷，为山陵陂池，裁令流水而已'。按陂池读如吊二世赋'登陂陀之长阪'。凡陂陀者，犹言靡陀耳。光武言不须如前世诸帝高作山陵，但令小隆起陂陀然，裁得流泄水潦，不垫坏耳。今之读者谓为陂池，令得流水，此读非也。"这一记载，认为邙山上并无江水、池水之类，所以"陂池"应解为山阪，意为山丘、高阜，刘秀的原意不是不建墓冢，而是不要建类似西汉时期的那种高山大陵，只是让墓冢稍微隆起像自然界中的小山丘的样子，使得流水不停且不损坏墓圹而已。而《后汉书》记载"（孝明帝）遗诏无起寝庙，藏主于光烈皇后更衣别室。帝初作寿陵，制令流水而已，……无得起坟。""（孝章帝）遗诏无起寝庙，一如先帝法制"。东汉光武、孝明帝以后的东汉诸帝对东汉先帝陵墓建制的沿袭使之最终形成了一种特有的陵墓制度。[③]蔡运章则通过对"无"字的考辨，提出"无"取古意在此为助词表肯定，"无为山陵，陂池裁令流水而已"应断为"无为山陵陂池，裁令流水而已"，而"山陵陂池"就是指陵墓周围向下倾斜的土坡义。[④]但寿佳琦认为"陂池"仍为池水之意，"无为山陵，陂池裁令流水而已"意为"不要修建像山一样高的陵，池水里的水只要能流动就可以了"，这是东汉帝陵封土低矮的原因；而平面圆形的封土形式可能与邹衍的五德终始学说与光武帝的个人信仰、中国传统

---

① 焦南峰：《秦、西汉帝王陵封土研究的新认识》，《文物》2012 年第 12 期。

② 严辉：《邙山东汉帝陵兆域的探索之路》，《中国文物报》2006 年 11 月 3 日，第 007 版；韩国河：《东汉帝陵有关问题的探讨》，《考古与文物》2007 年第 5 期。

③ 严辉、慕鹏：《"陂池"——东汉帝陵封土的新形制》，《中国文物报》2006 年 10 月 20 日，第 007 版。

④ 蔡运章：《东汉帝陵封土考辨》，《中国文物报》2007 年 10 月 19 日，第 007 版。

天圆地方的学说、堪舆、形法、"五星"之说以及刘秀的出身和东汉初年的历史背景有关。[①] 焦南峰提出洛阳地区的东汉帝陵据文献记载先被董卓盗掘破坏，后为孙坚修复过，陵墓现存封土已与其原貌大不相同，故在研究之时要注意其变化的历程。[②]

6. 墓道与地宫

如前所述，原来认为秦始皇陵地宫的墓道东侧有五条，西、北侧各有一条，东墓道为主墓道；后来陕西省考古研究院经勘探发现东侧仅有一条墓道；"秦陵考古遥感与地球物理综合探查技术"的物探调查则更进一步确认秦陵东、西侧各有一条墓道，且东墓道长度、规模大于西墓道，南北两侧封土下的细夯土墙上则未发现有墓道迹象。

段清波对中国古代墓道历史的发展过程进行了梳理，然后在"863"计划"秦陵考古遥感与地球物理综合探查技术"的物探调查基础上，对秦陵墓道的数量、位置进行了论证。他认为，墓道有合乎礼制和提高施工效率两种功能，而根据物探结果及钻探验证，秦始皇帝陵仅发现东西两条明确的墓道，可能有三种可能性：一是秦陵开始建造时是四条墓道，后来因故将南北墓道封堵；其二是最初为四条墓道，地宫建成后开始建筑台阶式墙状夯土台，因为南北墓道已经失去实用功能而被夯土墙覆压，抑或夯土墙的底部还留有隧道一类的墓道，但这种可能性也许并不存在，因为在夯土台中部发现了东西墓道却未见南北墓道的痕迹；第三种可能性是秦始皇陵只有两条墓道，其原因也有多种可能性；虽然如今未发现南北墓道，但也不能就此得出结论认为其不存在，墓圹南北或许有与东西向墓道结构不同的通道，或许南北墓道的位置不在夯土台的中部位置。至于秦陵墓道的结构，段清波认为由《史记·秦始皇本纪》对始皇帝下葬后"闭中羡，下外羡门"的记载以及相关考古资料可以推测，"东墓道不仅是秦始皇帝陵的主墓道，也是从墓室建好后至埋葬秦始皇之间地宫和地面间唯一的通道，这条通道是有顶的巷道式建筑，并且一直延伸到地面之上；地下部分由树立在墓道两侧的立柱和横向架铺的横梁构就，横梁为木顶或石板顶；地上部分为将墓道东端覆盖的有顶建筑；墓道上设有三道门限。在下葬完

---

① 寿佳琦：《简析"陵池"——东汉帝陵的新形制的含义和来源》，《三峡大学学报》2009年12月增刊，第179页。

② 焦南峰：《秦、西汉帝王陵封土研究的新认识》，《文物》2012年第12期。

秦始皇帝后至少墓道建筑的地面部分被完全拆除"。①

由于史书记载语焉不详，秦始皇陵地宫的形制、规模以及其内的情况在相当长的时间内一直充满了各种传说与猜测。而考古工作也由于保护始皇帝陵的需要，只能局限在考古钻探与利用科技手段进行探测的程度之上。

张占民根据钻探发现秦陵封土下有用生砖坯垒成的宫墙及其"西墙一段长42米、东墙一段长38米、北墙东西长392米、墙宽3.5至4米"的规模，认为地宫北墙的长度清楚表明它呈东西向长方形，规模至少在70 000平方米以上；而根据《史记》中秦陵地宫中"上具天文、下具地理"的记载以及1980年代在西安交大西汉墓中发现的彩色壁画星象图上部代表天空、下部代表山川这一历史事实，也可认为秦陵地宫的星象图很可能类似于西安交大汉墓的制作形式，而且更具写实性，彩绘更精致，制作更精美；秦始皇陵封土中汞含量的异常则证实了《史记》"以水银为百川江河大海、机相灌输"、《汉书》"人鱼膏为烛，水银为江河"这些对秦陵地宫中埋有大量水银的记载。② 21世纪初对秦始皇帝陵的高精度重力测量，则可推测出秦始皇陵地宫可能存在东西长约50米、南北宽约40米，埋深约43米、高约10米的墓室，地宫周围可能存在石质宫墙，宫墙上部有一宽约15米、高约30米的细夯土墙。③ 段清波认为秦代已经具有炼制水银的技术，自然科学技术的介入也证实秦始皇陵地宫之中含有大量水银，但"秦始皇帝陵墓中以水银来演示江河湖海的水系，是将秦帝国的版图模造在墓室中，这一构想决然有别于历史上所有在墓葬中使用水银的现象，它既不是财富的象征，也不是用于医疗，更不是所谓防盗、防腐，它不仅开发出关于水银的别种用途，更彰显出秦始皇帝'西涉流沙，南尽北户。东有东海，北过大夏'的追求，是将帝国最辉煌的历史以物化的形式载录下来，表现的不仅仅是皇帝个人史诗般的英雄经历，更是对国家未来的深深挂牵，这是秦始皇帝心系天下的表征，也是作为帝国皇帝对国家能得以长久地传承的企盼"。④

关于秦始皇帝陵地宫之中棺椁的情况也有相关讨论。1985年发掘凤翔一号秦公大墓时在椁木的接茬处发现有以锡为主的合金浇筑迹象，马振智据此认

① 段清波：《秦始皇帝陵园考古研究》，北京大学出版社，2011年，第134—144页。

② 张占民：《秦始皇陵地宫探秘》，《文博》1999年第2期。

③ 袁炳强、杨明生、刘士毅等：《高精度重力测量探测秦始皇陵地宫》，《中国地质大学学报》2005年第4期。

④ 段清波：《秦始皇帝陵园考古研究》，北京大学出版社，2011年，第116—120页。

为："《秦始皇本纪》'下铜而致椁'一句中的'铜'，《集解》引徐广曰：'一作锢，锢，铸塞。'雍城陵区一号大墓的椁木多将木节处挖空，然后浇铸入一种以锡为主要成分的合金，这样做的目的可能是为了防止木节处过早腐朽。由此来推测，始皇陵所谓'下铜而致椁'可能与这种作法类似。"①张占民则进一步提出秦始皇的大型木椁很可能是用数百根方形柏木垒成的"黄肠题凑"，并在方木的接茬处用铜液浇筑，使木椁史牢固。②

对于秦始皇帝陵地宫采用解决地下潜水层对地宫的危害的方法，袁仲一据《汉旧仪》"锢水泉绝之，塞以文石，致其丹漆"的记载，认为是用带有图案花纹的石头镶砌，并涂以红漆，从而把泉水封堵，不至于渗入墓室。③王学理认为应该是用带有斑纹的石料堵塞泉眼后，再于石隙中浇灌铜液，其结构是在墓圹一定深度的台阶上于迎水面上的墓壁和两侧墓壁用文石砌筑成环绕周壁的挡水壁和引流槽，再在同层的北壁上往里凿几个蓄水渗池从而使被引流的水经过粗物质空隙自然层而流出。④1998年至2001年的考古勘探，则在陵墓周围发现了从上至下由夯土层、阻水渠、青膏泥夯层构成的围绕秦始皇陵地宫的地下阻排水系统。⑤"已经发现的陵园地下阻排水系统由前、后两段组成，前段为排、阻水设施，位于陵园封土的东南西三侧，由原应位于封土之下、平面略呈'U'形的地下水渠组成；后段为排水设施，由位于陵墓封土西侧以外的明井暗渠组成"。⑥

从1996年到1998年，陕西省考古研究所阳陵考古队对汉景帝阳陵的帝陵和后陵进行了详细的钻探和测绘，从而发现帝陵平面为"亞"字形，东南西北各有一条斜坡墓道，东墓道长69米，远超南、西、北三条分别长11米、21米、23.1米长的墓道；景帝王皇后陵亦为"亞"字形，四条墓道，东墓道最长，为主墓道。⑦咸阳市文物考古研究所2001年7月至2005年10月对咸阳原

---

①　马振智：《试论秦国陵寝制度的形成发展及其特点》，《考古与文物》1989年第2期。

②　张占民：《秦始皇陵地宫探秘》，《文博》1999年第2期。

③　袁仲一：《秦始皇陵兵马俑研究》，文物出版社，1990年，第13页。

④　王学理：《秦始皇陵研究》，上海人民出版社，1994年，第79页。

⑤　陕西省考古研究所、秦始皇陵兵马俑博物馆：《西安秦始皇陵园的考古新发现》，《考古》2002年第7期。

⑥　段清波：《秦始皇帝陵园考古研究》，北京大学出版社，2011年，第46页。

⑦　陕西省考古研究所阳陵考古队：《汉景帝阳陵考古新发现（1996—1998年）》，《文博》1999年第6期。

上的西汉帝陵进行了钻探调查，认为目前可以确定为四出墓道的帝陵有阳陵、平陵、杜陵，后陵为四出墓道的为孝景王皇后陵，长陵探出东、南、北墓道，安陵探出南、西侧墓道，茂陵有东、南墓道，渭陵发现东墓道，延陵、康陵均只发现南墓道，义陵封土四面均未发现墓道；而长陵、阳陵、渭陵的东墓道最长，安陵、茂陵、延陵、康陵的南墓道最长，墓道平面基本为一端窄、一端宽的梯形，底为斜坡形，多数位于封土的中间位置；调查结果则表明西汉帝陵可能不会全部是"四出墓道"，尤其是西汉后期。[①]

韩国河认为，根据文献记载与考古勘探情况，可知东汉帝陵可能改四条墓道为单一墓道，同时，竖穴土圹木椁墓可能改为砖石结构的洞室墓（多室）；与此相对应，西汉时的黄肠题凑改为东汉石凑，也可能有石椁存在；洛阳地区发现的东汉大墓出土的玉衣表明帝王使用的是金缕玉衣之制。[②]

（二）陵寝制度

秦汉帝陵陵寝制度有狭义与广义之分，狭义者以杨宽《中国古代陵寝制度史研究》为代表，研究的主要是陵园中有"寝"的建筑制度，实质上讨论的是有无墓祭的问题；广义者的研究内容则包括了如陵园内的地面界标性建筑、地面宫殿建筑、封土、墓室、棺椁葬具、墓室陪葬物、陵园陪葬坑等所有陵园物质遗存，研究的实际是陵墓制度。[③]

杨宽认为战国中期到西汉是陵寝制度的创始时期，而这一陵寝制度则来源于先秦时期的墓上建筑，秦和西汉陵园中只存在寝和便殿等建筑以用于日常供奉而不用于祭祀，秦始皇帝陵寝、便殿制度是在战国君王陵寝制度的基础上创设的。[④]

黄展岳认为除了陵墓和陵园以及西汉还有陵庙外，"埋在陵园内外的乘舆车马、珍禽异兽（或用明器代替）、玉圭、璧，以及模拟军队列阵送葬的兵马俑群、妃嫔宗室大臣的陪葬墓，都是秦汉陵寝的重要组成部分"。[⑤] 马振智根

① 咸阳市文物考古研究所：《西汉帝陵钻探调查报告》，文物出版社，2010 年，第 183—184 页。

② 韩国河：《东汉帝陵有关问题的探讨》，《考古与文物》2007 年第 3 期。

③ 张卫星：《秦汉帝陵陵寝制度及其象征性研究的思路探析——以秦始皇陵的研究为例》，《中原文物》2010 年第 3 期。

④ 杨宽：《中国古代陵寝制度史研究》，上海古籍出版社，1985 年，第 14—33、184 页。

⑤ 黄展岳：《秦汉陵寝》，《文物》1998 年第 4 期。

据秦雍城陵区、芷阳陵区和秦始皇陵园的考古发现，将春秋中期到秦统一的秦国陵寝制度暂分为四个发展阶段，秦始皇陵园作为第四阶段是在秦国陵寝制度的基础上采纳各诸侯国陵寝的一些作法，陵园规模更加宏大，各种设施更加完备，充分体现了封建皇帝生前权势和威严；陵园内有寝殿、"飤官""乐府"等；陵园东侧有气势壮观的兵马俑坑以及马厩坑和陪葬墓；并且设有陵邑；此外他还从秦国陵寝制度发展演变的角度，对秦始皇陵陵区的选择，陵园布局和形制，陵园的防御设施和门、陵墓形制，封土墓的出现，墓上建筑等陵寝制度诸方面进行了论述。[①]此后，刘士莪与马振智又撰文从陵园规模、西汉帝后陵位、陵墓方向、封土、寝殿、陵邑这几方面阐述了秦国陵寝制度对西汉帝陵的影响。[②]

王学理认为在秦始皇帝陵封土北侧 53 米偏西的一处面积 3 534 平方米、形状近方形、外有回廊环绕的建筑台基即秦始皇陵的寝殿遗址；而秦始皇陵内城封土北部西区成组的建筑遗存应为便殿遗址。[③]这一观点为学界所普遍接受。刘士莪、马振智认为秦始皇帝陵陵侧寝殿的设置是对战国晚期秦国芷阳陵区一号陵园将建在墓室口上的"堂"移至封土之侧并演变为"寝"的继承。[④]2010年对秦始皇陵礼制建筑进行最新勘探，又在秦始皇陵内城西北部再次确认了一处大型建筑遗址区，曾在秦始皇帝陵园封土北侧、此次勘探的建筑基址正南侧多次发掘的寝殿遗址，正好与这次勘探发现的建筑遗址连为一体，共同组成十进式的建筑结构。[⑤]张仲立认为这十进建筑当为秦始皇帝陵的礼制建筑，都应归属"寝"的范畴，其重心为最南端的第十进建筑中的大体量方形建筑且可将之定性为寝殿，第十进建筑往北向下的六进建筑与南端正寝大殿所在的第十进建筑一起或可对应于"天子六寝""王六寝"的建制；寝、宫之北还有几进建筑，其规格有所削降，建筑形式也和殿堂建筑稍异，体量也稍减，或许是天子王后十二寝之外的别寝别殿，也可能是十二寝扩大了的制度等。[⑥]孙伟刚则认为这一建筑群规模宏大、结构复杂、构筑规整，以陵寝建筑概括这一建筑群尚

①　马振智：《试论秦国陵寝制度的形成发展及其特点》，《考古与文物》1989 年第 5 期。
②　刘士莪、马振智：《秦国陵寝制度对西汉帝陵的影响》，《文博》1990 年第 5 期。
③　王学理：《秦始皇陵研究》，上海人民出版社，1994 年，第 89—90 页。
④　刘士莪、马振智：《秦国陵寝制度对西汉帝陵的影响》，《文博》1990 年第 5 期。
⑤　陕西省考古研究院：《2010 年度秦始皇帝陵园礼制建筑遗址考古勘探简报》，《考古与文物》2011 年第 2 期。
⑥　张仲立：《秦始皇陵礼制建筑群与"秦始出寝"》，《考古与文物》2011 年第 2 期。

可，但若认为某座建筑单元为寝殿、便殿遗址，则过于简单化；结合雍城马家庄三号建筑遗址，他进一步提出该建筑遗址群连同先前发掘的寝殿、便殿建筑遗址均为秦始皇帝理想中的朝寝建筑在陵园中的再现，为秦帝国都城咸阳内宫殿、朝寝建筑的模拟，并可能为文献记载中的"宫观"类建筑之一，所代表的应为秦帝国帝王宫殿及中央"三公九卿"机构的办公场所。其中，北侧九条南北向通道和对称的东西向建筑模拟了秦帝国都城中的宗庙或朝廷办公机构，第十处建筑连同先前发掘的寝殿、便殿遗址为"寝"，模拟的是秦始皇帝及妃嫔的生活起居类宫殿。①

　　西汉时期，帝陵和皇后陵均设寝园。刘庆柱指出，汉代寝园是从秦代寝殿发展而来的，它是以寝殿为中心，包括便殿的一组建筑群，建筑群周围营筑了垣墙，所以称"寝园"，亦简称"园"。西汉初期，帝陵的寝殿位置可能沿袭秦代制度，寝殿大都建在陵园之内的陵墓北面并是汉陵礼制中主要的祭祀活动场所；约从景帝阳陵开始，寝殿或曰寝园移到陵园之外，一般在帝陵东南；且西汉的帝陵寝园制度对东汉帝陵的寝园布局影响颇大，东汉帝陵中的明帝显节陵、章帝敬陵、和帝慎陵及顺帝宪陵的寝殿均在帝陵之东。②《西汉帝陵钻探调查报告》则认为从武帝茂陵起，帝陵寝园的设置基本定型，均位于陵园北部一隅，具体而言，咸阳原上的帝、后陵的寝园皆位于其陵园外西北部，寝园的南墙一般利用陵园的北墙，西墙基本在陵园西墙的延长线附近，东墙不超过北司马道，平面为长方形；平陵及上官皇后陵、元帝渭陵及王皇后陵、成帝延陵、哀帝义陵皆如此；仅平帝康陵附近目前还未发现寝园痕迹。③而宣帝杜陵寝园位置刚好同咸阳原上的西汉诸陵的寝园位置相反，位于杜陵陵园外东南部；王皇后寝园位于其陵园外西南部；④这当是因为西汉陵墓的总体规划是以汉长安城为中心作对称布局而形成的。⑤考古钻探也发现，在长陵陵园内高祖陵和吕后陵两座陵墓封土正北部 320 米处和 150 米处各发现的一处建筑基址当即为高祖陵和吕后陵的寝园遗址；惠帝安陵封土北部 230 米处亦有两组建筑遗址，东边

　　① 孙伟刚：《秦始皇帝陵北部西侧建筑遗址的性质及相关问题》，《考古与文物》2012 年第 6 期。
　　② 刘庆柱、李毓芳：《西汉十一陵》，陕西人民出版社，1987 年。
　　③ 咸阳市文物考古研究所：《西汉帝陵钻探调查报告》，文物出版社，2010 年，第 50 页。
　　④ 咸阳市文物考古研究所：《西汉帝陵钻探调查报告》，文物出版社，2010 年；中国社会科学院考古研究所：《汉杜陵陵园遗址》，科学出版社，1993 年。
　　⑤ 岳起、刘卫鹏：《由平陵建制谈西汉帝陵制度的几个问题》，《考古与文物》2007 年第 5 期。

的应为惠帝寝园遗址；但景帝阳陵陵区四周有外城垣将阳陵、后陵、陪葬坑、建筑遗址全部包括其中，其寝园可能位于帝陵西南面，也可能位于陵园的西北部。茂陵寝园位于茂陵陵园外西北部并同陵园相连，平面呈长方形，四面有夯筑垣墙；李夫人陵西北部也有一处建筑遗址，推测为李夫人的寝园。[1] 马永赢也认为茂陵陵园北墙外司马道两侧发现的两处建筑遗址中西侧 8 号建筑即为武帝寝园遗址，东侧 9 号建筑遗址为便殿遗址。[2]

（三）外藏系统

"外藏系统的基本概念就空间设置而言，是指墓葬墓室主体空间以外的随葬区域，包括墓室内的壁龛、耳室、殉坑、车坑、马坑、车马坑以及墓室外的所有器物坑。外藏系统的构成单元及大小、形状没有定制，其内的器物种类繁多，内容复杂"，"秦汉时期陵园中所发现的各类单体陪葬坑，在某种意义上皆可称为外藏椁，并由这些内涵丰富、形式多样的外藏椁（陪葬坑）构成了陵墓的外藏系统"。[3] 在这一意义上，秦汉帝陵所谓的从葬坑或曰陪葬坑都应归入其外藏系统来进行研究。

段清波、张颖岚认为"秦始皇帝陵园的外藏系统是古代陵寝制度的集大成者，它不仅表现出与此前的外藏内容在形式上的差异，更体现出埋葬观念上质的突破"；而以陪葬坑为主要内容的外藏系统多数应当是秦代"百官"等官署机构在地下的反映；性质多样、不拘一格，规模宏大、内容丰富，体现出前制度时期的不成熟性是秦始皇帝陵外藏系统的特点；且其在中国古代陵墓制度之外藏系统的发展中起到了承前启后的重要作用。[4]

在空间上，段清波认为秦始皇帝陵园已发现的陪葬坑可从地宫向外依次划分为地宫之内的陪葬坑、内城之内的陪葬坑、内外城之间的陪葬坑、外城之外的陪葬坑者四个层次。地宫之内的陪葬坑由于未对地宫进行勘探发掘尚不清楚，但据凤翔秦公一号大墓二层台阶上的殉葬坑以及汉代以前黄土地区帝王、诸侯陵墓的结构分析，秦始皇地宫的各层台阶上应设有陪葬坑。第二层次

---

① 咸阳市文物考古研究所：《西汉帝陵钻探调查报告》，文物出版社，2010 年，第 199 页。

② 马永赢：《汉武帝茂陵陵园布局的几点认识》，《考古与文物》2011 年第 2 期。

③ 段清波、张颖岚：《秦始皇帝陵的外藏系统》，《考古》2003 年第 11 期。

④ 段清波、张颖岚：《秦始皇帝陵的外藏系统》，《考古》2003 年第 11 期。

秦始皇帝陵园内城之内、地宫之外的陪葬坑发现有：地宫西侧的铜车马坑；地宫北侧钻探出含棚木、铜车马构件等的陪葬坑；内城东南角的 K0001 长方形陪葬坑；内城南门正北倒"凹"字形坑 K0002，发现有动物骨骼、青铜器残片、残石器等；位于封土西南角、发现许多彩陶器皿残片并可能与"厨"有关的 K0003；位于封土西南侧、出土有马骨以及戴长板冠原大陶俑的 K0006，应为"百官"的组成部分，象征着中央政权三公九卿中执掌司法和管理监狱的廷尉机构。第三层次的秦始皇帝陵园内、外城之间的陪葬坑发现有曲尺形马厩坑、珍禽异兽坑、跽坐俑坑、葬仪坑，以及 K9801、K9901、K9902、K0004、K0005；曲尺形坑因发现数百匹真马及戴长板冠的陶俑，其内涵当与 K0006 相似而为"百官"的组成部分；K9801 因出土了大批石质甲胄，埋藏内容可能与武库相关。第四层次外城之外的陪葬坑发现有兵马俑坑、马厩坑、动物坑以及出土有青铜水禽及陶俑的 K0007。[①] 而在此前，程学华、王育龙也在钻探发掘的基础上将秦始皇帝陵业已发现的近 200 个陪葬坑（不包括不同类型的陪葬墓）分为陵城以东与陵城以内两大区域，其中陵城以东为兵马俑坑和曲尺形马厩坑；陵城以内也分为封土（地宫）与内城之间及西内外城垣之间两处。[②] 张卫星认为从各陪葬坑具体特征、遗存内容和各陪葬坑内涵的整体相关性考虑，这些陪葬坑的主要内涵或内涵所表明的主旨分别是人员、动物和器用。以此作为分类标准，秦始皇陵陪葬坑可分为以人员作为陪葬主要内容，出土内涵主要表现为各种陶俑；以动物作为陪葬主要内容；以器用作为主要陪葬内容，出土物包括车马、车马器、兵器，以实物替代品为主三类。以上三类内容中真实的动物、模拟的器用处于陪葬内涵的最高层次，其次是模拟的动物，再次是俑和真正的器用。这些陪葬坑在形式上虽然采用了传统的车马坑形式，但内容上远远突破了春秋战国车马陪葬的范围，也大大超出了中山王墓船坑、杂殉坑的内容。[③]

在考古发掘的基础上，学者们对秦始皇陵部分陪葬坑进行了不同程度的探讨。封土西侧 20 米处的车马坑出土了两乘铜车马，马、俑大小均相当于真车

---

①   段清波、张颖岚：《秦始皇帝陵的外藏系统》，《考古》2003 年第 11 期；段清波：《秦始皇帝陵园考古研究》，北京大学出版社，2011 年，第 174—175 页。

②   程学华、王育龙：《秦始皇帝陵陪葬坑综述》，《考古与文物》1998 年第 1 期。

③   张卫星：《试论秦始皇陵葬制的突破》，《考古与文物》2009 年第 5 期。

真马、真人二分之一的铜车马，一为立车，一为安车。关于此陪葬坑的性质，发掘报告说："暂以Ⅱ区的出土物为标识，命名为铜车马坑。"① 袁仲一认为其似属于秦始皇出行车队"法驾卤薄"中的车子。② 最新的考古勘探资料也认为其"似为与地宫相关的府葬性质的陪葬坑"。③ 张卫星在对铜车马的纹饰进行考察的基础上认为"两乘铜车马上的纹饰从图像学的角度看既有联系又有差别，这种差别和联系是与这两乘车本身的性质及它们作为始皇帝车驾卤薄中的属车的性质相关联的"。④ 刘占成、刘珺则根据考古资料否定了以前认为铜车马坑为秦始皇陵地宫西墓道的一个耳室这一观点，认为其当建于秦二世之时，为埋藏祭品的祭祀坑，而不属于陪葬坑性质。⑤ 刘九生也认为就秦始皇帝陵与铜车马坑的位置来看，铜车马当为祭祀之物，是秦始皇祭祀皇天上帝时奉献给天的"帝车"，铜车马坑是祭祀坑，铜车马上充分展现了一体多元或多元一体的中国古代文明。⑥

　　秦始皇陵 K9801 在试掘中于西南部发现大批石质甲胄，其埋藏内容可能与武库相关。⑦ 发掘者认为其"西北部的 T1 内发现一件长 60 厘米的青铜构件，说明该坑的不同部位分类放置着不同的随葬品，似乎类似于象征性的武库，但由于缺乏更多的资料，目前尚不能论定，有待大面积发掘之后才可能有更确凿的证据"，而"以石质甲胄随葬可能也反映了秦人的某种信仰或礼制"。⑧ K9901 发现有青铜鼎以及百戏俑，发掘者认为据其形制、纹饰看铜鼎当为战国中期作品，风格与此时的三晋和周的铜鼎接近，因而可能是秦灭三晋或周时掳掠的战利品，而其出土于 K9901 的棚木层之上，或许表明它是在特殊情况下从陵北寝殿、便殿中取出藏匿于此的；出土的百戏俑风格特点与秦兵马俑截然不同，它们应是秦代宫廷娱乐百戏者活动的象征。⑨ 同样位于内、外城之间的曲尺形坑过

---

① 秦始皇陵兵马俑博物馆、陕西省考古研究所：《秦始皇陵铜车马发掘报告》，文物出版社，1998年，第 3 页。

② 袁仲一：《秦始皇陵兵马俑研究》，文物出版社，1990 年，第 29 页。

③ 秦始皇帝陵博物院：《秦始皇帝陵封土西侧三号陪葬坑勘探简报》，《秦始皇帝陵博物院》2012 年总第 2 辑，三秦出版社，2012 年 7 月。

④ 张卫星：《秦始皇陵铜车马纹饰的初步考察》，《中原文物》2005 年第 3 期。

⑤ 刘占成、刘珺：《秦陵铜车马埋藏与"铜车马坑"性质初探》，《文博》2012 年第 6 期。

⑥ 刘九生：《秦始皇帝陵铜车马与中国古代文明——秦政原始》，《唐都学刊》2011 年第 2 期。

⑦ 段清波、张颖岚：《秦始皇帝陵的外藏系统》，《考古》2003 年第 11 期。

⑧ 始皇陵考古队：《秦始皇陵园 K9801 陪葬坑第一次试掘简报》，《考古与文物》2001 年第 1 期。

⑨ 始皇陵考古队：《秦始皇陵园 K9901 试掘简报》，《考古》2001 年第 1 期。

去一般认为是马厩坑，①但段清波则认为其应当属于"百官"的组成部分。②

秦始皇陵 K0006 陪葬坑的性质，段清波综合汉阳陵外藏坑性质的研究、陪葬坑距秦始皇陵墓的远近所凸显出来的重要关系、坑中文官俑性质的确定以及青铜钺这一强权机构的象征，认为秦始皇帝陵园 K0006 陪葬坑反映的是秦帝国的一个官府机构，这个机构的主要工作人员由文官组成，其很可能是九卿中主管监狱与司法的廷尉官署在地下的模拟反映。③刘占成则认为该坑中所出土陶俑形象与 1980 年代在始皇陵内外城垣之间马厩坑内出土的"圉俑"完全一致，故亦当为养马的"圉人"，而所谓的"钺"形青铜器显然不属于兵器类，而是秦代用于修铲马蹄的工具，因而 K0006 同过去在秦陵南部发现的马厩坑一样，仍属于宫廷圉马性质的马厩坑。④赵化成剖析了"廷尉说"和"宫厩说"存在的不足，并依据坑中马匹数量，铜钺的配置和用途，车、马和陶俑的位置关系，提出该坑"大体符合'车马出行从车'之属的基本配置，只是该坑'车马出行从车'并非行进场面中的标准配置，而是出行前的备用场景"。⑤王勇、叶晔则指出要分析秦陵陪葬坑的性质，必须结合陵园建造思想、内部布局关系等因素，依据陪葬坑内的埋藏物推测其功用，进而判断陪葬坑所反映的历史原型，在此基础上，他们认为 K0006 陪葬坑极有可能象征着秦代中车府或中车府的组成部分。⑥

秦始皇陵 K0007 陪葬坑内出土了 46 件青铜水禽，15 件踞坐陶俑以及包括银义甲、青铜锥形器在内的 260 余件小件器物，发掘者根据该坑邻近鱼池的水文环境以及坑内的模拟河道、青铜水禽与陶俑的相对位置关系、陶俑的形态及与其同区域出土的骨质、青铜和银质小件器物的潜在音乐属性推断，水禽和人之间有一种和谐、亲善的关系，是经过人工驯化的，出土的陶俑不似过去发现的圉人俑，同出的小件器物表明陶俑可能执掌一定的乐器，以音乐来驯化

---

①　袁仲一：《秦始皇陵兵马俑研究》，文物出版社，1990 年，第 38 页；王学理：《秦始皇陵研究》，上海人民出版社，1994 年，第 108 页。

②　段清波：《秦始皇帝陵园考古研究》，北京大学出版社，2011 年，第 175 页；段清波、张颖岚：《秦始皇帝陵的外藏系统》，《考古》2003 年第 11 期。

③　段清波：《秦始皇帝陵园 K0006 陪葬坑性质刍议》，《中国历史文物》2002 年第 2 期；段清波：《秦始皇帝陵园考古研究》，北京大学出版社，2011 年，第 206—216 页。

④　刘占成：《秦陵新发现陪葬坑性质刍议》，《文博》2001 年第 4 期。

⑤　赵化成：《秦始皇陵"文官俑坑"性质解析》，《中国文物报》2008 年 7 月 11 日。

⑥　王勇、叶晔：《秦始皇陵 K0006 陪葬坑性质蠡测》，《文博》2010 年第 5 期。

水禽。[1] 段清波进一步提出它应当是和秦始皇陵其他陪葬坑一样，也是秦始皇陵外藏系统的构成部分，其性质属于中央政府或者皇宫管理的官署机构，其功能是为皇帝的灵魂提供娱乐服务。[2] 张文立则认为，K0007 陪葬坑出土的所谓"踞坐俑"似当为舞者一瞬间的动作特写，该陪葬坑可以称之为池沼，即古代都城附近所建的有台榭、水禽、假山，可以举行歌舞祭天等活动的水池。[3] 袁仲一认为该坑的性质属于宫廷苑囿中禽园类的陪葬坑；陶俑可分踞姿俑和箕踞姿俑，前者的身份是饲养水禽的圉人，后者动作当是在编制网状物用以捕捉鱼虫饲禽或用以捕禽。[4] 刘占成推测该坑应是一个模拟水禽的生存环境或饲养珍禽的异兽坑，其性质可暂定为"珍禽坑"，其中出土的青铜鹤反映了秦始皇希望死后驾鹤成仙的思想。[5] 刘钊的看法则完全不同，他认为坑中所出陶俑应为"宴乐俑"，坑的性质应为《三辅黄图》中所说的"雁池"或"鹤池"。[6] 焦南峰认为"雁池"之名有一定的合理性，但更合理的判断是，"秦始皇陵园 K0007 陪葬坑作为外藏系统的一部分，代表或象征的是少府属下的左弋外池；其出土的踞姿、箕踞姿两种不同姿态的陶俑似均可称为左弋射士，其中的箕踞姿陶俑亦可称为蹶张士俑"。[7] 罗明基本赞成 K0007 象征弋射场景的推断，但认为踞姿、箕踞姿陶俑均可称为左弋射士，踞姿俑是箕踞姿主射俑的副手而非蹶张士俑，坑中出土的青铜锥形器、银质"义甲"、喇叭形骨器、圆筒形骨器、三棱形骨器均与弋射有关而与乐器无涉。[8] 张宁则认为 K0007 陪葬坑所埋藏的水禽略去了其他水禽，而单突出了具有祥瑞寓意的天鹅、仙鹤、鸿雁，体现了为亡灵祈求冥福的观念。[9]

秦兵马俑坑是秦始皇帝陵外藏系统研究中的热点问题，且因为它的发现，在学界形成了研究秦始皇帝陵出土的大型陶马和陶俑的一个新学科——秦俑

---

① 陕西省考古研究所、秦始皇兵马俑博物馆：《秦始皇陵园 K0007 陪葬坑发掘简报》，《文物》2005年第 6 期。

② 段清波：《秦始皇帝陵园考古研究》，北京大学出版社，2011 年，第 201 页。

③ 张文立：《秦始皇陵 7 号坑性质蠡测》，《考古与文物》2004 年增刊。

④ 袁仲一：《关于秦始皇帝陵铜禽坑出土遗迹遗物的初步认识》，《秦文化论丛》第 12 辑，三秦出版社，2005 年，第 728 页。

⑤ 刘占成：《秦陵"七号坑"的性质和意义刍论》，《文博》2002 年第 2 期。

⑥ 刘钊：《论秦始皇帝陵园 K0007 陪葬坑的性质》，《中国文物报》2005 年 8 月 9 日。

⑦ 焦南峰：《左弋外池——秦始皇陵园 K0007 陪葬坑性质蠡测》，《文物》2005 年第 12 期。

⑧ 罗明：《秦始皇陵园 K0007 陪葬坑弋射场景考》，《考古》2007 年第 1 期。

⑨ 张宁：《K0007 陪葬坑出土青铜水禽的祥瑞寓意浅析》，《文博》2012 年第 3 期。

学。① 袁仲一在《秦始皇陵兵马俑研究》中对兵马俑坑诸多方面都进行了详尽论述，他依据俑坑出土的文字资料和遗物与遗迹、俑坑在秦始皇陵园建筑布局中的地位，指出兵马俑坑应为秦始皇陵的陪葬坑并为整个陵园建制的一个组成部分；而兵马俑坑的军阵则象征秦代京师的屯卫军，其中以战车、步兵相间排列的一号兵马俑坑为右军，以战车、骑兵和弩兵组成的二号兵马俑军阵为左军，未建成的四号坑为拟建的中军，三号兵马俑坑是统帅右、左、中三军的军幕。② 徐卫民在分析古代军阵的基础上认为兵马俑坑象征着秦的国家军事力量，是以驻军即军队屯聚的形式布成的"常阵"行列。其中，一号坑是设备完善的长方形军阵，二号坑是多兵种再现的曲尺阵，三号坑则表现的是军事指挥部。③ 在认同兵马俑坑为秦始皇陵园建筑的一部分、属于其外藏系统内容之一的基础上，对于兵马俑坑的作用，刘占成认为既是为了显示皇威、表彰军功、宣扬统一大业，也用以碎邪压胜、防神驱鬼；除此与宿卫军之说外，还有秦始皇东巡卫队的象征说，④ 送葬俑群说，⑤ 以阵、营、战、幕四种军事形势表现秦始皇军事生活的陈兵图⑥ 之说，以及为秦始皇准备亲自统辖指挥的"御前冥军"说。⑦ 林剑鸣则提出秦俑坑并不属于秦始皇陵园建筑中的一部分，而是为表彰统一全国军功所树立的纪念碑式的"封"。⑧ 刘九生对"兵马俑"的身份提出了质疑，他认为学界所普遍认同的"兵马俑"陪葬坑所出土的群俑并非像现在认定的那样是"兵马俑""军阵"或者"宿卫军"，而是只有始皇帝方能拥有、动用的近臣侍卫系统，即"郎系统"真人真马真车及其装备的复制；整个场面所呈现的是始皇帝出入或即将举行礼仪盛典时基本范式的生动写照。⑨ 但这一观点遭到了

---

　　① 张文立：《秦俑与秦俑学》，《文博》1995 年第 5 期。

　　② 袁仲一：《秦始皇陵兵马俑研究》，文物出版社，1990 年，第 166 页。

　　③ 徐卫民：《秦公帝王陵》，中国青年出版社，2002 年，第 190 页。

　　④ 秦鸣：《秦俑坑兵马俑军阵内容及兵器试探》，《文物》1975 年第 11 期。

　　⑤ 黄展岳：a.《中国西安、洛阳汉唐墓的调查与发掘》，《考古》1981 年第 6 期；b.《秦汉陵寝》，《文物》1998 年第 4 期。

　　⑥ 王学理：a.《一幅秦代的陈兵图——论秦俑的性质及其编成》，《文博》1990 年第 5 期；b.《秦俑是"兵"还是"郎"——一个貌似学术性的常识问题》，《唐都学刊》2009 年第 4 期；c.《并非"无坑不阵"，而"军事生活的缩影"才是兵马俑表现的本意》，《长安大学学报》2010 年第 4 期；d.《兵马俑坑："陈兵图"——秦军事生活的代表——关于属性和作用争论的话题》，《考古与文物》2012 年第 3 期。

　　⑦ 范仲远：《试探秦兵马俑的成因》，《文博》1994 年第 5 期。

　　⑧ 林剑鸣：《秦俑之谜》，《文博》1985 年第 1 期。

　　⑨ 刘九生：《秦始皇帝陵近臣侍卫郎官俑与中国古代文明——"兵马俑"证谬》，《唐都学刊》2009 年第 2 期。

申茂盛[①]与王学理[②]等的驳斥。

秦始皇陵兵马俑陪葬形式的渊源，吕智荣认为鉴于秦始皇陵兵马俑的性质、用意与先秦贵族墓葬中殉葬的武装侍卫相同，因此，秦始皇陵兵马俑——地下王国宿卫军之制是从先秦时期贵族墓葬中殉葬武装侍卫之制发展演进而来的。[③]而由于对兵马俑坑性质及作用的不同认知，林剑鸣认为其来源于秦人的树"封"传统；[④]范仲远则提出秦始皇的唯我独尊与秦人的宗教意识对秦俑的形成起着决定性的作用，秦俑是秦始皇对秦人传统的尚武思想的继承和发展。[⑤]

西汉诸帝陵多设有陪葬坑，尤以西汉前期和中期为盛。根据考古勘探和发掘资料，太上皇陵和昭灵皇后陵附近分别发现 2 座和 3 座陪葬坑；[⑥]薄太后南陵陵园西墙外发现了 20 座陪葬坑并得以清理；[⑦]文帝皇后窦太后陵园西墙以西发现 47 座埋藏彩绘陶俑及陶罐和禽兽遗骨的陪葬坑；[⑧]长陵陵园东部封土周围发现陪葬坑 33 座，但以东北部最为密集；[⑨]安陵所探出的陪葬坑基本分布于安陵东北部区域，封土东边也有一小部分，计 22 条；[⑩]阳陵陵园内共发现陪葬坑 86 座，基本围绕阳陵封土作放射状排列，陵园外陪葬坑则可分为南、北两区，且后陵陵园内亦发现绕封土呈放射状分布的陪葬坑 28 座；[⑪]茂陵陵园内共探出 63 条陪葬坑并围绕茂陵封土呈放射状分布，陵园外茂陵西部、西南和东北三区共探出陪葬坑 115 条；[⑫]平陵陵园内陪葬坑尚未做详细钻探，陵园外陪葬坑共探出 21 座，基本分布于陵园外南部及西南部；[⑬]宣帝杜陵北面和南面分布着一些陪葬坑，20

---

① 申茂盛：《秦俑是"兵"是"郎"？——与刘九生先生商榷》，《文博》2012 年第 3 期。

② 王学理：a.《秦俑是"兵"还是"郎"——一个貌似学术性的常识问题》，《唐都学刊》2009 年第 4 期；b.《并非"无坑不阵"，而"军事生活的缩影"才是兵马俑表现的本意》，《长安大学学报》2010 年第 4 期；c.《兵马俑坑："陈兵图"——秦军事生活的代表——关于属性和作用争论的话题》，《考古与文物》2012 年第 3 期。

③ 吕智荣：《秦始皇陵兵马俑陪葬之制渊源探索》，《文博》1992 年第 2 期。

④ 林剑鸣：《秦俑之谜》，《文博》1985 年第 1 期。

⑤ 范仲远：《试探秦兵马俑的成因》，《文博》1994 年第 5 期。

⑥ 中国社会科学院考古研究所栎阳发掘队：《秦汉栎阳城遗址的勘探和试掘》，《考古学报》1985 年第 3 期。

⑦ 王学理：《汉南陵从葬坑的初步清理》，《文物》1981 年第 11 期。

⑧ 王学理、吴镇烽：《西安任家坡汉陵从葬坑的发掘》，《考古》1976 年第 2 期。

⑨ 咸阳市文物考古研究所：《西汉帝陵钻探调查报告》，文物出版社，2010 年，第 7 页。

⑩ 咸阳市文物考古研究所：《西汉帝陵钻探调查报告》，文物出版社，2010 年，第 22 页。

⑪ 咸阳市文物考古研究所：《西汉帝陵钻探调查报告》，文物出版社，2010 年，第 37—40 页。

⑫ 咸阳市文物考古研究所：《西汉帝陵钻探调查报告》，文物出版社，2010 年，第 46—50 页。

⑬ 咸阳市文物考古研究所：《西汉帝陵钻探调查报告》，文物出版社，2010 年，第 73—74 页。

世纪 80 年代对 K1 和 K4 进行了发掘，[①] 宣帝之后帝陵目前尚未有陪葬坑发现。

　　焦南峰认为，结合秦汉王、后陵墓的发掘成果和阳陵的考古发现，阳陵帝陵的从葬坑大约可分为墓室之内的从葬坑，墓圹以外、封土之下的从葬坑，封土以外、陵园之内的 86 座从葬坑，陵园以外的南区从葬坑 24 座、北区从葬坑 24 座四个层次；阳陵后陵至少也有墓圹之内、封土以下的陪葬坑和封土以外、陵园之内的陪葬坑两个层次；对于阳陵从葬坑的性质，根据出土遗物，可确定第四层次的各从葬坑代表和象征西汉王朝的军队，第三层次的从葬坑据其遗物推测当为代表或象征三公九卿中的九卿及其附属机构及设施，第二层次的从葬坑推测应与三公有关，第一层次或许代表或象征的是类似于中朝之属的职官机构；后陵从葬坑则代表或象征了皇后所属的后宫系统的有关机构和设施。[②] 岳起认为，同帝陵附近密集排布、长度动辄达百米的陪葬坑相比较，后陵附近的这些陪葬坑数量很少，规模极小，甚至不如有些大臣墓葬的陪葬坑，这充分说明了西汉陵墓制度中存在明确而严格的等级制度，陵区内的一切规划是以帝陵为中心展开的，后陵从属于帝陵，是帝陵陵区内一个重要的组成部分。[③]《汉阳陵》一书具体提出第四层次从葬坑可能与西汉的南、北军有关；[④] 还有观点认为这两处从葬坑正是汉北军的缩影，南区和西区（北区）这两处从葬坑抑或象征着西汉北军的两个部分，或者就是北军的左、右两翼；[⑤] 黄展岳则以为这些武士俑群同秦始皇帝陵兵马俑一样，是"御林军"为景帝送葬的模拟物。[⑥] 焦南峰认为，总体而言，汉阳陵继承并发展了秦始皇陵有关外藏系统的设置理念，且使之进一步规范化，其不同的陪葬坑代表或象征"宫观及百官位次"以及不同的政府机构及设施；它们在空间、规模、内涵等方面的差异反映了其所代表的各个政府机构及设施在等级、功能及其与皇权之间关系方面的不同，是西汉帝国各个政府机构、各种设施的真实再现。[⑦]

　　① 咸阳市文物考古研究所：《西汉帝陵钻探调查报告》，文物出版社，2010 年，第 98—99 页；中国社会科学院考古研究所杜陵工作队：a.《1982—1983 年西汉杜陵的考古工作收获》，《考古》1984 年第 10 期；b.《1984—1985 年西汉宣帝杜陵的考古工作收获》，《考古》1991 年第 12 期。
　　② 焦南峰：《汉阳陵从葬坑初探》，《文物》2006 年第 7 期。
　　③ 岳起：《两汉帝陵诸问题的探讨》，《秦汉研究》第 4 辑，陕西人民出版社，2010 年，第 58 页。
　　④ 陕西省考古研究所：《汉阳陵》，重庆出版社，2002 年，第 4 页。
　　⑤ 王学理：《汉景帝与阳陵》，三秦出版社，2003 年。
　　⑥ 黄展岳：《秦汉陵寝》，《文物》1998 年第 4 期。
　　⑦ 焦南峰：《汉阳陵从葬坑初探》，《文物》2006 年第 7 期。

段清波认为虽然受勘探不足的限制，阳陵帝后陵墓地宫范围内的各层台阶上还不清楚是否也分布着陪葬坑，但据洛庄诸侯王墓室内台阶上发现有陪葬坑推断阳陵帝后陵墓可能也会多少不一地分布着大小不一的一些陪葬坑。若如此，则阳陵的外藏系统则由内至外的分布着三个层次的陪葬坑，第一层次为地宫内各层台阶上的陪葬坑；第二层次为帝陵和后陵陵园内的陪葬坑，帝陵周围的陪葬坑的性质是管理皇宫事务的政府机构，后陵周围的陪葬坑则是为皇后提供服务的政权机构在地下的模拟再现；第三层次为帝、后陵园之外的陪葬坑，由于部分坑内除出土兵器之外还伴出铁农具或家畜等，这似乎表明南区从葬坑为"南军"的推测可能欠妥，其一部分或为军事机构，其他的为中央政府中非军事性的政权机构。[①]

刘卫鹏认为，西汉帝陵陪葬坑按其性质可分为车马坑、兵马俑坑、珍禽异兽坑、家畜家禽坑、粮食坑等。其中车马坑包括马厩坑、马坑、车坑和车马坑，象征着墓葬外藏椁中的"厩"，真马或以马俑、马具代替，真车或用模型车、车器代替，到西汉后期则基本上就只用模型车马陪葬。从阳陵、徐州狮子山楚王陵和杨家湾汉墓所陪葬兵马俑的情况来看，陪葬兵马俑是西汉前期和中期比较流行的做法，西汉昭帝以前的帝陵应当都以兵马俑陪葬。汉代帝陵以动物俑坑陪葬，是当时社会现实的反映，是以家畜多少作为衡量地位高低的价值观念在葬制上的体现。汉代开始盛行以表现财富的大量家畜俑群及众多的粮仓作为陪葬坑，其根本原因是价值观上的区别，即秦及其以前强调的是权势的标志物，西汉帝陵强调的是权势及财富两个标志物。珍禽异兽坑实际上象征着帝王的苑囿。此外，西汉帝陵也有埋藏钱币的陪葬坑，而据山东章丘洛庄汉墓出土的乐器坑可以推测西汉帝陵亦当设之。[②]

赵化成认为汉阳陵封土以外、陵园之内也即焦南峰先生提出的第三层次从葬坑中发掘的11座坑的主要埋葬内容是供奉死者衣食用行的生活必需品；而出土的印章、封泥所涉及的官署职能则绝大多数与主管、侍奉皇帝的衣物、膳食、器用、出行的"少府"属官有关，二者基本一致；因而，很难将从葬坑与"九卿"及其所属官署机构等同起来，由此可认为这11座从葬坑并不代表九卿哪一类官署机构本身。且如果要设置官署机构，则从葬坑的大小、形状、布

① 段清波：《秦始皇帝陵园考古研究》，北京大学出版社，2011年，第218—220页。
② 刘卫鹏：《西汉帝陵的陪葬坑》，《秦汉研究》第4辑，陕西人民出版社，2010年。

局及其内部设施应当具有官署办公机构的一般特征，而不是现在这种单一的长条形模式以及大致相似的埋葬内涵。无论是从埋葬内涵或是出土印章封泥，还是文献记载，都不能证明秦汉帝陵外藏系统存在着所谓"百官官署"机构的设置。而东汉服虔"（外藏椁）在正藏外，婢妾藏也。或曰厨厩之属也"这一对外藏（椁）系统内涵与性质的表述则基本适用于秦汉帝陵，只是帝陵外藏系统的规模更大，数量更多，内涵更丰富而已，即除却衣食住行外，还有军队、武备、苑囿等内容，它们既是皇帝生前权利及奢华生活的真实反映，又是面对未来世界的一种心理满足和实在需求。[1]

"大约是西汉晚期以后，在墓坑（主室）之外的外藏随葬模式趋于衰退。到了东汉时期，一般大中型墓的墓穴之外不再使用陪葬坑，东汉的帝陵或后陵从目前的调查情况来看，没有发现与地宫分离的外藏系统。换言之，西汉外藏系统的功能到了东汉时期由于洞室墓的流行，大多被耳室、前室等所取代。"[2] 段清波也认为成帝在元帝下葬渭陵时对"乘舆、车、牛、马、禽兽皆非礼，不宜以葬"的认可或许标志着秦汉以来帝王陵寝中外藏制度的开始消退，而西汉中后期皇权概念以及皇权政体已经绝对确立或许是帝王陵墓外藏系统式微的原因。[3]

（四）陪葬墓与修陵人墓地

1. 陪葬墓

秦始皇帝陵陪葬墓群已发现 7 处。[4] 在始皇帝陵封土西北角有一座"甲"字形墓葬，因其位置特殊，袁仲一推测其当为公子高之墓，[5] 王学理也持此说但将之称为从葬墓。[6] 内城东北部小城内探出呈南北向排列、由东向西做三行排列的中小型墓葬 33 座，且以"甲"字形墓葬居多，袁仲一以为其为始皇后宫

① 赵化成：《秦汉帝陵外藏系统（从葬坑）的性质问题》，《秦始皇帝陵博物院》，三秦出版社，2011 年。

② 韩国河：《东汉帝陵有关问题的探讨》，《考古与文物》2007 年第 5 期。

③ 段清波：《秦始皇帝陵园考古研究》，北京大学出版社，2011 年，第 222 页。

④ 陕西省考古研究院秦汉考古研究部：《陕西秦汉考古五十年综述》，《考古与文物》2008 年第 6 期。

⑤ 袁仲一：《秦始皇陵兵马俑研究》，文物出版社，1990 年，第 40 页。

⑥ 王学理：《秦始皇陵研究》，上海人民出版社，1994 年，第 124 页。

从葬者，[①] 还有学者明确指出这些墓葬可能是秦始皇后宫妃嫔的从葬墓区，[②] 王学理则怀疑其为从死的宫女墓区。[③] 西内外城垣之间墓地范围东西长 170、南北宽 90 多米，四周有夯筑墙垣，中间有南北隔墙，西区未见墓葬而东区发现陪葬墓 61 座，有"甲"字形、长方形、曲尺形、刀形，但探查中未发现任何遗物，可能为造好因秦亡而未葬人的空墓。[④] 上焦村陪葬墓共 17 座，呈东西向、南北一字排列，墓葬形制有长方形竖穴土圹和带斜坡墓道的"甲"字形墓两种；其中"甲"字形墓 14 座，试掘 8 座，其中 7 座墓主身首异处、尸骨狼藉，墓主除个别较年轻外，其余的年龄均在 30 岁左右，有男有女。[⑤] 王学理认为其当为始皇的公子和公主无疑，[⑥] 袁仲一亦持此说，[⑦] 但段清波认为这些秦墓的主人可能是被二世杀戮的始皇子女的推论证据不足。[⑧] 2003 年，在秦始皇陵园西 500 米处的砖房村勘探发现 6 座与秦始皇陵园有关的、级别较高的墓葬。其中"中"字形墓葬 1 座，大型"甲"字形墓葬 5 座，由于迄今为止秦陵地区发现的秦代墓葬并不是很多，级别较高的大中型墓葬更少见，此次发现的"中"字形墓葬应是地位级别仅次于陵园的贵族墓葬，对研究陵园的陵寝制度有着重要的学术研究价值，但其墓主与秦始皇帝的关系尚不明了。[⑨]

刘庆柱、李毓芳认为，西汉帝陵陪葬墓大都分布在帝陵以东，有的在帝陵以北。其中，分布在帝陵以东的陪葬墓位于东司马道南北两侧，而以南侧的陪葬墓数量较多。这种排列颇似皇帝朝见大臣文武百官分列左右的朝仪，陵区中陪葬墓的这种布局是因为陵区仿照京师和皇宫而筑。从长陵、安陵、茂陵和杜陵陪葬墓的布局看，离帝陵东司马门越近的陪葬墓主人地位越高。[⑩]《西汉帝陵

[①] 袁仲一:《秦始皇陵兵马俑研究》，文物出版社，1990 年，第 40 页。

[②] 陕西省考古研究院秦汉考古研究部:《陕西秦汉考古五十年综述》，《考古与文物》2008 年第 6 期。

[③] 王学理:《秦始皇陵研究》，上海人民出版社，1994 年，第 118 页。

[④] 陕西省考古研究所、秦始皇兵马俑博物馆:《秦始皇帝陵园考古报告（1999）》，科学出版社，2000 年，第 26 页；陕西省考古研究院秦汉考古研究部:《陕西秦汉考古五十年综述》，《考古与文物》2008 年第 6 期；王学理:《秦始皇陵研究》，上海人民出版社，1994 年，第 118 页。

[⑤] 陕西省考古研究所、秦始皇兵马俑博物馆:《秦始皇帝陵园考古报告（1999）》，科学出版社，2000 年，第 26—27 页。

[⑥] 王学理:《秦始皇陵研究》，上海人民出版社，1994 年，第 115—118 页。

[⑦] 袁仲一:《秦始皇陵兵马俑研究》，文物出版社，1990 年，第 39 页。

[⑧] 段清波:《上焦村秦墓主人疑非始皇子女说》，《远望集》，陕西人民美术出版社，1998 年，第 515 页。

[⑨] 陕西省考古研究院、秦始皇兵马俑博物馆:《秦始皇帝陵园考古报告（2001—2003）》，文物出版社，2007 年，第 36—41 页。

[⑩] 刘庆柱、李毓芳:《西汉十一陵》，陕西人民出版社，1987 年，第 210—211 页。

钻探调查报告》则提出西汉帝陵的陪葬墓大多位于帝陵东部，但其排列多根据
所在的地形安排，长陵、安陵、霸陵均因地形原因而不能在东司马道南北两侧
都安排陪葬墓；阳陵、茂陵东部地势开阔故陪葬墓南北皆有，且从阳陵开始，
陪葬墓基本上以司马道为中心南北排列，南侧墓园主墓墓道多向北、北侧者
则多向南。平陵、杜陵陪葬墓东司马道南北皆有但以北部为主。延陵陪葬墓园
位于延陵以西、东面较少，当是其东面紧邻秦惠文王公陵陵区所致；义陵陪葬
墓在其南、东部皆有，分布已趋于分散。① 而平陵的陪葬墓除大部分分布于东
部外，在西部、南部和北部均有发现，表明这时的陪葬区域的限制已经比较松
弛，葬地的选择更趋于灵活。②

　　西汉帝陵陪葬墓的封土形制受当时的帝、后陵的封土影响较大，可分为长
方覆斗形、覆斗形、圆丘形、山形等；长方覆斗形多出现于西汉早期，这种封
土形制的陪葬墓多为夫妻并穴合葬墓，可能是受到了长陵、吕后陵、安陵封土
形制的影响；但西汉帝陵更多的夫妻合葬陪葬墓采用的是两座覆斗形封土的同
茔异穴形式，且两座封土形状、大小基本相同，距离很近，墓葬形制和规模也
基本相等，这应该是因为景帝阳陵开始帝后陵墓封土皆为覆斗形而受之影响形
成的；西汉中晚期，陪葬墓封土则开始流行圆丘形。③ 陪葬茂陵的卫青、霍去
病墓的封土为山形，刘庆柱、李毓芳认为其可能是因为西汉中期西域文化对内
地的影响而产生的。④ 大型的陪葬墓往往都有自己的陪葬坑，但“此类从葬坑
的设置，应为皇帝特别赏赐，代表或象征陪葬墓墓主与皇家之间的密切关系及
其所享有的特殊地位，可以直接或间接地代表和反映墓主生前的等级、职务及
其所属机构和设施”。⑤ 同时，西汉帝陵陪葬墓基本上只有一条墓道，个别身份
较高的方能使用两条墓道的“中”字形墓；从西汉初期开始便在墓地上设置祠
堂，到西汉中期已经流行；有的甚至还设有园邑；此外，陪葬墓园的出现也是
西汉帝陵陪葬墓的一个显著特征，墓园四周多有壕沟或垣墙环绕。⑥

　　关于西汉帝陵陪葬者的身份，刘庆柱、李毓芳认为陪葬长陵者多为开国元

---

①　咸阳市文物考古研究所：《西汉帝陵钻探调查报告》，文物出版社，2010年，第207—208页。
②　岳起、刘卫鹏：《由平陵建制谈西汉帝陵的几个问题》，《考古与文物》2007年第5期；岳起：
《两汉帝陵诸问题的探讨》，《秦汉研究》第4辑，陕西人民出版社，2010年，第58页。
③　咸阳市文物考古研究所：《西汉帝陵钻探调查报告》，文物出版社，2010年，第208页。
④　刘庆柱、李毓芳：《西汉十一陵》，陕西人民出版社，1987年，第215页。
⑤　焦南峰：《西汉帝陵从葬坑初探》，《文物》2007年第7期。
⑥　咸阳市文物考古研究所：《西汉帝陵钻探调查报告》，文物出版社，2010年，第209—211页。

勋，鲁元公主陪葬安陵开启了皇亲国戚陪葬帝陵的先例，茂陵陪葬者大多既为皇亲国戚又为朝廷重臣，西汉晚期的陪葬者则多为外戚，亦有妃嫔宫人，且越晚越甚。① 曹龙亦认为西汉帝陵陪葬者包括皇帝的嫔妃、朝廷重臣，西汉前期尤其如此；西汉后期，帝陵陪葬者多为外戚和宠幸、皇亲国戚、皇帝宠信的臣属、高爵显，以及陵邑中的游民。② 此外，西汉帝陵陪葬墓区的设置继承秦制并有所发展，且在规划整个陵园时已预先设计并规划，陪葬墓在墓主身份与其距帝陵陵园及司马道的远近、墓园与墓葬形制等诸多方面上都存在着等级差异，陪葬墓园同时也兼具家族墓地的性质。③

2. 修陵人墓地

秦始皇陵修陵人墓地包括刑徒墓地和修陵工匠墓地。王学理指出郦山徒也即刑徒的墓葬既不是按礼制享受"恩宠"的政治待遇因而并未进入陵区的规划，又择地而安、掩埋仓促，甚而是堆积骨殖的乱葬坟场，故属于另一种性质的墓葬，不能按陪葬墓来看待。④ 到目前为止在秦始皇陵西发现赵背户村西、姚池头村南、秦始皇帝陵西北方向的第五砂轮厂东侧三处修陵人墓地，秦始皇兵马俑博物馆东北处也发现为修陵人墓地的山任窑址及乱葬坑。赵背户村西墓地因出土有几件刻有"居赀"瓦文的瓦志，以及有的骨骸上留有刀伤、肢解或腰斩痕迹，故发掘者将其定性为刑徒墓地。⑤ 王学理认为赵背户村西墓地从出土的瓦志来看其应为秦始皇征发自全国来修筑陵墓的郦山徒墓地之一，且郦山徒是服徭役——"居赀"的下层社会劳动者，其虽多来自原六国地区，却绝大多数以"屈肢葬"这一秦人的葬俗习惯埋葬，秦始皇把秦人的葬俗强加于六国刑徒之上本身可能也包含着"统一"的意义在内。⑥ 袁仲一认为这处墓地的性质笼统的说成是修建始皇陵的劳役者的墓地固然可以，但说成是刑徒墓也无可非议。⑦ 但孙英民提出这一墓地不能仅凭有限的"居赀"瓦文便肯定为一处刑徒墓地，而应是参加修建始皇陵的劳役人员墓地。⑧ 姚池头村南有一个占

① 刘庆柱、李毓芳：《西汉十一陵》，陕西人民出版社，1987年，第211—212页。
② 曹龙：《西汉帝陵陪葬制度初探》，西北大学硕士论文，2009年。
③ 曹龙：《西汉帝陵陪葬制度初探》，《考古与文物》2012年第5期。
④ 王学理：《秦始皇陵研究》，上海人民出版社，1994年，第114页。
⑤ 始皇陵秦俑坑考古发掘队：《秦始皇陵西侧赵背户村秦刑徒墓》，《文物》1982年第3期。
⑥ 王学理：《秦始皇陵研究》，上海人民出版社，1994年，第122—123页。
⑦ 袁仲一：《秦始皇陵兵马俑研究》，文物出版社，1990年，第45页。
⑧ 孙英民：《秦始皇陵西侧赵背户村秦刑徒墓质疑》，《文物》1982年第10期。

地 1 020 平方米的乱葬坟场，发现有上下叠压、骨骼凌乱的大量人骨、铁锛、茧形壶等秦代遗物，死者的身份应当是修陵农民、罪犯和奴隶。[①]秦始皇帝陵西北方向的第五砂轮厂东侧墓地范围达 6 万平方米，有数百座秦代小型墓葬，已发掘 19 座。从墓葬形制、多砖砌棺室等情况判断，其较赵背户村刑徒墓规格要高，据推测可能为修陵工匠的墓葬区。[②]秦始皇兵马俑博物馆东北处的山任窑址在 2003 年发掘的 2 座秦代窑址及窑厂范围内清理出层层叠压、摆放凌乱的人骨架 121 具，并出土有大量的绳纹板瓦、筒瓦碎片、陶片及铁锛等生产工具和铁环等刑具，还发现两枚"半两"铜钱等，其埋葬的应当也是修陵的刑徒。[③]

　　西汉帝陵阳陵西北发现有刑徒墓地。已发掘的墓葬排列无序，葬式不一，尸骨凌乱、相互枕藉，均无随葬品，但骨架上大多戴有"钳""钛"类铁质刑具，有的还有明显的砍斫痕迹。发掘者认为据文献记载和其所处位置以及开口层位，这批刑徒墓死者可能就是原来修建阳陵的刑徒，且汉代帝陵沿用了秦始皇陵的修陵模式。[④]茂陵陵区西端也发现了密集的小型墓葬，当为茂陵修陵人墓地所在。[⑤]

（五）陵庙

　　杨宽认为陵旁立庙的制度在战国时期已有之，秦代和西汉陵旁立庙的制度是对战国时代制度的沿袭。[⑥]王学理也根据《长安志》"秦始皇庙在县东一十五里会德乡"的记载及其他文献提出秦二世为了对应秦始皇极庙而在始皇陵区建立了始皇庙。[⑦]刘庆柱、李毓芳认为战国时期秦国的王陵和宗庙不在一处，秦始皇的极庙在咸阳的南邻亦即后来的长安城内而与其陵墓相距甚远，因而，陵

①　王学理：《秦始皇陵研究》，上海人民出版社，1994 年，第 123 页。
②　陕西省考古研究院秦汉考古研究部：《陕西秦汉考古五十年综述》，《考古与文物》2008 年第 6 期。
③　陕西省考古研究院、秦始皇兵马俑博物馆：《秦始皇帝陵园考古报告（2001—2003）》，文物出版社，2007 年。
④　秦中行：《汉阳陵附近钳徒墓的发现》，《文物》1972 年第 7 期。
⑤　陕西省考古研究院、咸阳市文物考古研究所、茂陵博物馆：《汉武帝茂陵调查、勘探简报》，《考古与文物》2011 年第 2 期；马永赢：《汉武帝茂陵陵园布局的几点认识》，《考古与文物》2011 年第 2 期。
⑥　杨宽：《中国古代陵寝制度史研究》，上海古籍出版社，1985 年，第 24 页。
⑦　王学理：《秦始皇陵研究》，上海人民出版社，1994 年，第 161 页。

旁立庙始于西汉。[①] 徐卫民亦认为《史记》中记载秦有七庙，但其分布在秦都咸阳的渭河以南地区，是都城中的礼制建筑，和帝王陵墓没有必然的联系。[②]

《西汉帝陵钻探调查报告》认为，惠帝时在渭水北部为汉高祖修建原庙开启了西汉帝陵陵旁立庙的制度。[③] 惠帝庙应在长陵旁的高帝庙之西、安陵附近。[④] 从文帝开始，皇帝开始在生前为自己修建庙宇，但刘庆柱认为文帝的陵庙并非其生前所建的"顾成"庙。[⑤] 景帝陵庙号曰德阳宫，土学理认为阳陵东南部的罗经石遗址当即为景帝陵庙之所在，[⑥] 多数学者也认同此说。但刘庆柱、李毓芳则认为罗经石遗址为景帝的寝园遗址。[⑦] 其他帝陵的陵庙位置也均有争议。武帝陵庙号"龙渊"，刘庆柱认为其在茂陵以东、平陵以西，茂陵邑以北；[⑧]《西汉帝陵钻探调查报告》指出其即茂陵东南部的瓦渣沟遗址；[⑨] 焦南峰据《水经注》记载也推测武帝庙的位置大约在茂陵东侧附近。[⑩] 汉昭帝陵庙号"徘徊"，位置可能在平陵故城正南的肖家堡村。[⑪] 汉宣帝陵庙号"乐游"，刘庆柱认为其当为杜陵东北 400 米处、今西安市三兆村南的杜陵八号遗址。[⑫] 文献记载汉元帝陵庙号"长寿"，但学者多认为长寿庙为王皇后的陵庙；[⑬] 刘庆柱认为汉元帝的陵庙称"孝元"庙，具体位置可能在渭陵西北边；[⑭] 焦南峰认为其在渭陵附近。[⑮] 成帝庙号"阳池"，何清谷认为其应在成帝延陵附近，《西汉

① 刘庆柱、李毓芳：《西汉十一陵》，陕西人民出版社，1987 年，第 198 页。
② 徐卫民：《秦汉帝陵祭祀制度研究》，《秦汉研究》第 4 辑，陕西人民出版社，2010 年，第 29 页。
③ 咸阳市文物考古研究所：《西汉帝陵钻探调查报告》，文物出版社，2010 年，第 202 页。
④ 焦南峰、马永赢：《西汉宗庙刍议》，《考古与文物》1999 年第 6 期。
⑤ 刘庆柱、李毓芳：《西汉十一陵》，陕西人民出版社，1987 年，第 199 页。
⑥ 王学理：a.《罗经石遗址是阳陵庙》，《陕西日报》2000 年 6 月 13 日；b.《太社乎？陵庙乎？》，《文博》2001 年第 5 期。
⑦ 刘庆柱、李毓芳：《西汉十一陵》，陕西人民出版社，1987 年，第 199 页。
⑧ 刘庆柱、李毓芳：《西汉十一陵》，陕西人民出版社，1987 年，第 199 页。
⑨ 咸阳市文物考古研究所：《西汉帝陵钻探调查报告》，文物出版社，2010 年，第 204 页。
⑩ 焦南峰、马永赢：《西汉宗庙刍议》，《考古与文物》1999 年第 6 期。
⑪ 咸阳市文物考古研究所：《西汉帝陵钻探调查报告》，文物出版社，2010 年，第 204 页；咸阳博物馆：《汉平陵调查简报》，《考古与文物》1982 年第 4 期。
⑫ 刘庆柱：《汉宣帝杜陵陵寝建筑制度研究》，《古代都城与帝陵考古学研究》，科学出版社，2005 年，第 250 页。
⑬ 何清谷：《三辅黄图校释》，中华书局，2005 年；刘庆柱、李毓芳：《西汉十一陵》，陕西人民出版社，1987 年；焦南峰、马永赢：《西汉宗庙刍议》，《考古与文物》1999 年第 6 期。
⑭ 刘庆柱：《汉宣帝杜陵陵寝建筑制度研究》，《古代都城与帝陵考古学研究》，科学出版社，2005 年，第 250 页。
⑮ 焦南峰、马永赢：《西汉宗庙刍议》，《考古与文物》1999 年第 6 期。

帝陵钻探调查报告》也持此说。①汉哀帝、平帝亦当有陵庙之设,位置在陵墓附近。②

　　徐卫民认为西汉时期对陵庙的祭祀活动很隆重,在陵庙中除了每月一次的"月游衣冠"活动外,还有每年二十五次的祭祀和每年八月的酹祭礼;西汉中期以前,陵庙中的祭祀活动一般都在夜间进行,宣帝时陵庙的祭祀活动改为白天进行。③

　　东汉时期,"据《续汉书·礼仪志》刘昭注引《古今注》的记载,从明帝显节陵开始,不置陵邑,不建原庙"。④阎崇东认为据史料可知"东汉明帝曾为光武帝建世祖庙,且因其临终下达'无起寝庙'的诏令,后来皇帝的神主皆藏于世祖庙内,所以东汉帝陵只有一座宗庙"。⑤韩国河由此认为东汉时期的庙寝制度发生了重大变化,即确立了"同堂异室"的"合庙"制度,形成了"陵崇庙杀"的格局。⑥

(六) 陵邑

　　陵邑之设始于秦始皇帝陵之丽邑,丽邑即秦始皇陵陵邑。袁仲一提出丽邑的地望可能在秦始皇陵北刘寨村一带,从"丽邑供厨"的器物能和"丽山食官"的器物在陵园内伴出可知,二者都服务于陵园且说明丽邑和陵园的关系非常密切;因而,丽邑的性质有可能和汉陵邑的性质相似,即奉祀陵园,削弱地方势力,促使中央权力、财力、人力的集中。⑦王学理认为丽邑因陵而设,不完全是为行政区划性质的县邑,服从修陵、便于管理是其产生的前提,始皇陵不远的陵北刘家寨、沙河村南遗址当即其所在。秦始皇设置丽邑目的在于使修陵工程按计划程序化、组织管理专业化,而徙民入丽邑则是为了保护陵墓并起到强干弱枝的作用。秦始皇陵丽邑的设置开创了陵邑制度,并对西汉帝陵起到

　　① 何清谷:《三辅黄图校释》,中华书局,2005年;咸阳市文物考古研究所:《西汉帝陵钻探调查报告》,文物出版社,2010年,第205页。
　　② 焦南峰、马永赢:《西汉宗庙刍议》,《考古与文物》1999年第6期。
　　③ 徐卫民:《秦汉帝陵祭祀制度研究》,《秦汉研究》第4辑,陕西人民出版社,2010年,第29页。
　　④ 徐苹芳:《中国秦汉魏晋南北朝时代的陵园和茔域》,《考古》1981年第6期。
　　⑤ 阎崇东:《两汉帝陵》,中国青年出版社,2007年,第113页。
　　⑥ 韩国河:《东汉帝陵有关问题的探讨》,《考古与文物》2007年第5期。
　　⑦ 袁仲一:《秦始皇陵兵马俑研究》,文物出版社,1990年,第58页。

了重要影响。① 刘荣庆认为丽邑为秦始皇陵园"丽山园"的奉陵邑，设置于骊戎邑故地，与汉新丰异名同地，人口约十二万，应该有市井，兼有管理所属生产作坊、民营作坊，管理市井交易、社会治安的功能。② 孙伟刚认为丽邑地望不在秦始皇陵西北的刘家寨而在秦始皇陵东北、现戏河西岸、渭河南岸的二、三级阶地上；其功能首先是"奉陵邑"，其次还作为秦时关内的一个市邑机构起着削弱关东六国残余势力巩固帝国统一大业的作用，其内设置的军事力量起着监督修陵刑徒的作用；除此以外，作为秦都咸阳以东的一个重要市邑，应是秦人东征过程中一个重要的军事据点，并在秦帝国建立之后拱卫着都城咸阳。③ 徐卫民认为丽邑实际上是当时修建秦始皇陵的指挥部，完全是为了秦始皇陵修建工程及以后管理、供奉的需要，其管辖范围南到骊山，北至渭河，西到芷阳，东到郑县。④ 刘占成则认为"丽邑"不同于汉代陵邑，而是秦时设置的县邑之名，应是秦国政府在修建陵墓的同时为了加强对魏献新地的管理而设立的一个下属县邑，其辖区在今临潼县城以东。⑤

汉承秦制，元帝以前帝陵均设陵邑。西汉陵邑基本位于陵墓的北部或东北，长陵邑、安陵邑均位于陵园的北部，陵邑和陵园连成一体，陵园的北墙即陵邑的南墙；霸陵邑位置不详；阳陵邑开始，陵邑和陵园分离。⑥ 阳陵邑位于汉阳陵东端的泾渭三角洲上。目前经钻探发现其东西长近4 000米，南北宽约1 000米，面积近4平方公里。陵邑中发现有东西向道路11条、南北向道路23条，以及由上述道路垂直交错形成的方形或长方形的"里"三排共42个。⑦ 王志杰、朱捷元认为茂陵邑在茂陵东南的豆马村一带。⑧ 刘庆柱、李毓芳认为，茂陵邑在南位公社道常大队东窑匠沟以西，白鹤馆遗址以东，南到渭惠渠，北至茂陵至霍去病墓东西路以南范围内，东西1 500米，南北700米。⑨ 在经过

①　王学理：《秦始皇陵研究》，上海人民出版社，1994年，第3页。
②　刘荣庆：《"秦置丽邑"考辨》，《文博》1990年第5期。
③　孙伟刚：《戏、丽邑与丽山园——兼论秦始皇帝陵丽邑的功能与作用》，《考古与文物》2009年第4期。
④　徐卫民、张天梁：《秦汉陵邑制度研究》，《秦文化论丛》第12辑，三秦出版社，2005年，第123页。
⑤　刘占成：《"丽山"与"丽邑"》，《文博》1984年第3期。
⑥　咸阳市文物考古研究所：《西汉帝陵钻探调查报告》，文物出版社，2010年，第213页。
⑦　焦南峰：《西汉帝陵的建设理念》，《考古》2007年第10期。
⑧　王志杰、朱捷元：《汉茂陵及其陪葬冢附近新发现的重要文物》，《文物》1976年第7期。
⑨　刘庆柱、李毓芳：《西汉诸陵调查和研究》，《古代都城与帝陵考古学研究》，科学出版社，2005年，第215页。

细致的钻探调查工作后，刘卫鹏、岳起认为茂陵邑在茂陵东北的井王村、陈仟村一带，平面略呈曲尺形，周围以沟渠围绕而无垣墙，东西宽 1 830 米，南北长 2 450 米，陵邑南端位于茂陵东司马道北侧的陪葬墓中间，与陪葬墓一起构成了茂陵陵区的重要组成部分。① "在上官皇后陵园以东，发现大片西汉建筑遗址，东西长约 867、南北宽 380 米，应为平陵邑遗址。"②《西汉帝陵钻探调查报告》则认为平陵邑在平陵东北，东西长 2 400 米，南北宽 3 100 米，四周有垣墙围绕。③ 杜陵邑在杜陵西北，平面长方形。目前发现陵邑城墙数段，北墙长 2 250 米，东墙残长 500 米，西墙现存长度 490 米。④

刘占成认为，西汉陵邑是中央政府为管理陵区而专设的一个官署机构，有其独立性，其责任在于对陵园守卫、管理人员进行领导和监督，陵令、属官、寝庙令、园长、门吏等官职的选派，也均属陵邑的工作和责任；并且，陵邑和县邑不同，从管理权限讲，陵邑只在陵区范围之内，而县邑的统辖区域则是本县的全体，帝陵整个陵区包括陵邑都设立在县邑辖地之上，陵邑和县邑无隶属关系，二者应该是平等的，其长官均由中央政府任免，郡守可能为他们共同的直接上级。⑤ 焦南峰则提出从汉代陵邑侍奉管理陵园的主要用途分析，与其说它是西汉帝陵的一部分，倒不如说是连接现实中西汉王朝与梦想中的地下王国的一条纽带，是一座 "地绝天通" 的桥梁。⑥ 曾晓丽认为，汉初西汉政权解决府库空虚、财政困难以及解除六国旧贵族为主的关东豪族和匈奴游牧民族的威胁的需要是推动陵邑设置的原因，西汉中期设置陵邑的主要目的则在于打击新兴的豪族，维护中央集权政治体制；而陵邑的设置也对关中经济、文教和风俗有着重要影响。⑦ 李传勇认为西汉陵邑可看作中国最早的卫星城市，它们的设置补充了长安城内居民区不足的缺陷，分散了长安城的人口，促进了关中地区经济的发展，是我国历史上城市建设布局的重大突破。⑧ 王子今也认为

---

① 刘卫鹏、岳起：《茂陵邑的探索》，《考古与文物》2008 年第 1 期。

② 陕西省考古研究院秦汉考古研究部：《陕西秦汉考古五十年综述》，《考古与文物》2008 年第 6 期。

③ 咸阳市文物考古研究所：《西汉帝陵钻探调查报告》，文物出版社，2010 年，第 213 页。

④ 陕西省考古研究院秦汉考古研究部：《陕西秦汉考古五十年综述》，《考古与文物》2008 年第 6 期。

⑤ 刘占成：《"丽山" 与 "丽邑"》，《文博》1984 年第 3 期。

⑥ 焦南峰：《西汉帝陵的建设理念》，《考古》2007 年第 10 期。

⑦ 曾晓丽、郭风平、赵常兴：《西汉陵邑设置刍议》，《西北农林大学学报》2005 年第 3 期。

⑧ 李传永：《我国最早的卫星城市——论西汉长安诸陵县》，《四川师范学院学院报》2003 年第 1 期。

诸陵邑在某种意义上可视作长安的卫星城，并补充了长安作为大城市除政治都市之外的其他功能。[①]梁安和则提出由于西汉诸陵邑的地理位置以及众多人口特别是富豪大族的迁入，使得诸陵邑地区的商业市场繁荣发展，从而形成了"陵市"。[②]

（七）管理

袁仲一认为在先秦时代设"冢人""墓大夫"分别管理公墓和邦墓的有关事项以及战国时代设专门看守国君墓的守冢户——秦国称"甸人"的基础上，秦汉时期陵园的管理制度进一步发展，服务的人员增多并有一套官吏制度。秦始皇陵封土西侧内外城垣之间南北长约千米长的范围内所谓的"丽山食官"以及"园寺吏舍"建筑基址，无疑便是守陵官员的房舍基址，此外，供奉于寝殿、便殿的宫人，以及负责扫除、守卫、尚食等方面的人员也属于秦始皇帝陵的管理人员。从先秦时代的"冢人""墓大夫"到"守冢户"，再到秦汉时代的陵园内一套官吏的发展序列，表现了陵园发展的不同进程；也说明陵园的建制到秦汉时代，已像宫廷、都邑的建制。[③]王学理也认为秦代为了守护陵寝并适应频繁的祭祀活动，在秦始皇陵园内设立有一套管理机构和陵职人员。汉代同帝陵陵寝有关的属官有均官、诸庙寝园食官令长丞以及陵县令，中央九卿之一的奉常则统管着陵内的官吏。根据"汉承秦制"的一般规律，秦陵园吏及其管理机构必定同汉陵的设施是一样的完备且还应是园寝建制的创始者，所以，丽山园令、食官令、均官、丽邑令当为秦始皇陵园内的管理者，其对自己职责范围之内的大事都得及时上报奉常而直达皇帝，彼此之间又各负其责并相互协作；同样，陵园之内也有大量的宫女充作守陵人。[④]徐卫民也认为秦始皇陵所修建的丽邑和寝、便殿以及丽山食官实质上起到了守陵的作用，此外，在陵园中有与西汉帝陵相似的祭祀活动，汉高祖时还下诏予秦始皇陵守冢人二十家以对其进行守护。[⑤]刘庆柱、李毓芳认为，与西汉帝陵有关的行政机构包括修陵

---

① 王子今：《西汉长安居民的生存空间》，《人文杂志》2007 年第 2 期。
② 梁安和：《西汉陵市"简析"》，《西安电子科技大学学报》2005 年第 4 期。
③ 袁仲一：《秦始皇陵兵马俑研究》，文物出版社，1990 年，第 58、59 页。
④ 王学理：《秦始皇陵研究》，上海人民出版社，1994 年，第 162—163 页。
⑤ 徐卫民：《秦公帝王陵》，中国青年出版社，2002 年，第 341 页。

机构，陵邑，陵园及寝、庙园。修陵机构由将作大匠和大司农负责，将作大匠负责帝陵的营建并在秦代已有之，大司农负责帝陵营筑的经费开支。陵邑负责供奉陵园，行政长官称"令"，下设县丞一人，县尉二人。陵园指西汉帝陵内城，有"园令"一人，"掌守陵园，案行扫除"，下设协助园令处理文职事务的"园丞"与维护陵园治安的"校长"以及可能为荣誉性官职的园郎，并有"门吏""侯"等官吏，以及为数众多的妃嫔宫人在陵园内奉守。寝园、庙园是帝陵主要的礼仪活动场所，均有"令"与"丞"，其都为太常的属官。庙中还有"庙郎""庙衣府""庙室""仆射"等部门或官员。食官令亦为太常属官，每座帝陵设食官令一人，负责帝陵寝殿、便殿和陵庙中的祭祀事务，并下设"丞"一人。[1] 阎崇东认为汉代帝陵管理是一项繁杂而琐碎的政治活动，需要一整套官府、一定数量的军队、一定数量的专职人员和大量的劳务人员成年累月地忙碌于其中。根据文献记载，汉代对帝陵的管理在中央政府以太常为首，其率领着高庙令、世祖庙令、陵园令、食官令等一大批官员，组成帝陵的管理机构并领导着帝陵管理的日常工作。[2]

（八）道路系统

在秦汉帝陵考古研究相关论述中对汉代帝陵的"神道"或曰"司马道"多有提及。刘庆柱认为"与帝陵四条羡道相连接的地面上的道路，叫'神道'，神道也有四条，分别与陵园四座司马门相对，因此也称'司马门道'或'司马道'。神道宽百米。汉陵中的四条神道，可能以东神道为主要道路。神道不容许任何人侵占"。[3] 焦南峰等学者根据汉阳陵考古调查、钻探和发掘工作在道路方面的进展对文献记载中西汉帝陵的"神道""徼道""司马门道"做了阐释。其中，羡道位于地下，是地面通往灵柩的墓道，所以也称为"冢中神道"。与"冢中神道"相对应的是文献所载之"神道"也即指地面神道。两汉之际，神道应是皇帝陵园的重要组成部分，而且被王、侯陵墓所仿效或僭越。西汉帝陵"神道四通"，宽可达"四十三丈"，外有壖地，禁止入葬。两汉之后，除帝陵

---

① 刘庆柱、李毓芳：《西汉十一陵》，陕西人民出版社，1987年，第233页。
② 阎崇东：《两汉帝陵》，中国青年出版社，2007年，第50页。
③ 刘庆柱、李毓芳：《西汉十一陵》，陕西人民出版社，1987年。

外，高等级的墓葬也可以设神道。西汉帝陵亦多有"徼道"，"徼道"也即"交道"，位于墓冢之外，且"周垣数里"。"司马门道"则与"神道"有一定的区别，神道是陵墓之前、地面之上的道路，可建石柱以为标。司马门道则较帝陵有一定距离，其两侧多有陪葬墓。西汉帝陵外城的四个正门为司马门，帝陵四侧到外城司马门之间的道路当称为"神道"，而司马门以外横贯陪葬墓园的道路为"司马门道"并有东西南北四条。[①]岳起则认为，交道即一横一纵的十字大道，古代城门外多有交道，西汉陵园门外置交道可能是仿效城门交道而建。[②]对于文献记载中的"宗庙道""游道""衣冠道"，焦南峰认为三者实为一物。西汉时期祭祀先帝前为了举行"月游衣冠"的仪式，由寝园至陵庙建有专用的道路，这条道路在西汉早期称"宗庙道"，汉武帝前后曰"衣冠道"，尔后或曰"游道"。"衣冠道"首先出现于汉长安城，自汉惠帝在渭北长陵建"原庙"，汉陵中也出现了"衣冠道"，到西汉中期的汉昭帝平陵仍然设有"衣冠道"，汉成帝以后"衣冠道"制度的实施可能开始松懈，甚至弃之不用。[③]

（九）对霸陵所在地的争论

关于霸陵的地望，由于文献记载的简单，长期以来学界有争议。传统观点认为，霸陵位于今西安市灞桥区毛西乡杨家圪垯村凤凰嘴，地处白鹿原东北部，原下台地上有明清两代所立石碑数通。因西汉诸陵均覆土为陵，形成覆斗形方上，至今仍排布于黄土台塬之上，形成宏大独特的历史景观。唯霸陵"因其山，不起坟"[④]，所以长期以来人们认为霸陵位于白鹿塬北缘的"凤凰嘴"，是利用天然外凸的塬头，斩塬为墓。更有研究者据史载文帝言"以北山石为椁"，[⑤]推测其墓室为横穴式石室，且成为汉代诸侯王崖墓形制的滥觞。

对于霸陵位置所在，长期以来就有学者怀疑，因为现在认为的墓地距离其窦皇后墓地太远，不符合汉代帝陵与皇后陵园的规制，而窦皇后的墓地位置是

① 焦南峰、杨武站、曹龙：《神道、徼道、司马门道——西汉帝陵道路初探》，《文物》2008年第12期。
② 岳起：《西汉帝陵诸问题的探讨》，《秦汉研究》第4辑，陕西人民出版社，2010年。
③ 焦南峰：《宗庙道、游道、衣冠道——西汉帝陵道路再探》，《文物》2010年第1期。
④ 《汉书》卷四《文帝纪》，第134页。
⑤ 《汉书·楚元王传》，《汉书·张冯汲郑传》均有记载。

没有问题的。据近年陕西省考古研究院正式公布的西汉阳陵、茂陵、渭陵、义陵考古勘探成果及其他见诸报道的相关勘探信息，西汉帝陵陵园应均为帝后同茔异穴，位于"大陵园"中（除平帝康陵为特殊情况）。霸陵虽"不起坟"，但窦皇后陵仍是传统的覆斗形方上，在今白鹿原东北端，可眺灞水。西汉其他帝与后陵相距均不超过900米（最远为昭帝平陵，帝后陵相距约850米），且帝陵与后陵为斜向相邻模式。综合以上，推测文帝陵位置，应在距窦皇后陵不远处的台原上，并同在一个大陵园中，而非目前远离后陵且原顶狭窄、巨壑相隔的"凤凰嘴"。

据GoogleEarth发布的拍摄于2004年5月19日的一张该地卫星照片观察，江村一带是窦后陵西一处平坦台原的边缘，原西为长近600米的斜坡地。原顶平面呈规则的方形，颇有人工修整的迹象。而图上显示其东、北缘竟也各有一道夯墙痕迹（颜色泛浅，为因夯土而不利植物生长形成），与前述两墙构成一正方围合的空间，且边长恰为汉代一里（约415.8米），正是西汉帝陵陵园的尺度。且其东南西面外正中，均有与之垂直的疑似道路迹象向外延伸，当即帝陵神道。其中东神道延至后陵南侧，西神道更在整个白鹿原西部延伸，下部与一道较直的沟壑相对，直达原脚，总长达3800米，此道也正是通向长安之道，故而最长。此正方空间正中，则有一方形建筑遗迹，推测其下当即帝陵墓室所在，该地面遗迹或为陵上因"不起坟"而设置的有别于其他帝陵的某种礼制建筑遗存。《西安任家坡汉陵从葬坑的发掘》一文又言窦后陵"西南里许有大型建筑基址。在园内及西坡多有鹅卵石路面、散水及西汉筒瓦、板瓦、云纹瓦当"，据其方位正与阳陵、茂陵、杜陵庙相类，推测当为霸陵陵庙。因而推断文帝霸陵就在窦皇后陵的西边。

2015年9月8日的西安晚报披露：陕西省考古研究院的曹龙和杨武站通过多年的考古研究，认为霸陵帝陵陵址可能并非"凤凰嘴"，而是2001年发现的江村大墓。曹龙指出，对于霸陵的墓室结构，学界一直存在两种观点。一种认为霸陵"因山为藏"，从外表上看是"因其山，不起坟"，"凤凰嘴"的高崖就是霸陵陵址，其墓室结构应当是一种崖墓。另一种观点则认为，文献上记载的"因其山，不起坟"，可以理解为将墓修在山中，故不另修封土，墓室形制则同汉代的其他帝陵一样，是竖穴土坑墓。

历史上对霸陵形制记载的文献有很多。《史记》《汉书》《水经注》《三辅黄图》等史书中都有过霸陵"不治坟"的记载。但曹龙和杨武站认为，由于古代帝王陵墓的保密性，文献对霸陵帝陵的墓葬形制仅有"不治坟"的简单记载，真正的认知则有待于考古验证。距汉文帝埋葬时间最近的《史记》记载："（霸陵）不治坟，欲为省，毋烦民……霸陵山川因其故，毋有所改。"说明霸陵帝陵无封土，缘由不是有山，而是"欲为省，毋烦民"。

根据霸陵选址的地质、地貌条件及西汉帝陵传统，曹龙推测霸陵帝陵的墓葬形制，应该是带 4 条墓道的"亞"字形竖穴土坑墓，与其他西汉帝陵并无二致，只是没有封土而已。从地貌上看，霸陵坐落在黄土台原上，并非山地，但地势很高，有山的气势。西汉帝陵选址除考虑传统习俗、风水、稳固政权外，地质条件也是其考虑的重要因素。霸陵的选址恰好说明其仍然是按照西汉帝陵传统修建的，并无"异想天开"之举，当然也不会是依山而建的崖墓。而学界对于崖墓观点的支撑，普遍来自历史文献中对"西京霸陵，因山为藏""霸陵因山不起坟"之说，使学界对霸陵帝陵墓葬形制认识形成了崖墓说。西汉实行帝、后同茔的合葬制，若帝陵为崖墓，后陵则不可能为竖穴土坑墓，但已考的窦皇后陵为带封土的竖穴土坑墓，帝陵的形制肯定也是竖穴土坑墓，只是没有封土罢了。实质上，近年发掘的神禾塬秦大墓为我们展示了因山为陵的另一种做法。即于黄土台塬顶上向下开挖竖穴式墓穴墓道，一如上有封土的多数秦汉帝陵墓穴，只是省却上部覆土，利用选址于台塬制高点的地形来显示陵墓的高大，又减少了覆土的工程量。年代相近的实例，还见于临潼秦东陵。①

据西汉帝陵传统，陵园一般建于黄土台原的边部，除帝陵陵园较为高隆外，整个陵园内较为平整，高差不大。而过去认为的"凤凰嘴"与陵园内最低处高差达 230 米，在建陵过程中难以建设外藏坑、礼制建筑等设施，且"凤凰嘴"与窦皇后陵封土相距 2 100 米，比西汉国力最强的武帝茂陵帝后陵墓之间的距离还大，这显然不可能，不符合西汉时期帝陵与后陵的距离。西汉帝陵、后陵一般东西排列，"帝东后西"或者"帝西后东"。从地貌条件上看，霸陵帝陵肯定位于窦皇后陵西南侧。另外，汉阳陵邑遗址曾出土有"孝文东寝"封泥。窦皇后陵位于白鹿原东侧边缘，其寝园称为"孝文东寝"也说明帝陵位于西侧。

西汉帝陵中除部分后陵为带 1—2 条墓道的"甲"字形、"中"字形墓葬外，其帝陵、后陵均为带 4 条墓道的"亞"字形大墓。目前可知窦皇后陵地面有高大的覆斗形封土，与西汉其他后陵没有差别，因此霸陵帝陵形制应为带 4

---

① 杨武站、曹龙：《汉霸陵帝陵的墓葬形制探讨》，《考古》2015 年第 8 期。

条墓道的"亞"字形大墓。2001年，位于灞桥区的江村东侧，有一座大型墓葬（简称"江村大墓"）多次被盗，其墓葬位于江村东侧、窦皇后陵西侧，墓室长、宽各约40米，深约30米，有3道回廊。盗墓者当时共盗出300件文物，有专家推测被盗墓葬可能是馆陶公主墓。而馆陶公主葬于武帝时，其葬制不可能超越诸侯王。因此，曹龙认为江村大墓不可能是馆陶公主墓，其位置显赫、规模大、外藏坑数量多，远远超过了诸侯王墓的等级，墓主有可能是汉文帝。

文帝霸陵无封土是两千年来不争的事实。曹龙认为："汉文帝个人有偏好节俭的习惯，是霸陵帝陵不建封土的主要原因，而文献中的记载，由于时代的变迁，在传抄过程中发生偏差，导致学界很多人根据文献得出霸陵帝陵为崖墓的观点。但随着西汉帝陵、诸侯王墓研究的深入，崖墓说的缺陷已经逐渐显露出来。"据此，曹龙和杨武站根据霸陵陵区地质、地貌条件，结合西汉帝陵制度、墓葬形制，霸陵帝陵应为带4条墓道的"亞"字形竖穴土坑墓，并根据江村大墓的位置、规模、设施，判断其为霸陵帝陵陵址，即汉文帝陵墓。[①]

1996年，在窦皇后陵园西墙以西1 000米处，即江村村东，考古工作者发现了一批陪葬坑，并发掘了其中的47座。这些陪葬坑分布集中，东西规则地排列为8行，均为土圹，每行少则1座，多则11座。坑内或置陶棺，或筑砖栏，也有的只有土坑而已。陪葬坑的长度多为长0.7—1.75米，宽0.3—1米，深0.2—0.4米，最长的才3.31米。坑内出土彩绘女陶俑、陶罐、半两钱、禽兽遗骨和谷物等。这一批陪葬坑应是汉武帝初年窦太后死后安葬时所建。[②]

这里出土的陶俑全是彩绘女侍俑，还发掘到一些禽兽遗骨，经鉴定确认者，有马、羊、猪、狗、鸡、鹅、鹤等。

薄太后南陵陵园西墙外发现20座陪葬坑，分为南北3排，南面两排各7座，北面一排6座，均为口大底小的长方形竖穴坑，坑内置陶棺、木椁或以条砖砌筑框栏，坑长1.42—3.1米，宽0.96—1.6米，深2.15—4米。坑内放置动物、陶俑、陶罐等，经过对动物骨骼的分析，确定有犀牛、大熊猫、马、羊、狗等。陪葬坑壁的条砖上，有的有"东园"陶文戳记。薄太后之南陵也设有陵邑，位于陵西南3公里。今西安灞桥区狄寨乡大康村附近发现了许多西汉砖瓦残块，南陵邑遗址当在此地。[③]

---

①　杨武站、曹龙：《汉霸陵帝陵的墓葬形制探讨》，《考古》2015年第8期。

②　刘庆柱、李毓芳：《西汉十一陵》，陕西人民出版社，1987年，第37页。

③　刘庆柱、李毓芳：《西汉十一陵》，陕西人民出版社，1987年，第131页。

（十）建设理念

杨宽认为秦始皇陵园安置陵寝的小城在西，面向东方，是按"事死如事生"的礼制，仿照战国时期都城大小城制，按都邑的布局设计的。[①] 王学理也赞同秦始皇陵是按照"若都邑"的设计思想来建设的观点。他认为，秦始皇帝陵各方面内容均是秦始皇个人意志的体现，其除了沿用先人留下的礼制老规矩外，更多的则是按自己的意志在更大的范围内更加审慎地铺陈自己的后事。"事死如事生、事亡如事存"是秦始皇营造丽山陵园的指导思想；"设阙庭，为宫室，造宾阼也若都邑"说的既是战国以来诸侯陵园的实际，也是秦始皇制订丽山陵园章程的理论根据。但由于秦始皇即位后咸阳城发生了很大变化，陵墓制度也有其本身的发展规律并形成独立的序列而不能脱离之完全去模仿首都，且丽山陵墓区本身也便是城市规划中的组成部分，因而秦始皇陵的建造并非完全按照咸阳城来仿造的。[②] 袁仲一也认为，秦始皇帝陵园像一幅都邑图，内外城垣象征着生前的宫殿、郭城，封土和封土下的地宫象征生前的皇宫、寝、便殿象征平生的正寝和休息闲宴之处的便殿别室，各种各样的陪葬坑则是墓主生前生后所用和所拥有之物缩影。[③] 张卫星亦认为秦始皇陵园建制中具有都邑的特点，且其中的都邑因素是以前陵寝中从未有过的内容。这一点具体表现为秦始皇陵园在地面上不再设置隍壕而以地面上的两重城垣作为陵园的界标，内城城垣具备基础、墙体、门阙、廊庑、散水、角楼等建筑要素，平面布局上采取大城、小城、夹城的布局方式，以及在不同的陵园区域设置不同的陵寝设施。[④] 赵化成反对秦始皇陵园布局"若都邑"说，他认为其只是模仿宫城而设计的，且这种模仿并非照搬，而是根据陵墓的特点和礼制的需要大致而为之，准确地说只是宫室、都城的一般性象征。[⑤] 段清波则提出，秦始皇帝陵园的设计思想是"皇帝"理念的实物展示，即陵园的布局及设施反映的是对秦朝首创的中央集权专制制度的模拟及对帝国未来理想化的描绘。具体而言，秦始皇帝陵地宫中水银模仿的是帝国的疆域版图，封土显示了天下独尊的皇帝气概，陵园城垣

---

①　杨宽：《中国古代陵寝制度史研究》，上海古籍出版社，1985 年，第 190 页。

②　王学理：《秦始皇陵研究》，上海人民出版社，1994 年，第 27 页。

③　袁仲一：《秦始皇帝陵考古发现与研究》，陕西人民出版社，2003 年，第 395 页。

④　张卫星：《试论秦始皇陵葬制的突破》，《考古与文物》2009 年第 5 期。

⑤　赵化成：《秦始皇陵园布局结构的再认识》，《远望集》，陕西人民美术出版社，1998 年，第 501 页。

象征帝国的都城,三出门阙这一礼制建筑反映了最高等级,外藏系统则显示的是帝国的管理机构。①

刘庆柱、李毓芳认为西汉帝陵陵园也是模仿都城长安而建。其中,帝陵陵墓封土,似皇帝的"正殿";帝陵陵墓四条墓道,犹如帝王为"开四聪,延直言之路,下不讳之诏,立敢谏之旗"而开辟的"四门";帝陵封土四周的墙垣,犹如皇宫"宫墙",陵园墙垣四面中央各辟一门,似皇宫四门;西汉的帝陵与皇后陵位置,一般前者居西,后者居东,与汉长安城中未央宫与长乐宫的关系相似,帝陵陵园象征未央宫,皇后陵陵园象征长乐宫;西汉诸陵多以皇亲国戚、达官显贵陪葬并一般分布在陵区东部和北部,这也颇似汉长安城未央宫前诸侯朝谒之仪;据文献记载,汉长安城居民以居于汉长安城东北部宣平门之地为贵,西汉帝陵安排在帝陵之东或东北部的陵邑和陪葬墓,当受这种观念的影响;至于分布在陵北的陪葬墓或陵邑,这还因汉代视未央宫北阙附近为"甲第"有关。②赵化成提出,西汉帝、后陵园围绕封土皆置一道垣墙,每面垣墙中央各辟一门,门立双阙,并以东司马门为正门,这与汉代未央宫一致,因而说明西汉帝陵陵园内是大体模仿宫城即未央宫而设计的。③岳起、刘卫鹏则在分析了西汉诸陵帝、后陵墓相对位置之后提出,文帝霸陵和宣帝杜陵均位于汉长安城东南的白鹿原和杜东原,和咸阳原上的西汉诸陵相对而望,皇后陵均位于帝陵的东南,宣帝杜陵的寝园建于陵园外南部的东南角,陪葬坑主要分布于陵园以北,这同咸阳原上西汉诸陵的布局正好相反,说明陵墓的总体规划是以汉长安城为中心作对称布局的。④焦南峰提出汉阳陵的陵园有可能象征和代表的是西汉王朝的都城长安城,帝陵、后陵、"罗经石"遗址、外城分别是未央宫、长乐宫、礼制建筑、城垣在阳陵的地下再现,即西汉王朝是汉阳陵的建设模本,而其他西汉帝陵的建设大致都采用了"阳陵模式";但西汉帝陵也并非对现实中西汉帝国的完全模仿,而只是一种概念化、理想化的大致模拟。⑤刘尊志认为西汉帝陵可能既有对包括帝王生前所居的宫殿、都城抑或整个帝国的模仿,又有很多墓葬自身的特征,单言西汉帝陵对某一现实建筑设计的模仿可

①　段清波:《秦始皇帝陵园考古研究》,北京大学出版社,2011 年,第 232—236 页。
②　刘庆柱、李毓芳:《关于西汉帝陵形制诸问题探讨》,《考古与文物》1985 年第 5 期。
③　赵化成:《秦始皇陵园布局结构的再认识》,《远望集》,陕西人民美术出版社,1998 年。
④　岳起、刘卫鹏:《由平陵建制谈西汉帝陵制度的几个问题》,《考古与文物》2007 年第 5 期。
⑤　焦南峰:《试论西汉帝陵的建设理念》,《考古》2007 年第 11 期。

能有所牵强，其应是在对现实某些建筑或某一建筑群体模仿的基础上结合墓葬自身所需而形成的具有时代特点的丧葬文化，但不是现实建筑文化在墓葬中的再版。[1] 杨哲峰在利用地理坐标观察诸陵的位置关系，并将帝陵封土、陵园的形制和方位与其所处的地理位置结合起来以分析相互之间的关联性及其隐含的布局设计的基础上，提出渭北西汉诸陵在布局上应该存在一条依据咸阳原的地理特征、在西汉初年就已经测定了的、东北—西南走向的西汉帝陵布局设计基线，这条基线理论上讲是可以无限延伸的，除葬于渭水之南的霸陵和杜陵之外，西汉诸陵应该都是根据这条基线选择的陵墓位置，因此其所反映的应是一种企盼"长治久安"的设计理念。[2]

（十一）关于厚葬与薄葬

秦汉时期的帝陵是国家的大型工程，加之孝道思想的影响，盛行厚葬之风。因此皇帝的葬礼往往以隆重的礼仪、丰厚的葬器安葬死者。在墓室营建、随葬明器、治丧礼仪、送丧仪仗等方面，均体现了古人不惜糜费巨资以至倾家荡产而从丧事的风尚。《论衡·薄葬篇》述当时之风云："畏死不惧义，重死不顾生，竭财以事神。空家以送终。"

秦始皇帝陵寝规模之巨大、建造之奢豪诚为天下之魁，而汉天子营建陵寝则不惜耗费天下贡赋的三分之一。随葬珍宝器用之多亦无不极尽奢靡，出葬之阵容有多达数千至万余人者，而各种仪具之宏丽壮观亦至无以复加。但是史书记载汉朝初年由于经济不景气、实行无为而治之策，在帝王陵修建及其葬礼上实行薄葬。比如《史记·孝文本纪》记载，汉文帝一生俭朴，曾经宣布："治霸陵皆以瓦器，不得以金银铜锡为饰，不治坟，欲为省，毋烦民。"临终又诏令丧礼从简："其令天下吏民，令到出临三日，皆释服。毋禁取妇嫁女祠祀饮酒食肉者。自当给丧事服临者，皆无践。绖带无过三寸，毋布车及兵器，毋发民男女哭临宫殿。宫殿中当临者，皆以旦夕各十五举声，礼毕罢。非旦夕临时，禁毋得擅哭。已下，服大红十五日，小红十四日，纤七日，释服。佗不在令中者，皆以此令比率从事。布告天下，使明知朕意。""霸陵山川因其故，毋

---

① 刘尊志：《西汉帝陵分布及相关问题浅析》，《中原文物》2010 年第 5 期。
② 杨哲峰：《渭北西汉帝陵布局设计之观察》，《文物》2009 年第 4 期。

有所改。"文帝临终前，下遗诏曰："朕闻盖天下万物萌生，靡不有死。死者天地之理，物之自然者，奚可甚哀。当今之时，世皆嘉生而恶死，厚葬以破业，重服以伤生，吾甚不取。且朕不德。无以佐百姓；今崩，又使重服久临，以离寒暑之数，……以重吾不德也，谓天下何！……"

学术界大多认可史书记载，但也有不同的声音。黄宛峰认为：汉文帝的"薄葬"并非真实。但长期以来，人们却未注意到这一点。从汉代的刘向到刘秀，为矫当时的厚葬之风，开始颂扬文帝的"薄葬"，他们的话与事实已有出入。到三国时期，魏文帝曹丕为自己建陵时，作《终制》，其中更以文帝霸陵为典型。[1] 王子今对这一问题也发表了自己的看法。[2]

由于帝陵保护的需要，针对秦汉帝陵的考古工作大都局限在对封土以外的陵寝设施、外藏系统、陪葬墓以及建筑遗址等的钻探调查或者发掘研究之上。东汉帝陵更是因考古工作开展较少而使对包括东汉诸陵地望、陪葬制度、陵园结构等方面的研究均陷于迟滞阶段，近些年东汉帝陵的考古勘探工作取得了重要的进展，对东汉帝陵的研究也取得了新的成果，期待更多的成果问世。所以，一方面秦汉帝陵的研究由于考古工作的进展而有了更多客观资料的支撑而得以持续深入；另一方面又由于客观状况对考古工作的限制，研究秦汉帝陵仍只能建立在文献资料和局部的考古工作的基础之上，对秦汉帝陵包括封土之下的陵墓地宫等方面的全面研究还有待于未来更深层次考古工作的进行。

综上所述，可以看出学术界目前关于秦汉帝陵制度的研究取得了明显的成绩，涉及方方面面的研究。但是也可以看出研究成果不平衡，有些问题的研究有深度，而有些问题由于资料等方面的限制，进展不大。此外，从事历史研究和考古研究的学者往往各说各话，并未将两者结合起来，也影响了研究的进一步深入，这也是以后学者进行研究时必须关注的问题。

---

① 黄宛峰：《汉文帝并非薄葬》，《南都学坛》1995 年第 1 期。
② 王子今：《霸陵薄葬辨疑》，《考古与文物》2002 年第 2 期。

二

秦汉帝陵制度与当时社会

古代人信仰灵魂不灭，统治者更是有过之而无不及，在丧葬文化上实行"事死如事生"的厚葬制度，于是将地上社会搬到了地下。因此帝陵是当时社会政治、经济、文化、军事的集中反映。秦汉时期的帝陵更深刻地反映了当时的社会现象，在中国陵墓制度史上产生了十分重要的影响。虽然经过两千多年的自然和人为的破坏，现在已看不到当时地面上的恢宏壮观和威严气势。但其地下的地宫、陪葬坑、陪葬墓、建筑等遗址经过考古工作者的勘探与发掘，使人们得以窥探当时社会的方方面面。

（一）中国陵墓制度史上的里程碑

秦汉时期是中国古代制度史上的创立时期，在陵墓制度史上也是如此，具有里程碑的作用。秦始皇陵和汉代帝陵犹如"金字塔一样至今仍然屹立于三秦大地之上，是研究秦汉社会的第一手资料"。

《吕氏春秋·安死篇》云："世之为丘垄也，其高大若山，其树之若林，其设阙庭，为宫室，造宾阼也，若都邑。"[①]因此曾经主持过秦始皇帝陵园规划建设的丞相吕不韦，自然而然地在陵园建设中体现了"若都邑"的理念。正如蔡邕在《独断》中指出："宗庙之制，古学以为人君之居，前有朝，后有寝，终则前制庙以象朝，后制寝以象寝，庙以藏主列昭穆，寝有衣冠、几杖、象生之具，总谓之宫。古不墓祭，至秦始皇出寝，起之于墓侧，汉因而不改，故今陵上称寝殿，有起居、衣冠、象生之备，皆古寝之意也。"[②]

秦始皇陵的规划与建造，是对秦国几百年王公陵的继承与发展。考古工

---

① 陈奇猷校释：《吕氏春秋校释》，学林出版社，1984年，第535—536页。
② （汉）蔡邕：《独断》（卷下），上海古籍出版社，1990年，第14页。

作者目前在甘肃礼县，陕西平阳、雍城、咸阳、芷阳发现的秦时王公的陵墓，规模也都比较大。在雍城附近，发现了 14 个秦公陵园遗址，共探出 44 座大墓，有"中"字形、"目"字形、"甲"字形、"凸"字形、"刀把"形、"囯"字形等。"中"字形大墓共 22 座，其中的秦公 1 号大墓经过 10 年的发掘清理，弄清了墓葬的形制，它是一个竖穴土坑墓，墓长达 300 米，深达 24 米，是迄今我国已经发掘的先秦时期墓葬中规模最大的一座。据研究应为秦景公的大墓。后来随着秦国力的不断增强，从秦惠文王开始，陵墓已经从"中"字形变成"亚"字形大墓了。（图二）

图二　秦公一号大墓

　　秦始皇陵园是我国历史上第一个皇帝陵园，也是中国古代帝王陵墓中规模大、埋藏丰富的帝王陵园之一，不仅因为其壮观的规模、巍峨的建筑、丰富的埋藏品称著于世，更因其蕴含着巨大的历史、科学、文化等价值而备受社会各界的关注。从目前的考古勘探情况来看，秦始皇陵有呈"回"字形的两重城垣，其门阙为三出阙，城垣的四角有角楼，在陵园内有寝殿、便殿等礼制建筑遗址，也有飤官遗址。其地宫深及三泉，为了解决地下水的问题，便"下锢三泉"，修建了阻排水道。

　　目前已经在秦始皇陵园中发现了六百多个陪葬坑和陪葬墓，内涵极为丰富。其中有 184 座大小、内容、形制皆不相同的陪葬坑，包括陵园外城内 77 座，外城外 107 座，而且这些还不能说是秦始皇帝陵园陪葬坑的全部内容，还有尚未发现的陪葬坑。这些陪葬坑广泛分布在封土之下、内城之内、内外城之间和外城之外。从陪葬坑的面积上看，既有面积广达 14 000 多平方米的石铠甲陪葬坑（武库），也有面积仅二三平方米的小型陪葬坑。至于各类陪葬坑的形制，则更是变化万千，诸如长方形、近方形、几何形等不一而足。从陪葬坑的埋藏内容看，既有代表军事性质的原大各种军吏陶俑、陶马，也有反映帝国文官体系的原大陶俑，还有反映皇宫娱乐活动的百戏陶俑，以及在皇宫和官府中看护、饲养各类动物的原大跽坐俑和仿真制作的青铜质水禽；既有真实的木车木马，也有按原大二分之一比例缩小精心制作的铜车马；既有各类实战用的长短冷兵器，也有仿真的石质铠甲和头盔；随葬中既有活马，也有陶马。其中兵马俑一号坑长 230 米，宽 62 米，是一个规模巨大的地下坑道建筑，而且全部铺有地砖。段清波认为："秦始皇帝陵园内外发现的众多陪葬坑为文献中所记'百官'在地下的再现，通过这种陪葬坑的形式将秦帝国的中央政权组织机构、皇宫管理机构以陪葬坑的形式埋藏于地下，真实再现'事死如事生'的理念，从而确保秦始皇帝在死后亦能有一套完备的官僚机构侍奉其在灵魂世界里得到安稳。"①

秦始皇陵的封土位于陵园内城的南半部，占陵园内城南部约三分之二的面积，为整座陵园的核心，封土高大巍峨。在内城垣以内、封土以下及东、南、西三侧分布着密集的陪葬坑，封土以北西侧为建筑遗址区，东侧东北小城内为陪葬墓区和一些建筑遗址，东、南、西内外城垣之间靠近封土的区域也分布较为密集的陪葬坑和建筑遗存。陵园外城垣东侧分布兵马俑坑和上焦村马厩坑，在南侧发现了为阻挡南部骊山山洪侵袭而夯筑的防洪大坝，外城垣西侧为陪葬墓区和修陵人墓地等，西北侧为石料加工厂遗址，在北侧发现了动物坑和含青铜水禽的陪葬坑。（图三）

秦代陵墓的外藏系统已经发展到登峰造极的程度，并由此进入了一个快速的发展期。如果将"外藏椁"这一概念的提出作为古代陵墓外藏制度最终发展成熟的主要标志之一，较之于汉代外藏系统而言，秦代的外藏系统更多地表现出了一种"前制度时代"的特征，那就是其外藏系统空间设置和埋藏内容的不拘一格、内容丰富、形制多样等，也正是在这种"前制度时代"的文化背景之下，规范化制度并未成为秦代外藏系统设置的阻碍和束缚。②

笔者认为，秦始皇陵的陪葬坑、陪葬墓之所以布局不如西汉帝陵那样整齐，是与秦始皇陵仿照秦都咸阳的发散式布局有关，而汉长安城的布局相对要整齐有序。

---

① 段清波：《秦始皇陵考古研究》，北京大学出版社，2011 年，第 173 页。
② 段清波、张颖岚：《秦始皇帝陵的外藏系统》，《考古》2003 年第 11 期。

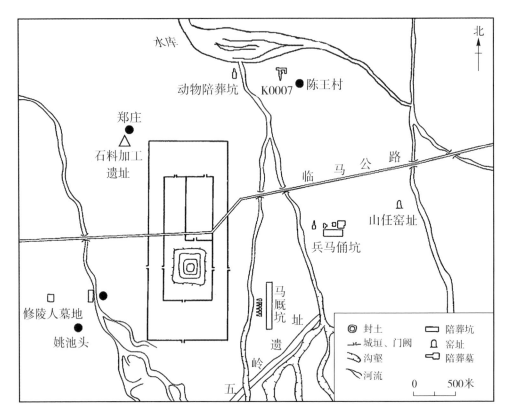

图三   秦始皇帝陵区重要遗迹分布图

　　秦始皇帝陵对汉代帝陵产生了十分重要的影响，"汉承秦制"在帝王陵制度上表现得淋漓尽致。西汉时期的十一个帝陵的规划与建设大多是继承并发展了秦的制度，以都城长安作为规划的范本。刘庆柱、李毓芳认为："西汉帝陵陵园系模仿都城长安而筑"，"帝陵陵墓的封土，似皇帝的'正殿'，即所谓'象生制度为殿屋'"，"帝陵陵墓四条墓道，犹如帝王为'开四聪，延直言之路，下不讳之诏，立敢谏之旗'而开辟的'四门'"。"帝陵封土四周的墙垣，犹如皇宫'宫墙'。陵园墙垣四面中央各辟一门，此犹皇宫四门"。"帝陵陵园象征未央宫，皇后陵陵园象征长乐宫"。分布在陵东、陵北的陪葬墓和陵邑，是受"汉长安城居民贵宣平之地""视未央宫北阙附近为'甲第'"观念的影响，"这是他们京城生活的反映"。[①] 赵化成认为："西汉帝陵陵园是大体模仿宫

---

①   刘庆柱、李毓芳：《关于西汉帝陵形制诸问题探讨》，《考古与文物》1985 年第 5 期。

城即未央宫而设计的。"① 焦南峰认为："对考古资料和文献的综合分析，可以推论出以下几点认识：（1）阳陵的帝陵、后陵、'罗经石'遗址、外城分别是长安城的未央宫、长乐宫、礼制建筑、城垣在陵区的地下再现。（2）阳陵不同的陪葬坑代表和象征'宫观及百官位次'，代表不同的政府机构及设施（包括军队在内）。（3）阳陵诸侯王的墓园代表其管辖的王国，诸侯的墓园象征的是侯国，公主和郡太守的墓园是其管理的邑和郡的地下微缩。都城、宫殿、礼制建筑、政府机构、军队、王国、侯国、邑、郡，一个王朝的中央政权和地方建制应有尽有，无一或缺。至此，我们的推论是，西汉王朝是汉阳陵的建设模本，汉阳陵是模仿现实中的西汉帝国建设而成的。推而广之，早于阳陵的长陵、安陵、霸陵，晚于阳陵的茂陵、平陵、杜陵、延陵、渭陵、义陵诸陵，大致都采用了'阳陵模式'。"② 阳陵经过考古工作者长期的勘探发掘，总结出的"阳陵模式"确实对后来的汉代帝陵产生了极为重要的影响。

西汉诸陵的陪葬墓大多都在帝陵之东的司马道两侧，长陵陪葬墓规模最大。曹龙认为：西汉帝陵除康陵外，其余诸陵均有陪葬墓，或见于文献，或见于地面调查。从目前保存封土的陪葬墓来看，它们大多数分布在帝陵以东，有的也在帝陵以北。分布在帝陵以东的陪葬墓，位于东司马道南北两侧，其中尤以南侧的陪葬墓数量较多。③

西汉帝陵陪葬墓区的设置是在继承秦制的基础上有所发展，秦始皇陵已经发现不少的陪葬墓，分别位于秦始皇陵封土的周围。汉代帝陵陪葬墓区的设置在规划整个陵园时已预先设计并规划。可以看出，陪葬墓所在位置距离帝陵陵园及东司马道的远近，显示出陪葬者身份的高低。西汉开国丞相萧何墓（今咸阳徐家寨双冢）位于长陵陪葬区内最显要的位置——长陵东司马门道北边，西邻长陵。长陵陪葬墓区西起长陵，东至泾河南岸的原上，东西绵延约15里，20世纪80年代统计有63座带封土。④ 其中的杨家湾汉墓曾出土3 000余件陶俑，皆为塑衣式，该墓主人学界一般认为是西汉名臣周勃或周亚夫。⑤ 阳陵陪

---

① 赵化成：《秦始皇陵园布局结构的再认识》，见《远望集》，陕西人民美术出版社，1998年，第507页。

② 焦南峰：《试论西汉帝陵的建设理念》，《考古》2007年第11期。

③ 曹龙：《西汉帝陵陪葬制度初探》，《考古与文物》2012年第5期。

④ 刘庆柱、李毓芳：《西汉十一陵》，陕西人民出版社，1987年，第175—176页。

⑤ 陕西省文管会、咸阳市博物馆、杨家湾汉墓发掘小组：《咸阳杨家湾汉墓发掘简报》，《文物》1977年第10期。

葬墓的发掘提供了较为完整的信息，已发掘的墓园位于东司马道两侧，规模比较大，应为皇帝重臣、近臣。从已发掘的资料看，墓葬形制多为"甲"字形长斜坡墓道土圹墓及洞室墓，其中前者数量少，体量大，如 M797、M740 等；后者数量较多，体量较小，如 M760、M130 等；在墓葬规模、随葬品种类数量上亦存在区别，如 M797、M740 皆有其自己的陪葬坑，坑内出土着衣式裸体陶俑以及彩绘动物俑，与阳陵帝陵外藏坑出土的同类陶俑形制相差无几。这类陶俑是专门为皇室随葬的等级较高的随葬品，一般的贵族大臣在未经皇帝特赐的情况下不得使用此类陶俑，只能陪葬塑衣式彩绘陶俑。这些帝陵加上皇亲国戚、权臣列侯的陪葬墓自东而西绵延百里。[①] 茂陵 113 座（组）陪葬墓中现有 14 座保留封土，可确认身份的有卫青墓、霍去病墓、金日磾墓、霍光墓、上官桀墓等。[②] 茂陵陪葬墓中带封土的墓葬基本分布于东司马道两侧，其中卫青墓、霍去病墓位于陵园与茂陵邑之间，是陪葬墓中距离帝陵最近的墓葬，霍光墓与上官桀墓虽然仍位于东司马道附近，但是距离稍远，位于陵邑的东侧。墓主人等级越高，墓园及墓葬规模越大。西汉陪葬墓封土的规模，在当时法律中上至列侯、关内侯，下至庶人都有明文规定。目前所见的陪葬墓之封土，亦显示了墓葬本身大小体量的差异。

西汉帝陵陪葬制度自长陵陪葬墓的这种格局确立后，其后的诸陵均以此为样板，或有细微的改变，但无关乎整体格局。西汉帝陵陪葬墓制度的形成及发展大致经过了三个阶段，高祖长陵创立陪葬制度，经惠帝安陵到景帝阳陵时基本确立，此为陪葬制度的形成期；武帝茂陵、昭帝平陵、宣帝杜陵为陪葬制度的发展期；自元帝渭陵罢设陵庙及陵邑以来，至成帝延陵、哀帝义陵、平帝康陵为陪葬制度的萎缩或衰退期。武帝时期由于武帝本人的文治武功、开疆拓土，涌现出一大批良将贤臣陪葬茂陵；到西汉晚期，元帝罢设陵邑及陵庙，对于整个西汉帝陵制度是一次大的改动，这也影响到了陪葬制度，后四陵（延、康、渭、义陵）的陪葬墓数量和规模都明显减少、变小。[③] 西汉帝陵陪葬制度的确立及演变对后世帝陵陪葬制度有着深远的影响，作为古代的礼仪制度而言，其中很大一部分是一种不成文的制度，亦可称之为习俗，尤其是在丧葬制

---

① 曹龙：《西汉帝陵陪葬制度初探》，《考古与文物》2012 年第 5 期。
② 陕西省考古研究院：《汉武帝茂陵考古调查、勘探简报》，《考古与文物》2011 年第 2 期。
③ 曹龙：《西汉帝陵陪葬制度初探》，《考古与文物》2012 年第 5 期。

度方面，这种习俗的表现尤为明显。因此，虽然后来东汉、隋唐乃至明清时期帝王陵墓的陪葬形式发生了一些大的变化，但从其陪葬墓区的设置、陪葬墓的形制、陪葬者的身份等来看，都是受到西汉帝陵陪葬制度的影响。可以说西汉帝陵陪葬制度奠定了中国古代帝陵陪葬制度的基础。[①]

秦汉时期的帝陵大多设立了陵邑。陵邑的设置始于秦始皇陵设置丽邑。汉承秦制，自汉初至汉元帝下诏罢置陵邑止，其间各陵都设陵邑。其作用从秦到汉稍有改变，大体包括，一是供奉陵园；二是迁徙关东大族、达官巨富，以便起到强本抑末、巩固中央集权统治的目的；三是繁荣关中经济。陵邑大多数分布在帝陵以北、以东地区。据文献记载，各陵邑的人口大约为3万—5万户，茂陵邑的人口达到27万。其中许多户属豪强大族，因此关中地区成为当时全国人口最稠密的地区和最富裕的地区，其财富占到了全国的三分之一。陵邑中的人口成分构成也比较复杂，达官显宦、学者文人、俳优世家、市井子弟，可谓"五方杂厝"。陵邑与汉长安城的关系极为密切，相当于汉长安城的卫星城，形成了别具特色的社会生活，在中国古代的地方行政区划建制史上也属奇葩。

（二）"事死如事生"——秦汉帝陵是秦汉社会的缩影

秦汉帝陵是秦汉社会的缩影，是地上世界在地下的形象反映，其发展演变与秦汉时期的政治、经济、文化、科技发展有着不可分割的关系。

1. 秦汉帝陵是中央集权专制制度的高度反映

春秋以前，先民死后埋在地下，地面上是"不树不封"的。至春秋战国时代，富豪大族为祭祀先祖便于识别，才在地面上堆土成丘为"坟"，后由"坟"到"陵"再发展成"山"，封土愈来愈高大。因此封土的大小就成为显示权威富贵的标志了。而且诸侯大臣竞相隆起高坟，天子之坟更是巍峨耸立，状若山脉。

从文献和考古资料可以看出，秦汉时期的帝陵与当时的都城有密切关系，其位置都在都城的附近，这是出于管理与祭祀便利的需要。且其陵园内的各种建制也是"设阙庭，为宫室，造宾阼也若都邑"。[②]秦的帝王陵随着都城的迁徙

---

① 曹龙：《西汉帝陵陪葬制度初探》，《考古与文物》2012年第5期。
② 陈奇猷校释：《吕氏春秋校释》，学林出版社，1984年，第535—536页。

而迁徙，由雍城、栎阳到咸阳周边。西汉帝陵位于长安城的北部和东南部，而且其陵园的建筑布局也受到都城建制的影响。大多数陵主墓在陵区的南部，帝陵在西，后陵在东，这种布局和长安城内皇帝所居的未央宫在西南部、皇太后所居的长乐宫在东南部非常近似。陵墓居陵园中央，陵园四面各辟一门，正门在东，其形式和未央宫的主体建筑——前殿在宫城中央、四面各辟一宫门的布局也是非常相似的。

秦始皇陵是中国第一个皇帝陵园，也是中国古代规模最大的陵园之一，其封土堆竟如一座小山，地下宫殿更是豪华壮观。高大的封土和豪华的地下宫殿，正是秦中央集权的需要和体现，是皇权至上的产物。统治者不惜国家的财力、人力、物力，进行大规模的陵墓建筑，以表现其威权，与统一后秦始皇建立的高度的中央集权制度有很大的关系。

《史记·秦始皇本纪》载："始皇初即位，穿治郦山，及并天下，天下徒送诣七十余万人，穿三泉，下铜而致椁，宫观百官奇器珍怪徒藏满之。"[①] 其中"宫观百官"的"官"，有学者认为它指的是离宫别馆的"馆"。笔者认为，这里的"百官"不当作"百馆"理解，而是特指维持秦中央政权运作的官僚机构。这是秦王朝官僚体制在地下的真实反映，是秦人墓葬"事死如事生"实践的必然结果，尤其是秦始皇本人来世思想观念的反映。段清波认为："为亡灵模拟一套现实存在的王朝体制是秦始皇帝前无古人的创举，因为他相信灵魂需要一套与现实相一致的机构和人员的服务才能得到无微不至的关顾。秦始皇帝对他创设并为之信任不已的集权官僚体制情有独钟，忠实于帝国皇帝的各级官僚和他们所统属的机构，是维系皇帝死后能继续享有至高无上权利的保证，离开上传下达的权力运作机构，而希望维护其既得利益则是不可想象的。"[②]

汉文帝霸陵和汉景帝阳陵的考古资料显示，阳陵的规划和布局已非常成熟。阳陵整个陵区坐西面东，设有两重陵园，帝、后同茔异穴合葬，并各起一座陵园，帝陵居于整个陵区的中部偏西；后陵、南区外藏坑、北区外藏坑、礼制建筑（罗经石遗址）、陵寝（3号建筑遗址）分布帝陵四周。以上建筑均位于外园墙之内。高级贵族（或为嫔妃）陪葬墓区位于陵区以北；大臣陪葬墓园

---

① 《史记》卷六《秦始皇本纪》，中华书局，1959年，第265页。
② 段清波：《秦始皇帝陵园考古研究》，北京大学出版社，2011年，第176页。

棋盘状分布于陵区以东的司马道两侧；阳陵邑则设置在陵区的最东端。整个陵区以帝陵为中心，四角拱卫，南北对称，东西相连，布局规整，结构严谨，显示了唯我独尊的皇家意识和严格的等级观念，俨然类似于汉长安城的布局与规划。

阳陵陵园之内部分陪葬坑发掘成果证明，帝陵陵园之内陪葬坑的性质为皇宫管理结构，这些机构的作用是为皇帝个人提供直接的服务，包括管理皇族事务的宗正，以及少府中为皇帝提供直接服务职能的衙署。在帝陵陵园之内封土周围呈放射状分布着 81 座大型陪葬坑，东侧 21 座，南侧 19 座，西侧 20 座，北侧 21 座，从陪葬坑的出土物与印章封泥资料分别表现出不同的功能。四侧陪葬坑均为东西或南北的条状坑形，绝大多数距现封土的距离在 10 米左右，从地层上看当年这些陪葬坑都被压在封土之下。各侧陪葬坑靠近封土的顶端与地宫的边圹形成平行线，各坑的间距最窄的 2 米左右，最宽的为 7 米；绝大多数坑体的宽度在 3.5 米左右，最长的超过 100 米，最短的只有 4 米。帝陵东侧的陪葬坑分布在东墓道的南北两侧，第 13 号坑长 92 米，期间以夯土隔梁为界分为东西两部分，而且以木板为架上下两层搁置，东部主要放置羊、狗、猪等动物陶俑群，各类家畜整齐地分区分类摆放在坑内；西部放置两辆原大的木车马及大量的彩绘漆箱大陶仓。第 11 号陪葬坑内出土了骑兵俑及战车等物。12 号坑出土龟钮银印"宗正之印"和鼻钮铜印"大泽津印"各一枚；13 号坑出土"大官丞印"封泥；14 号坑出土"大官令印"；15 号坑出土"仓印""甘泉仓印""别藏官印"以及"导官令印"封泥 6 枚；16 号坑出土"大官之印""府印""内官丞印""左府之印""右府"5 枚铜印；17 号坑不仅出土了宦官俑，还出土鼻钮铜印"长乐宫车""宦者丞印"；18 号坑出土鼻钮"永巷丞印""永巷厨印""府印""西府"铜印 4 枚；19 号坑出土鼻钮铜印"徒府"；21 号坑出土鼻钮铜印"山府""东织寝官"及"东织令印"封泥。①

从阳陵周围陪葬坑出土的印章、封泥可以看出，这些陪葬坑是汉长安城管理汉王朝的政府机构的再现，是其生前皇帝管理的机构在地下世界重现。秦、汉时期中央政府中最重要的管理机构三公九卿，以及与皇室事务有关的管理机构有奉常、郎中令、卫尉、宗正、太仆、少府等官僚机构，在阳陵的部分陪葬坑已得到确认。

---

① 焦南峰：《汉阳陵从葬坑初探》，《文物》2006 年第 7 期。

2. 秦汉帝陵设施是经济发展的产物

要建造诸如秦始皇陵、汉代帝陵等大规模的国家重点工程，没有强大的经济基础作后盾是不可能的，可以说经济的发展与陵墓的发展基本上是同步的。因为陵墓所必需的经济支柱、技术力量、建筑材料与建造工具都与经济的发展有密不可分的关系，是由经济基础所决定的。因此，秦始皇陵的大规模的营建是在统一后进行的，只有统一后才可以集中全国的人力物力财力进行大规模的营建，直至秦亡还未完成。从汉代的帝陵可以看出，"文景之治"以后，汉的经济实力大增，帝王陵的营建得以扩大，在汉初经济实力不济的情况下，陵墓的规模受到了一定的限制，汉初到文景时期的陵墓不如汉武帝时期的规模，随葬品的多少与质量也不如汉武帝时期。到了汉武帝时代，经过七十多年的休养生息，经济发展了，国家实力强大了，因而汉武帝的茂陵封土是西汉帝陵中最高大的，陵园的规模也是最大的，地宫中的陪葬品也是最好的。《汉旧仪》记载："天子即位，明年，将作大匠营陵地，用地七顷，方中用地一顷，深十三丈，堂坛高三丈，坟高十二丈。武帝坟高二十丈，明中高一丈七尺，四周二丈。"[①] 到西汉后期的元、成、哀、平时期，由于经济萧条，其帝陵的规模和设施便每况愈下。

3. 秦汉帝陵显示了当时的科技实力

由于帝陵工程是国家的重大工程，所以在修建过程中，当时的高科技都得到了充分应用。秦始皇陵修建过程中就有不少的科技成果得到采用。秦始皇陵兵马俑坑中的青铜兵器的制作本身就是高科技的产物，各种金属的配比达到了《周礼·考工记》的要求。特别是出土的青铜兵器尽管在地下埋藏了两千多年，但出土时仍然寒光闪闪。而且出土的剑、矛、戈等青铜兵器上为了防锈，采用了氧化铬防锈技术。经激光显微光谱、质子 X 光荧光、电子探针和光谱分析检测，原来它们表面是一层呈青灰色的氧化膜。据研究，这些兵器表面确实是经过人工处理的，其可能是在铬酸钾溶盐或溶液中浸煮的结果。在古代，铬酸盐或重铬酸盐是用铬矿石和火硝焙烧后浸出制备，焙烧温度只需 800—1 000 度。[②] 帝陵反映当时高科技的类似例子非常多，据《史记·秦始皇本纪》记载："令匠作机弩矢，有所穿近者辄射之。以水银为百川江河大海，机相灌输，上

---

① （清）孙星衍等辑，周天游点校：《汉官六种》，中华书局，1990 年，第 106 页。
② 王学理：《秦俑坑青铜兵器的科技成就管窥》，《考古与文物》1980 年第 3 期。

具天文，下具地理。以人鱼膏为烛，度不灭者久之。"①其地宫中的高端设置无不反映出当时的最高科技水平，秦始皇陵出土的铜车马就是当时高科技的集中反映。

随着科学技术的进一步发展，汉代帝陵中的高科技反映更是如此，《汉书·贡禹传》记载：汉武帝"及弃天下，昭帝幼弱，霍光专事，不知礼正，妄多臧（藏）金钱财物，鸟兽鱼鳖牛马虎豹生禽，凡百九十物，尽瘞臧（藏）之，又皆以后宫女置于园陵"。尽管汉武帝茂陵的地宫还没有打开，其中的高科技目前还无法反映出来，但是从目前汉武帝茂陵陪葬坑出土的文物也可以略见一斑，鎏金铜马、鎏金鎏银竹节熏炉、精美的陶俑等正是高科技在汉代帝陵中的展示。

4. 秦汉帝陵反映出当时祭祀制度的兴盛

《左传》云："国之大事，在祀与戎。"祭祀乃秦汉帝王陵的大事，因此，帝王死了以后还要像生前一样，每天、每月、每年都要按活人一样侍奉祭祀，因而在陵墓旁就必须有相应的建筑。东汉蔡邕《独断》记载："古不墓祭，至秦始皇出寝，起之于墓侧，汉因而不改。"②后来的应劭也有相同的说法。从目前的考古资料来看，这种观点是错误的，实际上，在秦始皇的祖父埋葬地秦东陵就发现了陵侧设置有寝殿建筑。只是到秦始皇陵时的寝殿规模更大，其寝殿在坟丘西北50余米处。基址平面近方形，面积约3 500平方米，中间为高台基，周围有回廊。在寝殿西北，南北长670米、东西宽250米的范围内发现由南向北成组排列的建筑基址，之间有石子路相通。已发掘的一组包括东西横列的四座建筑基址，踏步与室内地面均用青石砌筑。以其规模和形制推测当属"便殿"。2010年，考古工作者又在秦始皇帝陵园内城垣以内西北部勘探发现了由九条通道分割的东西对称的十进式建筑群，南北长610米，东西宽250米，面积约15万平方米。这一宏大建筑遗址的突出特点是保存状况较好、布局结构严谨、建筑结构复杂、规模宏大，在中国古代帝陵建筑遗存中不多见，是研究秦始皇帝陵园及中国古代帝王陵墓陵寝制度极为重要的新材料。③

西汉帝陵的陵园旁边多建立寝园。园内以寝殿为中心，配以便殿等构成一

---

① 《史记》卷六《秦始皇本纪》，第265页。
② （汉）蔡邕：《独断》卷上，上海古籍出版社，1990年，第14页。
③ 陕西省考古研究院：《秦始皇帝陵园2010年度礼制建筑遗址考古勘探简报》，《考古与文物》2011年第2期。

组建筑群。寝殿陈设皇帝的衣冠、几杖、象生之具，由宫人像生前一样侍奉。《后汉书·祭祀志》记载："古不墓祭，汉诸陵皆有园寝，承秦所为也。"[①]当时还有"日祭于寝"的礼仪制度，说明秦汉时代的"寝"应是先秦墓上建"堂"的发展，已有用于祭祀的功能。

便殿则是存放帝王生前衣物、葬仪用具，以及参与陵事活动和管理的官员办公、休息、宴饮的场所。西汉初帝陵寝殿大多建在陵园里，高祖长陵的寝殿就在陵墓的一侧。约从景帝阳陵开始，寝殿移到陵园以外，一般在帝陵东南，独立成园。目前尚存建筑遗迹的有景帝阳陵和武帝茂陵，均在陵园外东南方。而经过钻探和发掘的宣帝杜陵和王皇后的寝园均在陵园南侧。

杜陵寝园四周筑墙垣，北墙利用陵园南墙的一段。平面呈长方形，东、西、南三面有门，内有寝殿和便殿两组建筑。寝殿在西部，为大型宫殿建筑，通宽13间，进深五间。壁柱下部置有基石并箍以八角形鎏金铜锁，墙壁内抹糠泥，外涂白垩，复施粉红色。殿堂四周建回廊，回廊外为卵石铺砌的散水。整座建筑显得庄重典雅、富丽堂皇。便殿在寝殿以东，是一组多功能的建筑群，由殿堂、院落和成套的房间组成，每套房屋间数不一、面积不等、布局结构各异，表明其作用不同。后陵寝园布局与帝陵相似，但规模较小。据《汉书·贡禹传》记载：武、昭、宣三帝陵园中侍奉陵宫人竟达数百人之多。这样的规模，绝不仅是一座殿堂所能容纳的。寝园南部有大面积建筑基址，大概是守陵宫女或从事陵墓管理人员的住地。

汉代帝陵旁建有陵庙，以供奉皇帝"神主"。"京师自高祖下至宣帝，与太上皇、悼皇考各自居陵旁立庙。"[②]庙的规模很大，周围筑有墙垣。内有正殿、殿门和阙等建筑。陵庙的位置并不一致，一般都不在陵园内，也不一定与陵园建在一起。如武帝的龙渊庙、昭帝的徘徊庙均在陵东，元帝庙在陵西北，宣帝庙在陵东北。陵庙与陵墓的距离远近不一，远者几里，近者几百米。庙寝之间修建"衣冠道"。宣帝庙中央现存一座夯土台基，东西长73米，南北宽70米，高5米。东西两边各有一条道路通往陵墓。当时祭庙活动非常频繁，除月祭外，各主要节气庆典都要举行仪式，将衣冠由寝殿迎入庙内，接受祭祀。文武大臣遇到重要事情，也要参谒陵庙。

---

① 《后汉书》志第九《祭祀志下》，中华书局，1964年，第3199页。
② 《汉书》卷七十三《韦贤传》，中华书局，1962年，第3115页。

（三）秦汉帝陵对当时社会的影响

秦军事上的强大是和统一战争同步的，不断的对外征战又使国家经济实力或被破坏，或被耗尽。因此，作为统一后的秦王朝统治者，必须与民休息，以发展经济为中心，增加积累，增强国力，提高人们的幸福指数。《商君书·徕民》中，商鞅后学就确立了所谓"先王制土分民之律"，[①] 即一定量的自然资源田地与一定量的农夫之适度的比例关系。然而以秦始皇为首的秦军功地主阶级恰恰违背了这个"先王制土分民之律"。他们不断地把增长有限的经济力量用在了无限度的大兴土木上，修建了众多的、规模庞大的、与经济发展无关的奢侈性建筑工程，据《史记》记载，修秦始皇陵最多时就使用劳动力达 70 余万人。据袁仲一先生研究，"秦王朝大约有二千万人口，如以五口之家计，全国不过有青壮劳力四百万，仅就土方工程一项计算，则每个劳力平均将负担修陵的徭役四十余天，如果把整个工程计算在内，则每个劳力服役的天数将会增至二、三倍或数倍"。[②] 王子今先生撰文认为："秦始皇陵覆土工程用工人数超过七十万的记载是基本可信的。"[③] 因为秦始皇陵的众多陪葬坑都是密集型的劳动，要动用大量的人力才可以进行。如石质铠甲坑、兵马俑坑等等，不但规模大，而且需要众多的劳动者才可以完成。

秦始皇陵建筑工程，不仅使数以十万计的劳动力投入进去，严重影响了农业生产力的发展，而且耗费了国家大量的财力和物力。从而在秦时出现了"男子疾耕不足于粮饷，女子纺绩不足于帷幕。百姓靡敝，孤寡老弱不能相养，道死者相望，盖天下始叛也"[④] 的危机。从而导致秦时徭役繁重，"丁男被甲，丁女转输，苦不聊生，自经于道树，死者相望"。[⑤] 劳役者中有不少是刑徒，为了有足够的劳动力从事劳役，秦便实行轻罪重罚的严酷刑律，从而出现了"赭衣塞路，囹圄成市"的局面。目前在秦汉时期的帝王陵旁都发现了修陵人的墓地，秦始皇陵修陵人墓地中发现的瓦文证明，当时修陵的人来自全国各地。汉

---

① 蒋礼鸿撰：《商君书锥指》卷四《徕民》，中华书局，1986 年，第 87 页。

② 袁仲一：《从秦始皇陵的考古资料看秦王朝的徭役》，《秦俑学研究》，陕西人民教育出版社，1996 年，第 1191 页。

③ 王子今：《秦始皇陵覆土工程用工人数论证》，《秦俑学研究》，陕西人民教育出版社，1996 年，第 1206 页。

④ 《汉书》卷六十四上《严朱吾丘主父徐严终王贾列传》，第 2800 页。

⑤ 《汉书》卷六十四下《严朱吾丘主父徐严终王贾列传》，第 2812 页。

景帝阳陵和汉武帝茂陵都发现了修陵人的墓地。汉景帝阳陵的修陵人墓地据估计有两万人埋葬在此，规模很大，而且在修陵人墓地还发现了不少的刑具。

秦汉帝陵规模之大在我国古代也是少有的。这些陵墓工程使人民付出了惨痛的代价，随之而来的繁重徭役给老百姓带来了沉重的负担。秦汉时期是我国历史上厚葬盛行的时期，其帝王陵更是有过之而无不及。尽管其地宫内的陪葬品只能从简单的记载中看到一斑，暂时无法了解其真相，但我们从外藏坑的陪葬品中就可以推测其最核心的地宫情况。因为地宫之内才是其陵墓最重要的部分。秦始皇陵出土的铜车马已经够豪华了，但还不是秦始皇帝乘坐的车子，最多也只是出巡的属车而已，秦始皇乘坐的豪华车子应该在地宫之内，应该是六马驾的金根车。"及秦惠文、武、昭、严（庄）襄五王，皆大作丘陇（垄），多其瘗臧（藏），咸尽发掘暴露，甚足悲也。秦始皇帝葬于骊山之阿，下锢三泉，上崇山坟，其高五十余丈，周回五里有余；石椁为游馆，人膏为灯烛，水银为江海，黄金为凫雁。珍宝之藏，机械之变，棺椁之丽，宫馆之盛，不可胜原。又多杀宫人，生埋工匠，计以万数。……自古至今，葬未有盛如始皇者也。"①

汉代帝陵的工程豪华情况据《晋书·索靖列传》载："汉天子即位一年而为陵，天下贡献三分之，一供宗庙、一供宾客、一充山陵。"②可见当时国家投入的财力情况。《汉书·贡禹传》载武帝死时："及（武帝）弃天下，昭帝幼弱，霍光专事，不知礼正，奢多臧金钱财物，鸟兽鱼鳖牛马虎豹生禽，凡百九十物，尽瘗臧之，又皆以后宫女置于园陵，大失礼，逆天心，又未必称武帝意也。昭帝晏驾，光复行之。至孝宣皇帝时，陛下恶有所言，群臣亦随故事，其可痛也！"③《新唐书·虞世南传》也载道："武帝历年长久，比葬，陵中不复容物。"帝后陵的随葬品自然更为珍奇华美、数量巨大。西汉末年赤眉军攻入长安后，对茂陵及其陪葬墓进行盗掘。他们如入无人之地，公开挖墓，搜取陪葬物，搬运了几十天的地宫陪葬品。其他各陵也应大体近似。关于汉代厚葬之风甚盛，从当时的诸侯王墓的发掘情况也可以看出。中山靖王刘胜夫妇墓随葬品达 4 200 多件，出土了金缕玉衣、长信宫灯等大量的高级陪葬品，还有诸侯王墓已经发现不少的"黄肠题凑"结构墓葬；最近发掘的江西西汉海昏侯

① 《汉书》卷三十六《楚元王传》，第 1954 页。

② 《晋书》卷六十《索靖列传》，中华书局，2000 年，第 1094 页。

③ 《汉书》卷七十二《王贡两龚传》，第 3070—3071 页。

墓规模宏大、陪葬品极为丰富，尽管尚未清理完毕，已经发现万余件珍贵的文物，金银器更是应有尽有。因此，作为秦汉时期的皇帝陵肯定是有过之而无不及。这种厚葬制度既是对社会财富的挥霍浪费，浪费了大量的国家财力、人力和物力，同时又会导致盗墓盛行。

营建帝陵动用的劳动力是很惊人的，不只数年乃至数十年的兴建，光埋葬时用于穿土下棺与填复坟土的人就有数万人。秦始皇陵动用的劳动力最多时达到七十余万人。以节俭著称的汉文帝虽然生前要求："治霸陵皆以瓦器，不得以金、银、铜、锡为饰，不治坟，欲为省，毋烦民。"但实际上霸陵的工程量是十分浩大的，于是"令中尉亚夫为车骑将军、蜀国悍为将屯将军、郎中令张武为覆土将军，发近县卒万六千人，发内史卒万五千人，臧郭穿覆土属将军武"。① 号称实行节俭、与民休息的汉文帝霸陵尚动用三万余人，其他汉代皇帝的滥用民力便可想而知了。

汉昭帝暴亡后，由大司农田延年负责抢修陵墓，仅运河沙就征用了长安附近的牛车三万辆。汉成帝为了修建陵邑，于鸿嘉元年（前20年）借口地势地形不利，将已营建16年之久的延陵作废，决定在长安东新丰县境内重建新陵，名昌陵。然而由于昌陵附近地势较低，积土为陵的工程十分浩大。"昌陵因卑为高，积土为山，度便房犹在平地上，客土之中不保幽冥之灵，浅外不固，卒徒工庸以钜万数，至爆（然，即燃）脂火夜作，取土东山，且与谷同贾（价）。作治数年，天下遍被其劳，国家罢敝，府臧空虚，下至众庶，熬熬苦之。"② 结果是数万名徒卒日夜劳作、经营五年仍未完工，只得停止，继续在咸阳原上修建延陵。刘向也指出："营起昌陵，数年不成，复还归延陵，制度太奢。"③

为了守冢与保证日常祭祀活动的进行，秦汉各帝陵还设有庙郎、寝郎、园郎、校郎、食官令等官员各司管理之职。秦始皇陵和汉代帝陵均发现了寝、便殿遗址和园寺吏舍遗址，帝陵中的陵庙、寝殿、便殿之设置需要大量的管理人员。除官员外，承办陵园寝殿杂务的人数众多。光侍姜宫女便有数百乃至数千人之多。《汉书·韦贤传》记载："一岁祠，上食二万四千四百五十五，用卫士四万五千一百二十九人，祝宰乐人万二千一百四十九人，养牺牲卒不在

① 《史记》卷十《孝文本纪》，第434页。
② 《汉书》卷七十《傅常郑甘陈段传》，第3024页。
③ 《汉书》卷三十六《楚元王传》，第1950页。

数中。"①

秦汉时期的帝王厚葬制度是建立在对老百姓的搜刮之上的，因而导致老百姓怨气十足。于是"天下苦其役而反之，骊山之作未成，而周章百万之师至其下矣。项籍燔其宫室营宇，往者咸见发掘"。②"及徙昌陵，增埤为高，积土为山，发民坟墓，积以万数，营起邑居，期日迫卒，功费大万百余。死者恨于下，生者愁于上，怨气感动阴阳，因之以饥馑，物故流离以十万数。"③

可以看出，秦汉帝陵是当时社会的缩影和再现，其发展变迁与秦汉时期社会政治、经济、文化和科学技术的发展有着不可分割的关系。秦汉时期的帝王陵出现了一个飞跃，规模巨大，豪华无比，这是皇权至上的产物，也是统治者好大喜功价值观的具体表现，同时是以雄厚的经济力量和科学技术作为支撑的。汉代帝陵对秦始皇陵既有继承，又有创新。由于秦汉统治者把增长有限的经济力量用在了无限度的陵墓修建上，耗费了大量民脂民膏，结果激化了社会矛盾和阶级矛盾，从而加速了秦汉王朝的衰亡。

---

① 《汉书》卷七十三《韦贤传》，第 3116 页。
② 《汉书》卷三十六《楚元王传》，第 1954 页。
③ 《汉书》卷三十六《楚元王传》，第 1956 页。

三
秦帝王陵墓制度研究

帝王陵是研究当时社会的一个不可或缺的部分，之所以如此，按照"事死若事生"的礼制，帝王陵墓是其生前生活的反映，是研究当时社会的一把钥匙，特别是在秦缺少文献资料的情况下更是如此。

（一）秦公帝王陵的五大陵区

秦公帝王陵园是秦都城的有机组成部分。中国古代帝王在驾崩后一般都葬在都城的附近，因而在规划都城时，都要事先考虑规划陵区所在，秦也不例外。按照"秦公陵园建筑，随国都而转移"[①]的规律，目前已经发现秦先后从西往东建有五大陵区，即西垂陵区、平阳陵区、雍城陵区、栎阳陵区和咸阳陵区。

秦公帝王陵区成系列化，自西而东延伸，从目前的考古资料来看，是春秋战国时期诸侯国中最完整的陵园体系，从而为研究秦公帝王陵园提供了第一手的资料。秦的都城是由西而东逐步迁徙扩大的。秦成为诸侯国后，在甘肃天水附近的礼县营建第一个都城和秦公陵区，后来随着国力的不断增强而进军关中，并以关中为根据地发展壮大，逐步统一了全国。因而其陵园也是由西而东，由天水附近的西垂到关中的平阳、雍城、栎阳和咸阳。也有的是因为新迁都城的临时性质，而归葬于原都城的，如襄公、文公等，虽已越过陇山进入关中，但仍归葬陇山以西的西垂陵区，灵公等虽从雍城迁往泾阳，但仍归葬在雍城。

---

① 石兴邦：《秦代都城和陵墓的建制及其相关的历史意义》，《秦文化论丛》第 1 辑，西北大学出版社，1993 年。

1. 西垂陵区

西垂（西犬丘）位于甘肃礼县永兴乡一带，在大堡子山曾发现多座秦大墓。1 号墓为曲尺形，最长一边 3.7 米，深 7 米，已清理到底，被盗掘一空，仅余残碎的马骨，推测应为车马坑。2 号墓为中字形，总长 87 米，墓室在中部，墓室面积 12×11 平方米，深 11 米。在接近西墓道处发现人牲 6 具。3 号墓为目字形，长 110 米，宽 10 米，深 9 米以上，从其形制看应是车马坑。[①] "中"字形大墓是当时诸侯国国君才可以使用的墓葬形制。发掘的 "中"字形大墓，东西向，墓室呈斗状，两条墓道均为斜坡状。墓室内设二层台，二层台上有殉人。墓室底部中央有腰坑，内置一只殉狗和一件玉琮。葬式均为仰身直肢葬，头向西。车马坑平面呈瓦刀形，东西向，竖穴土坑，埋藏有车马。

这几座墓在 20 世纪 90 年代遭到大规模的盗掘，有许多重要文物流失海外，其中有一批金箔饰片曾经流失法国，[②] 现已追回收藏于甘肃省博物馆。上海博物馆从海外购回了从该墓葬区出土的四个铜鼎和两个簋，其中最大的一个鼎高 47 厘米，口径 42.3 厘米，器腹上有 "秦公乍铸用鼎"。该墓葬被盗掘的文物还曾在美国、日本等国出现。从秦公器的形制、铭文、纹饰、铸造特点及相关的史实看，这些器物应为秦襄公、文公之器。礼县大堡子山两座大墓的年代为春秋初期，墓主应为秦襄公、文公。尽管被盗非常严重，2006 年考古工作者仍再次发现一个比较完整的乐器祭祀坑，为一东西向的长方形坑，坑长 8.8米，宽 2.1 米，残深 1.1—1.6 米坑内乐器分为两排，南侧为铜钟镈与钟架，北侧为石磬与磬架。出土有青铜镈 3 件、青铜钟 8 件、石磬 10 件。[③]

笔者认为秦文公及其以前的诸公均葬在西垂陵区。对于文公的葬地，《史记》的记载是矛盾的，《史记·秦本纪》云："五十年，文公卒，葬西山。"而《史记·秦始皇本纪》引《秦纪》曰："文公立，居西垂宫，五十年死，葬西垂。"在这两条史料中，《秦纪》的史料早，其可靠性要大于《秦本纪》，因此，笔者认为文公归葬于西垂是正确的。

2. 平阳陵区

传统观点认为，建都在平阳的秦公陵墓应该在雍城陵区，但最新的考古资料证明，平阳应该有一个陵区。关于平阳遗址，1987 年曾在平阳附近的太公

---

① 戴春阳：《礼县大堡子山秦公墓地及有关问题》，《文物》2000 年第 5 期。
② 韩伟：《论甘肃礼县出土的秦金箔饰片》，《文物》1995 年第 6 期
③ 早期秦文化联合考古队：《2006 年甘肃礼县大堡子山祭祀遗迹发掘简报》，《文物》2008 年第 11 期。

庙村发现了大型的青铜器秦公钟和秦公镈，器物上有关于秦公的铭文。其中春秋秦早期铜镈三件、铜钟五件。铜镈器形硕大，全身饰24条飞龙勾连，纹饰线条流畅，布局疏密得当。一号镈重125斤，通高75.1厘米。镈钟上有铭文，是秦国国君宗庙祭天告祖时使用的一套乐器。铜器上的铭文为研究秦国早期历史提供了难得的资料。从铭文研究得知，钟、镈为秦武公时期之物，毫无疑问是宫廷重器。器形硕大精美，这些器物非一般贵族可以使用，一定是王公贵族才可以使用的祭祀器物，从而为寻找秦都城平阳提供了重要的实物资料。同时，在这一带也发现了不少秦贵族墓地。

特别是2013年，考古工作者在太公庙村附近发现了一个"中"字形大墓和一个"甲"字形大墓，更进一步证明平阳秦公陵区的地理位置所在。近年来，随着礼县大堡子山M2和陕西凤翔南指挥秦公一号大墓的西墓道南侧相继发现乐器和车马祭祀坑，考古工作者认定太公庙乐器祭祀坑的东北方向应该有秦公大墓存在的可能。于是考古工作者在太公庙村勘探发现了秦公大墓和车马坑，在其东西两侧分别发现了疑似陵园的兆沟设施。该大墓的发现证明了此地有秦公陵园的存在，通过对墓葬及周边文化遗存的考古调查，在墓葬附近发现了城址的线索，其时代和性质都指向秦的都邑——平阳城。

平阳大墓与车马坑的发现，进一步证明《史记·秦本纪》的记述："二十年，武公卒，葬雍平阳。初以人从死，从死者六十六人。"从这段文字可知道，秦武公死后，有66人殉葬。

宝鸡太公庙秦公大墓和车马坑的发现，对推动以秦都平阳为纽带的早期秦文化研究具有非常重要的意义。

3. 雍城陵区

雍城陵区，经过考古工作者的勘探已基本清楚，位于都城以南的三畤原上。三畤原所在，南临渭河，北眺雍山，西依灵山，东接扶岐，位于周原的西部，因而土厚水深，地势平坦，是理想的秦公墓地。三畤原一带原面完整平坦，黄土层深度在89—120米，土厚水深适宜于修建大型墓葬。正因为三畤原优越的地理环境，雍城秦公陵墓的修建一直延续到迁都栎阳以前，所以先后有21位秦公葬于此（包括两个不享国的，即夷公和昭子）。

雍城作为国都255年，在此之后的泾阳，虽然曾也作为临时性的都城，但其国君死后仍葬在雍城。这是因为，一则这里地理环境优越；二则作为都城时间长，形成传统的墓地，尽管后来迁都泾阳，但秦的宗庙仍在雍，是圣都所在。所以国君死后仍葬在雍城陵区，因而形成庞大的陵墓区；三则泾阳作为都城，由于只具临时性功能的陵墓仍然在雍城。到了献公迁都栎阳后，才把陵墓迁至栎阳。这符合古代陵随都移的规律。

目前在此已发现了 14 个大型陵园，分为南指挥陵区和三岔陵区两大部分。目前已钻探发现由一重或两重"兆沟"圈合的陵园 49 座大墓，在南指挥陵区的西、南、北侧均发现有宽 2—7、深 2—6 米的外兆沟作为陵区的界沟和防护屏障。其中 1 座"丰"字形大墓、20 座"中"字形大墓、5 座"甲"字形大墓、1 座刀把形墓作为袝葬墓依次排列在主墓的左前方，8 座"凸"字形和 18 座"目"字形墓和 1 座圆形车马坑、祭祀坑排列在主墓的右前方。[①] 占地面积达 36 平方公里。根据钻探出的"兆沟"的走势、闭合趋向及其平面结构与布局，陵园可区分为双隍、单隍及组合三种类型。陵园大多坐西朝东，仅分布在三岔陵区的十四号陵园坐北向南。（图四）

经钻探得知，每座秦公陵园由不同数目的大墓组成。陵园平面多作长方形，墓葬集中于陵园南部，根据陵园内"中"字形墓葬数量，可分为三种类型。第一种只有一个陵园，陵园内有 3 座"中"字形墓，埋葬的国君在两位以上。第二种陵园内只有 1 座"中"字形墓，即只埋葬一位国君。第三种陵园内有两座"中"字形墓和车马坑，应是国君和其夫人并穴合葬。西边的"中"字形墓和车马坑都大于东边的"中"字形墓，东西并列，应是国君墓葬，东边的"中"字形墓应是国君夫人墓葬。这三种类型陵园以第一种类型最早，第三种类型最晚。

21 座"中"字形墓，无疑为秦公级别的墓，级别高，墓室呈长方形，东西各有一条墓道，东墓道较西墓道长而平缓，为主墓道，墓葬均为坐西向东。"中"字形大墓还有无耳室、单耳室及双耳室之分，耳室均开在东墓道，若仅有单耳室，则开在东墓道南壁。

"甲"字形墓发现 5 座。墓室呈长方形，仅有东墓道，坐西面东。

"凸"字形墓 6 座，主室呈长方形，在东壁正中有一短"墓道"，形似"中门"。二号陵园 M8 是最大的"凸"字形墓，全长 111.6 米，宽 25 米，深 23.5

---

① 陕西省雍城考古队：《凤翔秦公陵园钻探与试掘简报》，《文物》1983 年第 7 期；陕西省雍城考队：《凤翔秦公陵园第二次钻探简报》，《文物》1987 年第 5 期；焦南峰、段清波：《陕西秦汉考古四十年纪要》，《考古与文物》1998 年第 5 期。

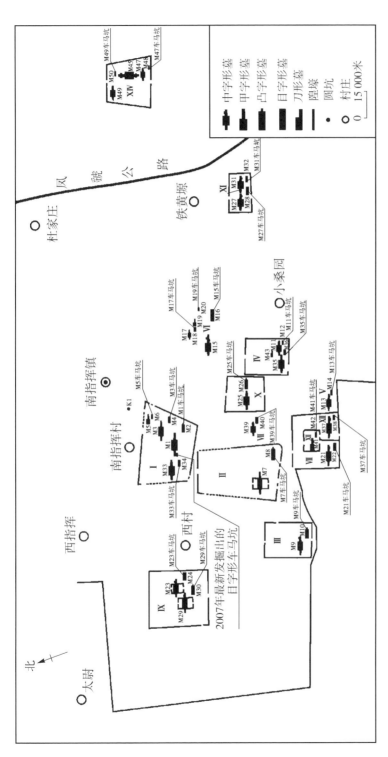

图四　雍城秦公陵园示意图（采自田亚岐《雍城十四号秦公陵园钻探简报》）

米。"中门"长 4.8 米，宽 9 米。

"目"字形墓发现 15 座，平面呈长方形，最大的为凤南六号秦陵园中的 M16，全长 106.4 米，宽 24.1 米，深 14 米；最小的为凤南十一号秦公陵园中的 M38，全长 9.7 米，宽 4.2 米，深 11 米。"目"字形或"凸"形墓按其形状及钻探中发现马骨来推测，可能是车马殉葬坑，排列在主墓的右前方。

另外还有"刀"形墓一座（M43）、圆形坑（K1）一座。

考古工作者在钻探各类大墓时，多发现墓中填泥用炭的情况。陵园上未见封土，在 I 号陵园 M1 的墓室上，曾发现许多春秋时的筒瓦、板瓦，说明当时有墓上建筑，应为用于祭祀的享堂建筑。在不少墓上还发现有绳纹瓦片。由于绝大部分已破坏，只在墓室与东墓道相接部位，清理出一排柱洞，并见"凹"字形板瓦相互衔接叠压的现象。墓室的西端上部，曾发现长 0.82 米，大径 0.28 米，小径 0.21 米的绳纹水管一列。水管大头在北，说明水向南排泄。在墓室上部发现绳纹瓦片的还有 M7、M9、M11、M13、M15、M21、M23、M30、M31 等大墓，说明当时可能均有墓上建筑存在。

从 49 座大墓的形制、布局和隍壕设施来看，每座陵园由不同类型的大墓 2—8 座按一定布局组成。每座陵园的周围及部分中字形墓的周围都设有中隍或内隍，将陵园或中字形墓环围其中，其中有双隍形、单隍形、组合形。双隍形即以双马蹄形内隍围绕中字形主墓，再以中隍环围主墓、附葬坑及车马坑。单隍形为主墓两侧无内隍，仅以中隍环围主墓和车马坑。组合形即几座陵园共用中隍或陵中套陵。

秦国早期墓葬中的人殉现象极为严重。《史记·秦本纪》载："武公卒葬雍平阳。初以人从死，从死者六十六人。"司马迁将秦国"初以人从死"的时间定在秦武公时期是不对的，从考古资料来看，秦襄公时期的墓葬已经有殉人了。秦穆公的墓葬中据记载殉葬 177 人。这种殉葬制度，按照文献记载，在秦献公时期才制定了"止从死"的制度。

在九号陵园还发现石俑两件。一件高 22.8 厘米，肩宽 6.4 厘米，躯体粗壮，面部丰满，眼、嘴凿痕依稀可辨；另一件高 21.4 厘米，肩宽 6.4 厘米，体形较瘦，嘴、眼清晰。两个俑前身均显齐平。这是秦石俑的首次发现。

2009 年为了配合大遗址保护，考古工作者在一号陵园先前探明的中兆沟内占地约 34 万平方米基础上，再次确认陵园中兆沟布局走向、门的结构和分别为秦公大墓、陪葬墓、车马坑与祭祀坑的 8 座墓坑。此外，考古人员在中兆沟外又新探出 446 座同期或稍晚于该陵园的中小型墓葬及车马坑。

在六号陵园，除确认原 6 座墓坑分别为秦公大墓、陪葬墓、车马坑与祭祀坑外，新发现该陵园整个中兆沟布局与门的结构，在中兆沟内还新发现 2 座"目"字形祭祀坑，并首次确认该陵园中兆沟内占地为 31 万多平方米。在 6 号陵园中兆沟外，也新发现 703 座同期或晚于该陵园的中小型墓葬及车马坑。同时考古工作者对 6 号陵园中兆沟外侧 5 座中小型墓葬进行了发掘。虽然发掘对象均遭严重盗扰，但布局关系清楚，而且"中"字形墓葬东南方必有一座陪葬车马坑。说明当时的秦公墓园中已经出现了陪葬墓与陪葬坑。

秦公一号大墓是 1976 年开始发掘，1986 年发掘完毕。该墓形制呈"中"字形，墓室呈长方形，东西各有一条墓道，东墓道较西墓道长而平缓，为主墓道，墓葬为坐西向东。墓室由主椁室、副椁室、箱殉 72 具、匣殉 94 具等组成。全长 300 米，面积为 5 334 平方米，深达 24 米，是目前发掘的秦公陵园中规模最大的一个，也是目前全国发掘的先秦墓葬中最大的一座。该墓虽经历史上 247 次的被盗掘，墓内仍出土金、铁、玉、漆器、纺织品等质地文物 3 500 余件，文物质地高贵，造型精美。该墓是一个上大底小的土圹竖穴墓，由底到顶有三层台阶，台阶环绕墓壁，宽 2—6 米，第三台阶中部即为椁室，深 4.2 米，椁分主、副椁室两部分，平面呈曲尺形。主、副椁室各有柏木椁具一套，形成一座长方体的木屋，长 14.4 米，宽、高均为 5.6 米，用截面边长为 21 厘米的枋木垒砌而成。秦公一号大墓，占据了中国考古学史上五个之最：是迄今中国发掘的最大的先秦墓葬；墓内 186 具殉人是中国自西周以来发现殉人最多的墓葬；椁室的柏木"黄肠题凑"椁具，是中国迄今发掘周、秦时代最高等级的葬具；椁室两壁外侧的木碑是中国墓葬史上最早的墓碑实物。尤其是大墓中出土的石磬是中国发现的最早刻有铭文的石磬。最珍贵的是石磬上的文字，多达 180 多个，字体为籀文，酷似"石鼓文"，依据其上文字推断该墓的主人应为秦景公。2006 年底，在秦公一号大墓西南侧又新发现并发掘了"目"字形坑一座，该坑长 17.5 米，宽 3.1 米，距地表深 12.5 米。坑底东西向依次放置五组车，每组车前分别有挽马两具。车体结构较小，不见车轮。每组车下各有一个长方形的殉葬坑，坑内有人骨 1 具，头向西，屈肢葬式，当为殉葬的"御手"。初步推断该坑为秦公一号大墓的祭祀坑。[①]

① 资料由陕西省考古研究院雍城考古队队长田亚岐研究员提供。

雍城陵园的平面多作长方形，墓葬集中于陵园南部，根据陵园内"中"字形墓葬的数量，可分为三种类型：第一种只有一个陵园，陵园内有 3 座中字形墓，埋葬的国君在二位以上。第二种陵园内只有 1 座中字形墓，即只埋葬一位国君。第三种陵园内有两座中字形墓和车马坑，应是国君和其夫人并穴合葬。西边的中字形墓和车马坑都大于东边的中字形墓，东西并列，应是国君墓葬，东边的中字形墓应是国君夫人墓葬。这三种类型陵园以第一种类型最早，第三种类型最晚。

关于秦穆公墓的位置，传统观点认为位于凤翔县城东南隅的县博物馆西面。秦穆公墓占地近十亩，墓高出地面 6 米有余。大门前树有清代陕西巡抚毕沅篆写"秦穆公墓"四字的高大碑石，是陕西省级重点文物保护单位。然而传统观点认为的秦穆公墓与考古工作者勘探发掘的秦国雍城遗址与秦公陵园的布局与特点存在明显差别。经过考古工作者的勘查和发掘，所谓的"秦穆公坟"实际上是秦国雍城内的一座高台建筑，因为当时的墓葬是不会有高大封土的。底座边长为 38 米，占地约 5 000 平方米。封土呈圆丘形，高约 3 米。由于两千多年的风雨剥蚀，这个建筑真实的台阶数目及台高已不清楚，其性质可能是礼仪性建筑或登高休闲类建筑。这一考古发现为研究战国时期建筑形制，尤其是确定秦国雍城遗址范围、进行大遗址保护与研究等，提供了重要资料。

至于秦穆公到底埋在秦公陵园内的何处？考古工作者通过对十四号陵园的发掘情况推测，十四号陵园应该是秦穆公的陵园。从陵园采集的"橐泉宫当"秦汉建筑材料，结合《史记·秦本纪》附《秦记》"夷公葬左宫"，《汉书·刘向传》"秦穆公葬雍橐泉宫祈年观下"等记载，发现的"橐泉宫当"可能为寻找并确认秦穆公墓提供了新线索。[①] 从考古发掘结合史料记载来看，笔者认为虽然《史记》中对秦公的葬地记载有所不同，但从德公到灵公都葬在三畤原上，只是当时人在选择墓葬地时地理位置更详细一些，虽然有"阳""雍""南""栎圉""陵圉""车里""丘里""义里丘""入里""左宫"等不同的记载，[②] 但都应在雍城以南的秦公陵区，这些地名后来失传了，因而我们今天只能推测其大体所在。

---

① 陕西省考古研究院、凤翔县博物馆：《雍城十四号秦公陵园钻探简报》，《考古与文物》2015 年第 4 期。

② 《史记》卷六《秦始皇本纪》，第 286—288 页。

4. 栎阳陵区

栎阳陵区位于秦都栎阳附近。栎阳为都 34 年，其间只有献公和孝公两位秦公，他们二人的墓葬，据《史记·秦始皇本纪》记载："献公葬嚣圉""孝公葬弟圉"。"嚣圉"所在地不详。"弟圉"据《水经注·渭水》云："白渠又东支渠出焉，东南径高陵县故城北，又东径栎阳城北。白渠又东径秦孝公陵北，又东南径居陵城北，莲芍城南，又东注金氏陵……。"白渠在栎阳城北，今康桥和关山镇以南，莲芍故城在今渭南市临渭区下邽镇附近，由此可知秦孝公陵所在的弟圉应在栎阳城东、下邽镇以西一带。据考古钻探所知，栎阳城的东北郊为王陵，东南郊为一般人的墓葬，那么献公的陵墓也应在孝公陵附近。①

献公和孝公的陵墓在《云梦秦简·法律答问》中也有提及："何为甸人，守孝公、献公冢者殹（也）。"何为冢呢？扬雄《方言》云："冢，秦晋之间谓之坟。"《周礼·冢宰》云："山顶曰冢。"《周礼·序官·冢人》也云："冢，封土为丘陇象冢而为之。"从上所言，冢就是在墓上筑起了像山一样的封土。说明献公、孝公陵上已开始筑起封土了。

有人指出，秦献公和孝公的陵墓在秦东陵，这种观点是值得商榷的。秦东陵所埋葬的秦王，史书中均有记载，而献公、孝公的陵墓，史书记载根本不在东陵，而在栎阳附近。两个陵区之间无必然的联系，更何况在这两个陵区之间，还存在着一个咸阳陵区中的秦公陵和秦永陵。

5. 咸阳陵区

咸阳陵区的帝王陵分布在咸阳都城的西北方和东南方，西北方有惠文王陵、武王陵，东南方有昭襄王陵、孝文王陵、庄襄王陵、秦始皇陵。离都城最近的是惠文王和武王陵，较远的为秦始皇陵，后来帝王之所以会埋在咸阳东南，与都城咸阳后来向渭河以南发展有关。

（1）秦惠文王、武王陵

惠文王、武王陵在今咸阳以北的周陵中学附近，就是历史上被讹传的周文王陵和周武王陵。《长安志》卷十三咸阳云："周文王陵在县北一十五里毕原上，武王陵在文王陵北。周公墓在文王墓东。"之所以会出现这一讹传，是因为古人对毕原的所在有歧义。

---

① 中国社会科学院考古研究所栎阳工作队：《秦汉栎阳城遗址的勘探和试掘》，《考古学报》1985 年第 3 期。

　　关于毕原及墓葬的所在位置，一说毕原在渭河南镐京附近。《史记·周本纪》云："周公葬于毕，毕在镐东南杜中。"镐指西周都城镐京，遗址在今长安县斗门镇附近。杜指周的杜伯国、秦的杜县治所，即今西安市西南杜城村附近。《括地志》记载周文王、周武王陵在雍州万年县西南二十八里毕原上，和《史记》记载位置相近。而另一种说法则认为毕原在咸阳北。《史记·鲁周公世家》正义引《括地志》："周公墓在雍州咸阳北十三里毕原上。"

　　笔者认为古代的毕原有两个，一在渭河南的镐京一带，一在渭河北的咸阳原上。正如《元和郡县图志》卷一有二毕原，万年县云："毕原在县西南二十八里。《诗》注云：毕，终南之道名也。《书》云：周公薨，成王葬于毕是也。"又《咸阳县志》云："毕原，即县所理也，……原南北数十里，东西二三百里，无山川陂湖，井深五十丈，亦谓之毕陌。"

　　但周文王、武王的陵墓应在其时的都城丰、镐京一带，这也符合古代陵墓随都迁移的规律。

　　实质上早在三国时期，魏刘劭在《皇览》中已指出这两座陵墓不是周文王、武王的陵墓："秦武王冢在扶风安陵县西北毕陌中大冢是也，人以为周武王冢，非也。周武王冢在杜中。"《史记·秦本纪》正义引《括地志》也云："秦悼武陵在雍州咸阳县西北十五里也。"关于周文王、周武王的陵墓，古代文献中多记载在渭河南的镐京附近。

　　对于周天子墓地所在，司马迁在《史记·周本纪》中指出："所谓周公葬我毕，毕在镐东南杜中。"即在今长安区杜城一带。司马迁是距周代较近的史学家，其治史态度一向以严谨著称，所以其论是可以信服的。

　　《皇清经解》引孙星衍《毕陌毕原考》指出："毕陌在渭水北，秦文王、武王所葬，即今咸阳之陵，先诸书甚明，其误自宋人始。"和北宋时期信奉儒家、崇拜周文王和武王有关系。

　　何况按照当时的墓葬制度，周文王、武王时期的墓葬是没有封土的，这是因为当时的墓葬制度是"不封不树"。据《汉书·楚元王传》云："文、武、周公葬于毕，秦穆公葬于雍橐泉宫祈年馆下，樗里子葬于武库，皆无丘垄之处。"又指出："及秦惠文、武、昭、孝、庄襄五王，皆大作丘陇。"其意为从古代到惠文王以前的秦诸公、王陵墓皆无封土，而惠文王、武王才有封土。由此可见，咸阳周陵中学附近有高大封土的周文王陵和周武王陵实为秦惠文王陵和武王陵，是后代人把渭河南的毕原混淆为渭北咸阳原上的毕陌，而周文王、武王的陵墓区在渭河以南的镐京附近。

而且，经过陕西省考古研究院和咸阳市考古研究所钻探调查，探明了传说中的周文王和周武王陵、周共王陵墓其实都是战国时期秦大墓，而非周王陵。在东西长近 10 公里、南北宽约 7 公里的范围内，先后发现战国晚期大型陵园三座。原来传说的"周王陵"有内、外两重陵园。外陵园由墙垣和外围沟两部分组成，陵园南北长 835 米，东西宽 528 米，墙宽 4 米，围沟南北长 954 米，东西宽 639 米，园墙四面各有一门阙遗址。调查区域 4 平方公里，普探面积近100 万平方米，详探面积 0.62 平方公里，探明了陵的内外陵园、墓葬形制、27座外藏坑及 168 座陪葬墓，基本掌握了秦公陵园的规模、布局及形制。南陵封土外形为覆斗状，墓葬形制为"亞"字形。北陵南距南陵 145.8 米。封土外形也为覆斗形，墓葬形制也为"亞"字形。采集到的建筑材料大多具有战国时代的特点，如外侧饰粗绳纹、内侧为麻点纹或素面的板瓦、筒瓦，素面或葵纹的瓦当等。还发现一个铜镦，是错银的，这种工艺流行于战国晚期。1973 年 7月，在公陵南 40 米处地下未经扰乱的地层中，出土战国圆形瓦当两种，其形制相同，泥质夹砂，灰陶，面径 12 厘米，无边轮，当面有一凸圆，径 10.3 厘米，纹饰用圆印模制，中内十字单线分四区，各饰云纹。[1]（图五）

园墙南北长 423 米，东西宽 236.5 米。围沟南北长 431.8 米，东西宽 246.5米，陵园在两陵墓道正对处分别设有门阙。内陵园将南、北二陵界围其中，两陵位于一条南北轴线之上。南陵现高 14 米，底边长约 100 米，顶边长 40 余米。北陵现存高度 17.5 米，底边长 60 米左右，顶边长约 10 米。陵园内外藏坑平面呈长条形、曲尺形等。长 3.7—117.7 米，宽 2.4—12 米，深约 8 米。建筑遗址探明 6 处，内、外陵园各有 3 处。内陵园遗址分布在北陵西北和东南部，外陵园遗址分布在北部和东部。

小型陪葬墓共发现 168 座，按照分布位置不同分为三区，各区的墓葬成行、成列有规律地分布。Ⅰ区小型墓葬位于外陵园内西北角，共有 73 座；Ⅱ区小型墓葬位于外陵园内东北角，和Ⅰ区小型墓葬东西对称分布，砖厂破坏了墓葬群的东、南部分，现有 34 座；Ⅲ区小型墓位于东侧外围墙、外壕沟之间中部偏北处，墓地的西北部受到砖厂破坏，共发现 61 座，南北向排列，东西

① 陕西省文物局：《陕西省志·文物志》，三秦出版社，1995 年。

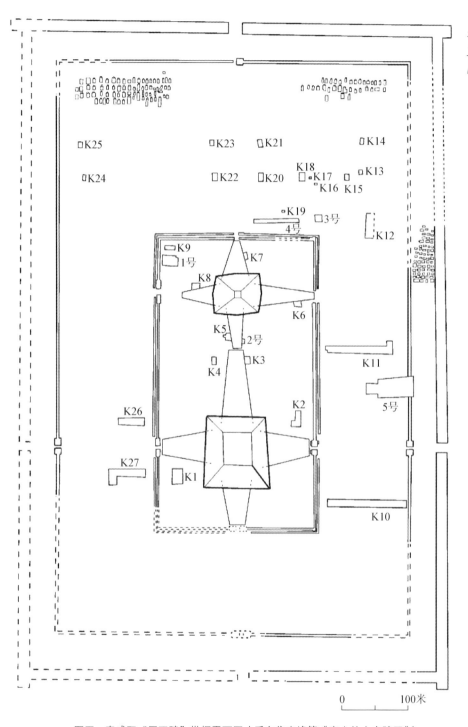

图五 秦咸阳"周王陵"勘探平面图（采自焦南峰等《秦人的十个陵区》）

共 5 列。①

2003 年，咸阳市修建通往机场的迎宾大道时，在"周陵"西边发现了一道南北向壕沟，可能属于"周陵"的西围沟。2004 年，通过钻探发现"周陵"有一个统一的长方形围沟，在"周共王陵"也发现了围沟。这种现象是春秋战国时期秦王陵的一个典型特征和流行做法。在"周共王陵"周围发现的瓦片多以饰细绳纹的秦瓦为主。

根据陵园、封土、外藏坑、陪葬墓及遗物的分析研究，该陵的时代应是战国晚期。依据历史文献和秦东陵、秦始皇陵的考古成果，所谓的"周陵"应是秦惠文王"公陵"、秦悼武王"永陵"其中之一。

司家庄秦陵位于陕西省咸阳市渭城区周陵镇司家庄村北，南距汉哀帝义陵封土约 1 200 米。世传其为汉哀帝大司马董贤之墓。陵园由三道围沟环绕而成。第一道围沟之内的区域为内陵园，南北长约 560 米，东西宽 536 米；第二道围沟位于第一道围沟之外，南北长 663 米，东西宽约 631 米；第三道围沟平面呈南北向长方形，南北长 1 285 米，东西宽 1 038 米。三道围沟的北、东、南三面与墓道对应处均断开形成通道。发现主陵一座，居内陵园中部，现存封土平、剖面均不规则，底部东西长 80 米，南北宽 63 米，高约 15 米。墓葬形制为"亚"字形，四面各有一条墓道。墓道长 41—52 米，宽约 24—56 米。墓室东西长 90.7 米，南北宽 85.6 米，中部深约 23 米。"甲"字形大墓位于主陵北侧，无封土，坐西面东，通长 94 米，墓道位于墓室东部，长 65 米，宽约 3.6—13.4 米，墓室长约 30.5 米，宽约 22 米，中部深 18 米。发现陪葬坑 6 座，其中主陵周围 4 座，"甲"字形大墓南侧 2 座。均为竖穴长方形，长 10.8—114 米。建筑遗址发现 5 处，分别位于内陵园东部、西南部、西部。小型墓葬发现较多，除了主陵园内，三道围沟之间，在陵园东南部也发现了大片小型墓葬。②

严家沟秦陵位于汉成帝延陵东北部，距汉成帝陵封土约 600 米，现存两座封土，世传为汉成帝嫔妃班婕妤等人的墓葬。勘探发现为双重园墙，外园墙外侧有围沟环绕。其陵园整体呈南北长方形，内园墙南北长 473 米，东西宽

---

① 陕西省考古研究院：《咸阳"周王陵"调查钻探简报》，《考古与文物》2011 年第 1 期。

② 陕西省考古研究院、咸阳市文物考古研究所：《咸阳司家庄秦陵调查钻探资料》。见焦南峰、孙伟刚、杜林渊：《秦人的十个陵区》，《文物》2014 年第 6 期。

236.5 米，墙宽约 3.6 米。园墙设有六处门址，南、北墙各有一处，东、西墙各有两处，均位于两座陵墓的墓道对应处。外园墙保存状况较差，复原南北长 1 043 米，东西宽 526 米，墙宽约 3.2 米。在西墙与内陵园门址相对应处也发现了门址。外园墙之外还设有围沟，南北长 1 154.6 米，东西宽约 630 米，围沟宽 7—15 米，深 2.5—7.5 米。陵园内现存两座封土，南封土破坏严重，仅余高 4—5 米的平台，底部范围东西长 123 米，南北宽约 90 米。北封土呈覆斗形，底部边长 73—79 米，顶部边长 34 米，高约 15 米。勘探发现两座墓葬均为"亞"字形。南陵墓道长 44—100 米，宽 14—19 米，深约 1.4—20.7 米。北陵墓道长 56—81 米，宽 10—31 米，深约 0.8—19 米。该陵园共发现陪葬坑 12 座，其中内陵园 7 座，外陵园 5 座。陪葬坑形制多为长方形竖穴坑道，另有个别呈曲尺形、正方形。发现建筑遗址一处，位于内陵园南墙外侧，似为一东西向长方形院落。发现了 300 余座小型陪葬墓，大多分布在围沟与外城垣之间，还有一部分位于陵园外西、南部区域。墓葬形制有竖穴方坑和竖穴洞室两种。①

由"中"字形墓向"亞"字形墓形式的转变，是秦国国力不断强大的具体反映，秦国国君由过去的"公"变成了"王"，也是这一时期社会礼坏乐崩的具体表现。

咸阳都城西北的王陵虽然已经发现三个陵区，但是除了原来传说中的"周陵"大体可以确定墓主以外，其他两个陵区的墓主目前还无法得到确认。王学理先生考证的结果是：Ⅱ号陵园为"公陵"，葬秦惠文王；Ⅳ号陵园为"永陵"，葬秦武王；Ⅰ号陵园葬孝文王公子子傒，Ⅲ号是陪葬墓。②

（2）秦东陵

秦东陵坐落在咸阳以东的临潼区韩峪乡东部骊山西麓，南起洪庆沟，北至武家沟，总面积约 24 平方公里。

何以称为东陵呢？这是与位于关中西部的秦雍城的秦公诸陵相对应的，因此也可以把雍城的秦公陵园称为"西陵"。也有人认为"东陵"也只是就秦都城咸阳后出现的秦陵葬区而言，是"相对"于"毕陌"陵区而早就有的历史称

---

① 陕西省考古研究院、咸阳市文物考古研究所：《咸阳司家庄秦陵调查钻探资料》，见焦南峰、孙伟刚、杜林渊：《秦人的十个陵区》，《文物》2014 年第 6 期。

② 王学理：《咸阳原秦陵的定位》，《文博》2012 年第 4 期。

呼。① 东陵的最早文献记载见于《汉书·萧何曹参传》："召平者，故秦东陵侯。秦破，为布衣，贫，种瓜长安城东，瓜美，故世谓之'东陵瓜'，从召平始也。"从而说明先有东陵，后有东陵侯，秦亡后，东陵侯开始在长安城以东种瓜，现西安东灞桥区与临潼区斜口乡交界处有邵平店村，即昔日召平种瓜处。秦东陵所在地就在邵平店之南。直到宋代的咸宁县，仍下辖有"东陵乡"。

秦东陵所在地为秦时芷阳县所在地，故史书多记载"葬芷阳"，或称"芷陵"。

秦东陵到底都葬有哪些秦王？据史书记载：

《史记·秦本纪》：昭襄王"四十年悼太子死魏，归葬芷阳"。

《史记·秦本纪》：昭襄王"四十二年，安国君（昭襄王次子，即孝文王柱）为太子，十月宣太后薨，葬芷阳郦山"。

《史记·秦始皇本纪》："昭襄王享国五十六年，葬芷阳。"《索隐》云："十九年而立，葬芷陵也。"

《史记·秦本纪》：孝文王立，"尊唐八子为唐太后，而合葬于先王"。唐八子是孝文王的母亲，"合葬于先王"，即与孝文王之父昭襄王合葬，当然是葬于东陵。

《史记·秦本纪·索隐》："孝文王名柱，五十三而立，立一年卒，葬寿陵。"《史记·吕不韦列传》："孝文王后曰华阳太后，与孝文王会葬寿陵。"《正义》："秦孝文王陵在雍州万年县东北二十五里。"唐万年县即宋咸宁县，治所在长安城中，由此推之，寿陵亦当在东陵之内。

《史记·秦本纪》："孝文王元年……除丧，十月己亥即位，三日辛丑卒，子庄襄王立。"《索隐》：庄襄王"名子楚，三十二而立，立四年卒，葬阳陵"。《史记·秦始皇本纪》也载："庄襄王享国三年，葬芷阳。"可知庄襄王的陵寝名阳陵，亦在东陵之内。

《史记·吕不韦列传》："始皇十九年，太后薨，谥曰帝太后，与庄襄王合葬芷阳。"

从文献记载来看，芷阳是一个很大的秦王墓葬区，埋葬着秦悼武王以后到秦始皇之前的昭襄王、孝文王、庄襄王、宣太后等秦时著名人物。

考古工作者已对秦东陵进行了详细的勘探，在此发现了四个陵园。（图六）

---

① 王学理：《东陵和西陵》，《考古与文物》1988 年第 5、6 期。

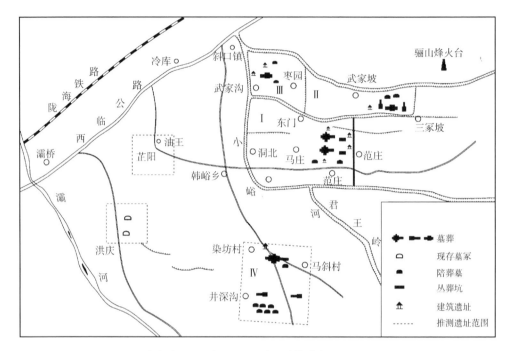

图六　秦东陵平面示意图（采自焦南峰等《秦人的十个陵区》）

一号陵园

依山坡而建，地处骊山西麓的阪原地带，西距秦芷阳城遗址约 1.5—2 公里，地势呈东高西低的坡梁。其范围南至小峪沟，北到武家坡村南无名沟，西界洞北村的小峪河，东达范家庄的人工壕沟。平面呈长方形，东西长 4000米，南北宽 1800 米，面积 72 万平方米。发现了两个"亞"字形的大墓。墓有封土堆，现存高 2—4 米，东西长 250 米，南北宽 150 米，表面呈鱼脊形，大小基本相同，南北并列，相距 40 米。经钻探得知，其中的一座墓室略呈正方形，南北长 58 米，东西宽 57 米，有四个斜坡形墓道，东墓道和北墓道的右壁各有一耳室；另一座的墓室也近方形，东西 58 米，南北 56 米，有四个斜坡墓道，东墓道和北墓道右壁也各有一个耳室。在距地表 14 米以下有四层青膏泥与木炭相间达 11.4 米，可见防护之严密。在一号陵园还有两处陪葬墓区和四处地面夯土建筑台基，陵区南北侧各有一天然壕沟，东面有一人工壕沟，相互连接。①

---

①　陕西省考古研究所、临潼县文管会：《秦东陵第一号陵园勘查记》，《考古与文物》1987 年第 4 期。

　　勘探中所获遗物共 46 件，可分为铜、铁、陶器三类，计有铜盖弓帽 1 件、铜带钩 2 件、铜环 1 件、铁镈 1 件、陶罐 15 件、陶壶 5 件、陶鼎 3 件、陶敦 2 件、建筑材料 16 件。

　　2011 年 1 月 12 日，秦东陵一号陵园被盗案告破，追回被盗出土文物 11 件。经鉴定：查获的一件"八年造"漆木高足豆为国家一级文物，三件漆木高足豆底座和七件漆木简均为国家三级文物。这些被盗出的文物具有非常重要的科学、历史、文化艺术价值。特别是刻有"八年相邦薛君造"铭文的漆木高足豆更是弥足珍贵，印证了战国时期齐国人孟尝君曾在秦昭王时任相秦国的史实，也成为确认被盗陵墓主人的重要物证之一。而众多学者一直争议的相邦和丞相的地位孰高孰低，也由"八年相邦八年丞相"得到证实，专家认为，"八年相邦"字样在器物左侧，"八年丞相"字样在右侧，按照当时礼仪左高于右，所以"相邦"地位高于"丞相"，西汉刘邦称帝后，因忌讳其名号，相邦这一官职被取消。漆木高足豆历经 2 000 余年，除了底座有少许腐朽外，保存基本完好。漆木豆在古代是一种盛器，可放食物，后来还出现了豆形灯。保存如此完好的漆木高足豆在我国北方地区的考古发现中是极其罕见的。在考古中发现的北方漆木器保存状况都很差，大多都已腐朽，都只剩下遗存，根本无法提取。此件漆木高足豆保存十分完好，漆的颜色以黑色为主，用红色绘出流云状的花纹，至今色彩还十分鲜艳。保存如此完好，可能与埋葬的特别深有关，也与文物所处极为密闭的环境有关。在 7 件漆木简上，还保存有一些龙纹，但上面并没有发现文字。（图七）

　　2012 年度，陕西省考古研究院联合西安市临潼区秦东陵文管所对秦东陵一号陵园再次进行大面积考古勘探，目的是搞清"一号陵园"形制结构、地下文化遗存分布情况等信息，为划定一号陵园范围、制定科学合理的保护规划、研究秦东陵陵寝制度等提供科学翔实的基础材料。经过这次大规模考古勘探确认，新发现了陵园四面有壕沟，有陪葬坑 12 座，小型陪葬墓区 3 处，共计 161 座，建筑遗址 11 处。陪葬坑主要分布在主墓墓道夹角处及东西方向。陵园建筑遗址主要分布在主墓南北方向。陪葬墓主要分布在陵园壕沟内侧 50—80 米范围内，形制有长方形竖穴洞室墓和方坑竖穴式墓两种，主要在陵园东北角及东南角分布比较密集。

　　此次勘探发现的建筑基址中，位于主墓西北的一组建筑范围较大，中部虽经后期冲沟冲毁及农业生产破坏，但从勘探结果来看，其结构应为一处规模

图七　秦东陵一号陵园

较大的建筑遗存，可能与秦始皇帝陵园封土西北部发现的陵寝建筑遗址形制相同，可对文献记载的陵寝建筑起到补正作用。东汉蔡邕所著《独断》中说：

"古不墓祭，至秦始皇出寝，起之于墓侧，汉因而不改，故今陵上称寝殿，有起居衣冠象生之备，皆古寝之意也。"从秦东陵一号陵园发现的建筑遗址来看，陵侧设寝制度最晚在战国晚期就有了，是对历史文献记载的纠正。

从目前的考古资料来看，一号陵园可能是秦昭襄王和唐太后的陵园，属于同茔异穴。

经国家文物局批准，陕西省考古研究院目前正在对东陵一号陵园进行考古发掘，我们期待着一批新资料的面世。（图八）

二号陵园

位于一号陵园的东北方向 1 500 米处，即韩峪乡范家村北、骊山西麓阪原之上。陵园东自北沟村，

图八　秦东陵一号陵园出土的漆木高足豆

西到枣园村，南至三冢村北无名沟，北达武家沟。东西长 500 米，南北宽 300 米，总面积 15 万平方米。有"中"字形大墓 1 座、"甲"字形大墓 3 座、陪葬坑 1 座，陪葬墓区 2 处和地面建筑遗址 1 处。"中"字形墓与"甲"字形墓基本呈"品"字形排列。中字形墓通长 81 米，墓室居东西墓道之中，东西长 27.5 米，南北宽 23 米。东墓道长 23 米，宽 8—18 米；西墓道长 30.5 米，宽 3—15.5 米。地面现留有残冢，高 10 米，冢底周长 120 米，占地面积 1 213 平方米。钻探中在墓室中心偏西部位发现有盗洞。另对两处陪葬墓区钻探，确知各有陪葬墓 4 座和 31 座，考古工作者清理了个别被破坏的陪葬墓。[①]

陵园有由天然沟道和人工修葺的天然沟道相通形成的完整的防御设施。南北两面以天然壕沟作屏障，东面经钻探得知早年系一条走向大体南北方向的不规整的天然壕沟，经人工修葺为陵园东界，西界为一天然断崖。

在 2013 年的考古勘探中，考古人员在秦东陵二号陵园新发现了 2 座"甲"字形大墓和 17 座小型墓葬，至此，二号陵园甲字形大墓达到 5 座。

出土遗物分铜质、铁质、石质和陶质等四类 32 件，计有铜盖弓帽、铜带钩、铜镞、铜镜及铜饰，以及铁削、玉璧、陶鼎、陶罐、陶壶、陶盒、陶盆、云纹瓦当、大板瓦、筒瓦等。在一些陶器残片上还发现有陶文。

二号陵园的墓主尚待研究。

三号陵园

位于一号陵园西北约 1 500 米、武家沟村北 100 米处，面积约 10 万平方米，为一"中"字形墓葬，东西方向，西墓道略长于东墓道。陵园西、北两面利用天然沟壑为其兆沟，而东、南两面兆沟则为人工开凿。陵园原有破坏，东西长 280 米，南北宽 180 米，面积 48 400 平方米，封土呈覆斗形，东西向，西墓道长于东墓道。

有陪葬墓区 1 处，位于陵园东南，发现小型墓 4 座，建筑基址 2 处在"中"字形大墓正北及正西处。

三号陵园的墓主不详。

四号陵园

位于马斜村，与一号陵园隔河遥相对应，约距 2.5 公里，属骊山西麓的阪

---

① 陕西省考古研究所、临潼县文管会：《秦东陵第二号陵园钻探简报》，《考古与文物》1990 年第 4 期。

原地带。陵区的规模，东起马斜村，西至染房村，南抵井深沟，北到小峪河南岸，总面积80万平方米。陵园内有"亞"字形墓1座，"中"字形墓1座，"甲"字形陪葬墓2座，小型陪葬墓群1处。四周有隍壕，北面为造陵时人工专门开挖的，东、西、南则利用天然壕沟。

"亞"字形大墓地表无封土，东西长278米，南北宽181米，墓室近于正方形，东西长56米，南北宽55米。东墓道长152.5米，西墓道长6米，南墓道长78米，北墓道长54米。在距地表14米以下有四层青膏泥与木炭相间，达11.4米，可见封闭之严密。

四号陵园这座"亞"字形大墓同一号陵园两座"亞"字形大墓不同的是，四条墓道均有耳室。墓室有四层青膏泥与木炭相间保护。根据这些特点，该墓可能为昭襄王之墓。从该墓4个墓道都带有耳室这一点看，其时代可能略晚。在该墓的南面200余米外，有一大型"甲"字形墓，考古工作者认为可能为合葬于昭襄王的唐太后的墓。[①] 这样的判断看来目前是靠不住的，应该是庄襄王的墓葬。

2011年考古工作者新发现了陵园内残存的围绕"亞"字形大墓的东、南、北3段内壕沟及南侧外壕沟，同时还发现1座"甲"字形墓葬和4段壕沟、125座小型墓葬。四号陵园面积达100万平方米，是由1座"亞"字形大墓居中，双重壕沟围绕的陵园，内外壕沟均为人工修筑而成。

2014年考古工作者在陵园内部发现了一座礼制性建筑，是考古发现的第一座战国时代秦国陵寝礼制建筑，为研究秦公帝王陵园礼制建筑的发展演变提供了极其重要的参考资料。本次发掘区域位于陵园东南部，为的是勘探新发现的"中"字形墓葬东墓道南侧。建筑遗址呈"凹"字，总面积达2 230平方米。根据各种考古材料推断，该建筑应建于战国晚期，和墓葬时代相同，应该是用来祭祀长眠于"中"字形大墓内的某一位秦国贵族的建筑。

除了以上介绍的陵区外，目前在西安周边还发现战国时期的秦大墓两座，尽管对其墓主尚有争论，但仍值得我们关注研究。

韩森冢

位于西安市东郊韩森寨附近。关于韩森冢的主人，虽然有秦庄襄王墓之传

---

① 陕西省考古研究所秦陵工作站：《秦东陵第四号陵园调查钻探简报》，《考古与文物》1993年第3期。

说，也有其他的传说，众说纷纭，但到底是谁的墓，已经争议了上千年。

汉代赵岐的《三辅旧事》认为是"子楚母冢"，也就是秦庄襄王母亲夏太后的墓。

三国时期的《皇览》断定其为"吕不韦冢"。

唐代韦述的《两京道里记》称其"在通化门东二里"，为秦始皇父亲秦庄襄王的"寿陵"。

宋代宋敏求《长安志》也将韩森冢称作"尖冢"，认为"其冢制度广大，岂人臣所宜"，应为"秦庄襄王寿陵"。

周志学认为，韩森寨西北高地上的大冢是汉武帝之孙、汉宣帝父亲刘进的"皇孙冢"。皇孙冢的西南方向不远处过去有胡同道，原来的地势和皇孙冢所在的地势相同，上面有一个周秦时代的大冢，叫韩森冢。汉建"皇孙冢"后，冢高且大，与韩森冢相比特别显眼。后来就把"皇孙冢"讹传为韩森冢。那不大显眼的小冢，于20世纪60年代修建西安动物园时被毁掉。（图九）

王学理不赞同是汉代刘进墓的观点，他认为刘进和王夫人的悼园在今西安市北郊张家堡一带。同时也否定了前述史料记载。因为吕不韦冢在今河南洛阳

图九　秦韩森冢

北邙山，夏太后墓在秦杜城遗址以南的长安区王曲街道贾里村。"秦庄襄王寿陵"之说，显然是把秦孝文王寿陵与秦庄襄王阳陵混而为一。从韩森冢雄壮的外观上还难断定其时代，因为它属于秦汉陵墓流行的那种覆斗形。但是，它正处于汉长安城东郊墓区范围之内。从该冢附近已发掘的墓葬看，在迎祥堡、金花北路、互助路、幸福路等地都有汉墓群的存在，但无一秦墓出现。韩森冢属于秦陵的可能性很小，而属于"恭皇"刘康陵寝的可能性最大。[①]

　　为配合新城区韩森冢周边改造，西安市文物保护考古研究院近年对"韩森冢"及周边近 8 万平方米区域进行了整体考古勘探调查。经过勘探发现，韩森冢封土为覆斗形，底边东西长 73 米，南北宽 75.5 米，以现周围地表为标准高度 20 米，比初建墓时地表下降了 5 米。说明 2 000 多年来，人类活动把陵周围的土向下挖了 5 米，封土过去可能还要更高。主墓坐西朝东，为有 4 个墓道的"亞"字形大墓；周围发现陪葬墓 3 个、陪葬坑 2 座。除韩森冢西部因有堆积建筑垃圾等障碍，未能彻底勘探调查，其他三面都进行了勘探，但没有发现壕沟、城墙等陵园遗迹，其一可能是和历史上破坏有关系；其二，这里是个高地，往东、北、南都是断崖，如果这个地形变化不大的话，当时可能就利用自然断崖作为陵园的界限。韩森冢的形制与规模，和目前发现的秦东陵 1 号陵园的两座主墓形制相似，与秦东陵 4 号陵主墓相同。从墓葬形制等来判断，基本上能确定它应是战国秦时期王侯级别的墓葬。结合目前关于秦陵的调查情况，考古工作者认为韩森冢为秦孝文王寿陵的可能性更大。[②]这个分析有一定的合理性，因为秦东陵目前只发现了三个"亞"字形大墓，如果一号陵园是昭襄王和唐皇后的墓葬，另一个"亞"字形是庄襄王的墓，孝文王的墓则无处安身，放在此处还是有可能的。当然这只是推测。

神禾原秦大墓

　　2004 年陕西省考古研究院的考古工作者在西安市长安区神禾原贾里村东发现并发掘一座规模巨大、级别很高的陵园。该陵园南北长 550 米，东西宽 310 米，占地面积约 260 亩。园区外设兆沟，内筑夯土围墙，四面围墙中部各置一门，建有门阙。园内有隔墙将陵园分为南北两区，隔墙中部开设一门。其中北

---

　　① 王学理：《韩森冢实是汉刘康恭皇陵》，《西北大学史学丛刊》第 4 辑，三秦出版社，2001 年，第436 页。

　　② 西安市文物保护考古研究院：《西安东郊"韩森冢"考古调查简报》，《考古与文物》2015 年第2 期。

区南北长 410 米，有带 4 个斜坡墓道的"亞"字形大墓一座，墓道旁分布了 12 座陪葬坑；南区有房屋建筑和灰坑（或祭祀坑）遗迹。"亞"字形大墓墓圹位于陵园中心，整个陵园是迄今为止发掘过的规模最大的战国时期秦陵园。

该墓墓圹东西总长约 140 米、南北宽约 110 米、深 15 米，椁室东西长 12.1 米、南北宽 10.5 米、深 4.3 米。近似方形，椁室位于墓室中部，四周用枋木堆筑椁壁，有木质椁盖、底板和枕木，因被盗焚，棺椁关系已难详知。但从残余椁木印痕和炭灰榫卯结构观察，似可见有棺椁三重，应为内、外棺及椁。墓道、墓室填土均经夯筑，坚硬致密，夯窝直径在 8 厘米左右，夯层堆积较为水平，厚约 0.4—0.5 米。（图十）

尽管墓室在早年曾经遭受过严重的盗掘并被大火焚烧过，但在墓室的发掘中，还是出土了近千件文物。出土有刻字石磬、刻字茧形壶、青铜器、银饰、金饰、错金银饰、玉饰、琉璃以及大量棺钉等文物。墓室东南角处的盗洞内撒落金、银柄铁刀、青铜带钩、错银青铜底座、珍珠、玉璧、玉玦、玉瑗、玉环

图十　神禾原秦大墓发掘现场

以及算筹、刻字陶罐等大量文物，由此可见随葬品的丰富程度。共出土 600 多件以青铜为主的车马器，青铜车马器上发现刻有"五十九年""左厩"等重要文字，另外陪葬坑中出土的十多件巨型茧形壶上刻有"三十四年"的铭文。这个大墓是迄今发掘的先秦时期"中国第二大墓"，仅次于 30 多年前发掘的秦景公大墓。墓室及墓道周围，还分布有规整的 13 座长方形条状陪葬坑。① 特别是该墓陪葬坑中出土了"六马驾车"的实物，充分显示出墓主的高贵身份，同时为我们研究当时的车马制度提供了第一手的资料。"天子驾六"在过去的文献中有记载，是当时最高级别的车驾，但考古上一直未发现实物。直到 2002 年 7 月在洛阳才发现了"天子驾六"的实物。在西安发现的秦时"天子驾六"既是对历史文献的补正，又显示该墓葬的级别是很高的。

对于该墓葬的主人，学术界还是有争议的。该墓的墓室和陪葬坑中共出土十多件巨型茧形壶，其中墓室中的一件上有"私官"刻文。从墓葬的出土文物和文字来看，应该是一个女性的墓葬，根据《史记·吕不韦列传》记载秦始皇祖母夏太后另辟陵地、别葬杜东的记载，参与考古的专家认为此墓应该是夏太后的墓葬；② 韩伟从大墓形制与后来出土的各类文物判断，应是秦代的陵墓，推测为秦二世之墓；③ 田亚岐等从秦国葬制传统方面考察，认为夏太后不可能享有四出墓道王制的墓葬规格。④ 段清波认为该陵园及大墓的时代晚于战国晚期，早不过秦始皇陵园建设时期，其下限为西汉早期，约属文帝时期，墓主人可能是汉惠帝的张嫣皇后。⑤（图十一）

（3）秦始皇陵

秦始皇陵位于东陵以东的骊山北麓。陵园面积达 56.25 平方公里。关于秦始皇陵封土的高度，据记载为"陵高五十丈"，⑥ 约相当于现在的 115 米高，而实际上现存高度为 76 米。⑦ "陵高五十丈"应该是当时规划的高度，但后来由

---

① 陕西省考古研究院：《陕西长安神禾原战国秦陵园遗址田野考古新收获》，《考古与文物》2008 年第 5 期。

② 陕西省考古研究所：《陕西长安神禾原战国秦陵园遗址田野考古新收获》，《考古与文物》2008 年第 5 期。

③ 韩伟：《揭开长安神禾原大墓主人之谜》，《陕西历史博物馆馆刊》第 14 辑，三秦出版社，2007 年。

④ 田亚岐、徐卫民：《雍城秦公陵园诸公墓主考释》，《秦汉研究》第 2 辑，三秦出版社，2007 年。

⑤ 段清波：《关于神禾原大墓墓主及相关问题的讨论》，《考古与文物》2009 年第 5 期。

⑥ 《汉书》卷三十六《楚元王传》，第 1954 页。

⑦ 关于秦始皇陵的高度，由于测高点的不同，测出的高度分歧很大，笔者认为 76 米高较符合实际。

于农民起义的爆发和秦王朝的迅
速灭亡，其设计高度就没有达到。

秦始皇陵墓的周围有内外两
重夯土城垣，除南边的内外城垣
仍有局部残段存留地表外，其余
仅在地下存有墙基。经探测，内
外城垣均呈南北向长方形。内
城长 1 355 米，宽 580 米，周长
3 870 米，占地面积 785 900 平
方米。内城的中部由东向西有条
长 330 米、宽约 8 米的隔墙，把
内城分为南、北两区。内城的北
区又有一条南北向的宽约 8 米的
夹墙，把北区分隔成东西两部分。
内城垣的南、东、西三面各有一
门，北面有二门，中部东西向的
隔墙上有一门，南边的门址保存
较好，门阙的基址仍高出地表
2—3 米，秦始皇陵墓位于内城的
南区。秦始皇陵外城垣，经实测
南北长 2 165 米，东西宽 940 米，
周长 6 210 米，墙基宽约 8 米，外

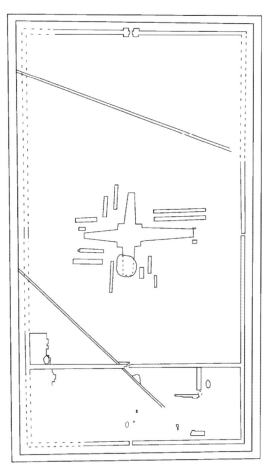

图十一　神禾原秦陵平面示意图（采自焦南峰等《秦人的十个陵区》）

城的四面各有一门，门址上堆积着大量瓦砾及红烧土、灰烬，证明原来有门阙
建筑。内城垣四个转角处有角楼建筑遗址。

在秦始皇陵的外城垣以外，还分布有众多陪葬坑和陪葬墓。据勘探，到目
前为止已在秦始皇陵园以内发现陪葬坑、陪葬墓 600 多处，计有兵马俑坑、车
马坑、珍禽异兽坑、马厩坑、陪葬墓、寝殿、便殿、饮官、武库、乐舞百戏俑
坑、文官俑坑、青铜水禽坑等遗址。这些遗址都是按照"事死如事生"的礼制
修建的，生前享有的死后也都体现在陵园中。

秦始皇陵地宫中的情况如何呢？司马迁在《史记·秦始皇本纪》中记载：
"穿三泉，下铜而致椁，宫观百官奇器珍怪徙臧满之，令匠作机弩矢，有所穿

近者辄射之。以水银为百川江河大海，机相灌输，上具天文，下具地理，以人鱼膏为烛，度不灭者久之。"①《汉书·楚元王传》也载："石椁为游馆，人膏为灯烛，水银为江海，黄金为凫雁，珍宝之藏，机械之变，棺椁之丽，宫馆之盛，不可胜原。"②考古工作者经过探测，目前地宫保存情况良好，距地面30多米深。

1981年和1982年，经中国地质科学院物化探研究所的常勇、李同两位先生用现代化的科学手段，对始皇陵地宫进行了含汞量的测试。结果在始皇陵封土中心，发现一个面积约12 000平方米范围的强汞异常区。在异常区内汞含量变化为70—1 500 PPb，含汞量平均值为205 PPb。而秦始皇陵部分封土取自鱼池地方的土样的汞含量仅为5—65 PPb，平均值为30 PPb。这表明始皇陵封土中的强汞异常含量不是原来固有的，而是封土堆积后由陵墓的地宫中人工埋藏的汞挥发而渗透于其中的。③证实了文献记载的"以水银为百川江河大海"可信。

关于文献中秦始皇陵地宫"上具天文"的现象，我们在西汉壁画墓中已有发现，在西安交通大学校园的一座西汉墓中，上部即有二十八宿图像。④可以推测作为"千古一帝"的秦始皇的陵中肯定会有的。

秦始皇陵园中寝便殿的设置，证明了《后汉书·祭祀志》中"秦始出寝，起于墓侧，汉因而弗改"⑤的记载是靠得住的。实质上在秦东陵，已把寝殿从陵上移到墓侧了。便殿的用途为休息闲宴之处。秦始皇陵园制度对以后的帝王陵园产生了重要的影响。《吕氏春秋·节丧》云："国弥大，家弥富，葬弥厚。含珠鳞施，夫玩好货宝，钟鼎壶滥，舆马衣被戈剑，不可胜其数。诸养生之具，无不从者。"⑥秦始皇陵众多的陪葬坑和陪葬墓正好印证了《吕氏春秋》的记载。

《吕氏春秋·安死》云："世之为丘垄也，其高大若山，其树之若林，其设阙庭，为宫室，造宾阼也若都邑。"⑦有些学者根据这段记载指出：秦始皇陵

---

① 《史记》卷六《秦始皇本纪》，第265页。
② 《汉书》卷三十六《楚元王传》，第1954页。
③ 常勇、李同：《秦始皇陵中埋藏汞的初步研究》，《考古》1983年第7期。
④ 陕西省考古研究所、西安交通大学：《西安交通大学西汉壁画墓》，西安交通大学出版社，1991年，第103页。
⑤ 《后汉书》志第九《祭祀志》，中华书局，1965年，第3199页。
⑥ 陈奇猷校释：《吕氏春秋校释》，学林出版社，1984年，第525页。
⑦ 陈奇猷校释：《吕氏春秋校释》，学林出版社，1984年，第535页。

是按咸阳都城建设的。[①]这种观点是值得商榷的。从上述引文中只能看出，古代帝王修建高大的陵墓，好像一座山，陵墓上种树，好像是树林，然后在陵园中设阙庭，为宫室，造宾阼，好像都邑，并未特指某一座陵墓，从吕不韦所在时代分析，东陵的有关陵墓和秦始皇陵可能是吕不韦写作《吕氏春秋》所参考的，也有可能是对春秋战国时期帝王陵墓制度的总结。笔者认为秦始皇陵的修建充其量只能算作是对秦都咸阳的有关部分进行模仿，并不完全是对秦都咸阳城的照搬，因为无论怎么讲，都城和陵墓还是有区别的，其性质不完全相同，所以不可能把咸阳都城中的所有设施都搬到秦始皇陵中来，即使有相同的方面，也仅具象征意义。

秦都咸阳的帝王陵区之所以出现以上三个地点的变化，除秦始皇陵本身一墓独尊原因之外，与秦都咸阳的发展变化有密切的关系。

秦咸阳刚建都时，集中在渭北地区，筑冀阙、咸阳宫等，当时的王陵集中在咸阳城的西北。到惠文王扩大咸阳时，都城已逐渐向渭河南发展。秦昭王时，开始修建横桥连接渭河南北两岸，说明这时的都城的政治中心已开始转向渭南。随着都城向南转移，陵墓也随之迁移，从昭襄王开始，便把陵墓区搬到东南地区，从而形成东陵和秦始皇陵园。

秦公帝王陵园是按照"事死如事生"的礼制建设的，因而生前享有的，在死后的陵园中也大多能找到其遗迹。陵寝制度到秦时发生了大的变化，秦昭王时已把陵寝从墓上移到了墓侧，秦东陵的几个陵园中陵侧已有寝殿等祭祀建筑，到了秦始皇陵时，寝殿、便殿、飤官遗址等陵侧建筑已成体系，以至于影响了后代的陵园体制。秦陵四周的保护措施由雍城陵区和东陵的隍壕，演变到秦始皇陵的墙垣，与春秋战国时期的其他国家有所不同，形成了自己的特点。秦始皇陵上的石刻对后代也产生了深远的影响，从汉代以后，在陵上或陵旁都有大量的石像，特别是到了明清时期，陵前的神道给人一种森严的威慑感。（图十二）

秦陵墓的发展变化正处于春秋战国时期，随着思想解放运动，人们观念也在不断地发生变化，影响到陵墓制度上也发生了很大变化。因此我们可以说，秦的陵墓在中国古代陵墓史上起着承前启后的作用，影响深远广大。

① 杨宽：《中国古代都城制度史研究》，上海古籍出版社，1993年。

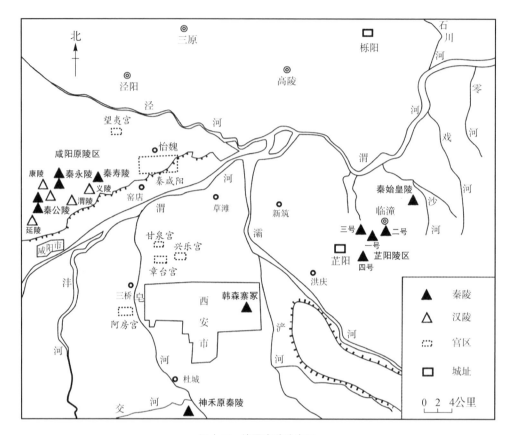

图十二　战国秦陵分布图

（二）秦公帝王陵的特点

1. 规模愈来愈大

秦公帝王陵随着秦国力的日益强大及厚葬思想的影响，陵园规模越来越大。

秦人是从东方迁徙到甘肃天水一带，断而迁徙到关中地区而发展起来的。公元前770年才被封为诸侯国。此后随着国力的强大，越过陇山进入关中地区，并一直向东发展，从春秋五霸到战国七雄，从一个弱小民族而成为一个统一天下的帝国。正由于此，秦公帝王陵也在不断发生变化，规模逐渐扩大，到秦始皇陵时发展到极致。陵园设施也愈来愈多。

2. 修建愈来愈严密的防范措施

为了保护秦公帝王陵的安全，遂在陵园周围修建了保护性的设施。最早是在陵墓以外修建隍壕。隍壕作为防御设施在母系氏族社会时期的半坡遗址、高陵杨官寨遗址中就有发现。凤翔雍城秦公陵区中的隍壕有外、中、内三重。外隍壕是指整个陵地外的围沟，中隍壕是几座陵墓组成的陵园的围沟，内隍壕是某一个陵墓自身的围沟，有的在四边均留有缺口通道。隍壕的横剖面呈槽形，宽与深均在 3—4 米。秦惠文王与武王陵也有壕沟围绕，秦东陵也发现了壕沟，既有天然的，也有人为的。应该说，在陵墓修建隍壕是秦公王陵的一个显著特点。

长安区神禾原秦大墓既有壕沟，又有城垣。到秦始皇陵时，由地下隍壕变成地面上的城垣。城垣有两重，即内、外城垣，成"回"字形，应该还有一道城垣在外城垣以外。秦始皇陵的内城南北长 1 355 米，东西宽 580 米，周长 3 870 米，其中内城南墙一般仍高出地表 1—3 米，其余部分仍存墙基，墙基宽 8 米左右，采用夯土筑成，夯层厚 6—8 厘米。墙基距现地表 10—100 厘米不等。内城的中部有条长约 330 米、宽约 8 米的隔墙，将内城分为南北两部分。外城垣中间的一段仍高出现地表 1.5—2.5 米，其余部分仅存墙基，基宽 8 米，外城垣的四面各有一门，门的基址上堆积着瓦片及灰土遗迹，在外城东门遗址上曾出土有石柱础、门蹲石及大量的板瓦、筒瓦残片。北门内侧一石板下还出土刻有"北门钥"的铜钥匙一件，外城垣西门的基址现仍高出地表约 50 厘米，说明原来城垣有门阙、角楼建筑。

3. 从墓而不坟到高大墓冢

现在实行土葬的地区，都会在地上修建一个大土堆。但是在春秋以前，墓葬则是"不封不树"的，即在墓葬之上既没有封土也不种树，随着社会的发展和阶级分化、等级制度的严重，旧有的墓葬制度便开始退出历史舞台，坟丘墓这种既便于识别又能反映等级高低区别的墓葬便应运而生。封土墓，中国古代也称为"坟丘""冢墓"。其产生与中国先秦时期社会制度的变革息息相关。研究中国先秦时期封土墓的形成及发展演变的过程，不只是给中国古代墓葬制度的研究提供重要的资料，而且对于探索春秋战国之际中国社会变革也有一定的意义。中国先秦时期墓上遗迹自新石器时期就已经存在了，虽然形式多样，但在东周之前，除了考古发现的一些还待商榷的疑似封土的墓葬之外，"墓而不坟"应该是确定的。那么，封土之俗应当是在春秋早期开始的，在孔子生活的春秋晚期则迅速发展，最后到了战国时期则盛行于全国各地。

秦公帝王的墓葬就反映了这样一段历史。在秦献公之前的秦公墓上均不见封土，这种现象在甘肃的礼县大堡子秦公墓地和陕西的平阳、雍城秦公陵区均可以看到，尽管墓葬规模不小，但都没有封土的存在，只是在墓葬上筑有享堂，作为祭祀时所用，但并不能从地面上反映某个秦公的地位高低及当时的社会环境。

从秦献公陵墓开始，秦陵上开始出现封土，且越筑越大，关于献公、孝公的陵墓封土情况，在《睡虎地云梦秦简》中记载："何为甸人，守孝公、献公冢者也。"[1]何为冢呢？《说文解字》云："墓之高者曰冢。"说明当时献公、孝公陵已成冢墓了，已经和雍城陵区的秦公墓形成了比较大的区别。到了惠文王、悼武王陵时，其墓已改称"陵"了，因为这时秦国的国力强大，国君的名称已经由过去的"公"改为"王"了，其墓葬形制也由"中"字形改为"亞"字形了。目前这两座墓上仍留下高大的封土。

秦东陵埋藏着昭襄王、孝文王、庄襄王等秦始皇的祖先，也都是冢墓。据考古钻探和调查，秦东陵的几个"亞"字形、"中"字形墓上都有封土，因其借地势而修，从外表上看封土并非很大。

秦始皇陵将中国的封土墓发展到极致。据记载，其墓设计高50丈，折合现在115米，迄今仍留下一高大的封土堆，是我国古代帝王陵中最高大的封土堆，虽经过两千多年的风雨剥蚀，至今仍有70多米高。始皇陵封土上植有树。古代墓葬上种树的多少是有规定的，不能随意种植。《史记·秦始皇本纪》记载，修陵时"树草木以象山"，《汉书·贾山传》也有"中成观游，上成山林"的记载。因此我们认为秦始皇陵封土之上原长有树木。这些树木后来之所以不存在，与关中地区整个自然环境遭到破坏有关系，纵使深山里的树木也被砍伐，何况秦始皇陵上的树木。

4. 厚葬制度盛行

古代人认为人死后灵魂不灭，因而对死去的人要像对待活人一样，"事死如事生"，即生前享有及希望享有的，在死后的陵园中都有体现。实质上厚葬是做给后人看的。随着国力的强大，物质财富的丰富，人们用在陵墓陪葬上的财力更大。这在吕不韦的《吕氏春秋》中有详细记载："国弥大，家弥富，葬弥厚。含珠鳞施，夫玩好货宝，钟鼎壶滥，舆马衣被戈剑，不可胜其数，诸养生之具，无不从者。题凑之室，棺椁数袭，积石积炭，以环其外。"[2]

---

①《睡虎地秦墓竹简·法律答问》，文物出版社，1990年，第138页。
② 陈奇猷校释：《吕氏春秋·节丧》，学林出版社，1984年，第525页。

　　吕思勉先生指出："春秋以前，敢于违礼厚葬者，盖亦寡矣。礼制未亡，而人莫敢自恣也。及战国之世，则有难言者矣。""当时之制度，牵于流俗，以厚葬为荣，薄葬为辱。"[①]充分反映出厚葬现象出现的原因。

　　秦公帝王陵自始至终贯穿着厚葬思想，刚立国时期的襄公与文公墓位于礼县大堡子山上，其墓虽经大规模盗掘，大量文物流失海外，但仍有不少贵重随葬物品出土，如大量的金箔片、青铜器、礼乐器等，如果不是真正出土，我们难于想象；雍城的秦公1号大墓，是目前发掘的先秦时期规模最大的墓葬，虽有历史上的247个盗洞，仍有3 500多件随葬品出土，而且不乏金器、玉器等。秦始皇陵更是有过之而无不及，陵园规模更大，陵墓从13岁刚一即位便开始修建，最多时动用70余万人，直到死时还未完工，修了近40年时间，陪葬品极为丰富。目前已在陵园内勘探出600多处陪葬坑、陪葬墓，既有生前军队的缩影——兵马俑、帝王的乘御——铜车马、宫廷娱乐——百戏俑，又有宫廷苑囿——马厩坑、珍禽异兽坑，还有供祭祀用的寝殿、便殿、饮官遗址等等，其生前生活中的方方面面在这里都可以找到遗迹。

　　不一而足，特别是其地下宫殿，更是豪华无比，富丽堂皇，埋藏了众多的宝贝，金银财宝应有尽有，上具天文，下具地理，宫馆百官、奇器珍怪徙藏满之。虽然地宫中的珍藏我们目前还无法看到其真容，但只要我们看一看不在地宫又不见司马迁记载的铜车马的富丽豪华程度便可见一斑，秦始皇陵铜车马还陪葬在地宫以外，但其富丽堂皇是难以用语言表达的，出土的铜车马上有十多斤的金银装饰。

　　5. 陵墓均建筑在山环水抱的高地之上

　　古代人对死后的埋葬地是非常讲究的，要进行精心选址，秦汉时期称为"堪舆"，后来称为风水。秦公帝王陵在这方面也是一样，其陵址均选在山环水抱的高台地上。

　　实质上，秦公帝王陵的选址是经过认真考虑的，很讲求风水，对周围的自然环境非常在意，如山、水、地形、交通等。关于这一点，在湖北出土的云梦秦简中有大量的记载。

　　礼县大堡子山秦公墓地所在地，被称为"秦陇锁钥，巴蜀咽喉"，北邻秦岭、岷峨山，南邻西汉水，处于河边的高台地上。雍城秦公陵区位于渭水以北

---

　　① 吕思勉：《吕思勉读史札记》，上海古籍出版社，1987年，第279—280页。

的凤翔原（三畤原）上，北眺雍山，西依灵山，东接扶岐。这里土厚水深，是理想的秦公墓地。秦东陵位于骊山西麓的高台地上，西有灞河，北有渭河，又处在秦通楚国的武关道旁。在秦公帝王陵中地理环境最好的要算秦始皇陵了。它位于骊山北麓，骊山山势高耸，又因有温泉而成为历代统治者垂青之地。《水经注·渭水》云："秦始皇大兴厚葬，营建冢圹于丽戎之山，一名蓝田，其阴多金，其阳多美玉，始皇贪其美名，因而葬焉。"[①]说明秦始皇喜欢骊山的金和玉。从地理形势来看，这里南有骊山，北有渭水，地形高敞，东西各有数条河溪环绕，陵区地势宽广。渭河在北面 U 形蛇曲，与秦始皇陵、骊山 1 302 米高峰三者一线呈南北分布，气势磅礴壮观，确实是一块风水宝地。

秦公帝王的陵墓之所以均选择在高台处，除了风水方面的需要以外，也是为了将陵墓能够挖得很深，用于防盗，而且又不会遇见地下水。从已掌握的考古资料来看，秦公帝王陵都有 20 多米深。秦始皇陵地宫的深度更是离奇，下枯三泉，最新的考古成果是 30 余米深。

6. 陵墓营建不循规蹈矩

秦人虽然是从东夷逐步西迁到甘肃的，但确实是从甘肃天水一带发展壮大起来的，天水一带处于农牧交界地区，是华夏人与戎人杂居之地。这对秦人的性格的形成及发展均产生了重要的影响。中原各国对秦人"夷翟遇之"，说明秦人确实有不同于中原各国之处，也正由于此，"孔子西行不到秦"，反映出秦人并非循规蹈矩者，而是"秦国之俗，贪狼强力，寡义而趋利"。[②]

关于秦人不循规蹈矩的事实很多，如秦人并非遵循传统的嫡长子继承制。秦人是实用主义、功利主义者，为了一个目标只要对自己有利的事，秦人是不计后果的努力去干，这是秦人的传统，直到后来遇到商鞅等法家人物，他们的主张与秦人的思维一拍即合。因此秦公帝王陵中不断地出现僭越当时礼制的事。

好大喜功是秦文化的显著特征，干什么事情都喜欢大，这是秦文化的传统和习惯。因此秦公帝王陵都超越当时的礼制规定，规模很大。由于甘肃礼县大堡子山秦公墓地被盗严重，我们对其陵墓的陪葬品不得全知，但其陵墓的规

---

① 王国维校：《水经注校》，上海人民出版社，1984 年，第 621 页。
② 刘安：《淮南子》卷二十一《要略》，见许嘉璐主编《文白对照诸子集成》（中），陕西人民教育出版社，第 302 页。

模是与当时的国力不成正比的。到雍城秦公陵园时，就已经有僭越礼制的行为。秦公 1 号大墓是我国目前发现的先秦时期最大的陵墓，比商王的陵墓还要大三倍。同一时期的周天子墓也比秦公墓小得多。比如在洛阳第 27 中学发掘的"亞"字形大墓，年代为春秋早期，随葬的青铜鼎上有"王作"铭文，推测其墓主为东周初年的周王。再如在洛阳东周王城广场发现的"天子驾六"车马坑及与车马坑相邻的第 104 号大墓。经钻探，其为"甲"字形积石积炭墓，墓口长 14 米，宽 8 米，墓深 13.8 米，墓道长 70 米以上。"天子驾六"车马坑当为此大墓的陪葬坑，它们的年代均当为东周前期，此为王陵无疑。此外，在这一区域还发掘了第 5239 号"甲"字形春秋大墓，平面呈长方形，南北长 6.45米，东西宽 4.6 米，墓底距今地表深 11 米。① 秦公 1 号大墓规模确实超越当时秦的国力水平，也是其他诸侯国国君墓葬望尘莫及的。秦公 1 号大墓采用了当时天子墓才能使用的"黄肠题凑"形制，有学者认为是我国目前发现的时代最早的"黄肠题凑"墓。到咸阳陵区时，虽然秦已经从公变成王了，当时的国力也很强大，但当时周天子仍然名义上是天下老大，而秦王陵墓竟然同周天子的墓葬级别一样，也为"亞"字形墓，这绝对是僭越礼制的行为。秦始皇陵更是有过之而无不及。充分说明陵墓礼制对于秦公帝王来说无任何约束力，这是由秦人的"好大喜功"价值观和丧葬习俗所决定的。

7. 从人殉到用陶俑殉葬

殉葬制度大约是从原始社会氏族制度形成的时候开始的，随着生产力的发展，阶级社会的产生，殉葬制度日益严重。在商周社会，奴隶如同牛马一样，被任意宰杀和殉葬。在商代遗址安阳侯家庄西北冈的一座殷代大墓中，墓室中央底部埋有一名执戈奴隶和一条狗，墓底四隅又分别埋了 8 名执戈奴隶和 8 条狗。在墓室四周上下、墓道内部埋满了奴隶。

秦的人殉制度受到商文化的影响，也是非常严重的，秦武公"初以人从死，从死者六十六人。有子一人"。② 这是秦公用人殉的最早记录。到秦穆公时有过之而无不及，"穆公卒，葬雍，从死者百七十七人"。③ 我国古代第一篇反对人殉的诗《诗经·秦风·黄鸟》，就是讽刺穆公以人从死而作。这些均为文

---

① 李德芳：《洛阳周山东周王陵考述》，《三门峡职业技术学院学报》2009 年第 4 期。
② 《史记》卷五《秦本纪》，第 183 页。
③ 《史记》卷五《秦本纪》，第 194 页。

献记载。在考古发掘中也是如此，在礼县大堡子山秦公大墓中就有人殉了，在两个大形墓葬的墓道中均有殉人。陕西凤翔秦公 1 号大墓据研究是秦景公的墓葬，在其墓中发现的殉葬者达 186 人，殉葬者中既有身份低下的奴隶，也有地位高贵者贵族，殉葬者有的一椁一棺，有的用一棺，有的无椁无棺。有的殉葬于墓主四周，应是景公的宠臣，有的置于墓道，有的则填埋于黄土中，可见在人殉中也存在阶级分化等级观念现象。

秦献公是一个改革家，在其改革内容中就有一条，明令"止从死"，即从此以后再不能用活人来殉葬。那么用什么东西可代替殉人呢，"俑"便应运而生，最初是用木或其他质料仿制的人形，以代替活人殉葬，这是随着社会发展和进步而出现的，是生产力发展的结果，说明人的地位上升，秦人也遵循着这条路线前行。"止从死"后，便用"俑"来代替殉葬，目前发现的秦俑有陶俑、石俑等，在铜川枣庙秦墓中的小泥俑是目前发现的秦最早的俑，在咸阳战国秦墓中发现有骑马俑。到秦始皇时，用俑陪葬已发展到极致，用近八千多个陶俑陶马来作为军事性质的殉葬，且完全写实，与真人真马一样大，尽管是劳民伤财的，但确实是一种进步。除此而外，在秦始皇陵园中还有很多的陪葬坑中都有陶俑陪葬。虽然费时费钱，但比用真人殉葬要好得多，目前在秦始皇陵发现的陪葬陶俑陶马中，除了军事性质的，还有生活性质的，如养马的跪坐俑、围人俑。

但据《史记·秦始皇本纪》记载，秦始皇陵在封墓道时，秦"二世曰'先帝后宫非有子者，出焉不宜'，皆令从死，死者甚众，葬既已下，或言工匠为机，臧皆知之，臧重即泄。大事毕，已臧，闭中羡，下外羡门，尽闭工匠臧者，无复出者"。① 可以看出秦始皇陵墓中有不少人被殉葬，其中有两类人，后宫中的妃子当为殉葬，工匠被埋是因为害怕他们出来后泄露墓中秘密。这是秦二世的决定，应该说与秦始皇无太大的关系。到底秦始皇陵地宫中有没有殉人，没有经过考古发掘还很难说清楚。

从秦始皇陵的殉葬情况来看，既有显示社会发展的一面，又有沿袭旧习惯的一面，在目前发现的秦陵陪葬坑中既能看到陶制的马，也能看到当时的活马被埋葬。这个问题值得我们深思。

① 《史记》卷六《秦始皇本纪》，第 265 页。

（三）秦公帝王陵对汉代帝陵的影响

"百代皆行秦政事""汉承秦制"，这是人们对于秦制度在后代延续的总结性概括。秦帝王陵墓制度对后代确实产生了十分重要的影响，主要体现在陵寝制度、陵邑制度、陪葬制度等方面。

陵寝制度　陵寝制度影响深远，直到明清时期的帝王陵仍实行这种制度，而这种制度是从秦开始的，蔡邕《独断》云："古不墓祭，至秦始皇出寝。"实质上在陵旁建立寝殿开始于秦东陵，到秦始皇陵时发扬光大，不但在陵北修有寝殿，也有便殿和饮官遗址。西汉帝陵的寝殿，在初期也像秦始皇那样建在墓的北侧，到汉景帝阳陵时，寝殿则由陵园内移到陵园外，并建成以寝殿为中心包括便殿在内的寝园。考古工作者对汉宣帝杜陵的寝殿进行了发掘，其寝园位于陵园之东南，在寝园内，寝殿在西，便殿在东，从而加深了对汉代的帝陵寝殿建筑形制的了解。《汉书·韦贤传》云："园中各有寝、便殿。日祭于寝，月祭于庙，时祭于寝殿。"①

陵邑制度　陵邑制度开始于秦始皇陵时。《后汉书·光武十王列传》东平宪王刘苍云："园邑之兴，始自强秦。"②为了加强对修陵的管理工作，秦始皇十五年设置丽邑，三十五年迁三万家到丽邑，考古发掘也证明秦始皇陵确实有丽邑，在陵园内多次发现刻有"丽邑"陶文的陶器和砖瓦。其遗址位于秦始皇陵园北侧约 2.5 公里的刘家村东，地面上堆积着大量的残砖瓦片、红烧土，许多陶片上有陶文印记。③

陵邑制度等于在陵周围设置相当于县级管理机构，其制度对汉代帝陵生产了重大影响，汉代在咸阳原上建置了五陵邑，即高祖长陵邑，惠帝安陵邑，景帝阳陵邑，武帝茂陵邑，昭帝平陵邑等，位于汉长安城东南的霸陵与杜陵也建有陵邑。西汉设置陵邑的目的除和秦始皇陵丽邑供奉陵墓一样以外，还有强干弱枝、维护中央集权制的作用，即"盖亦以强干弱枝，非独为奉山园也"。④

其他制度　另外还有陵园建城垣、筑覆斗形封土、建有众多陪葬坑（如兵

---

① 《汉书》卷七十三《韦贤传》，第 3115—3116 页。
② 《后汉书》卷四十二《光武十王列传》，第 1437 页。
③ 袁仲一：《秦始皇陵园考古勘探研究中的几个问题的探讨》，《秦俑秦文化研究》，陕西人民出版社，2000 年。
④ 《汉书》卷二十八下《地理志》，第 1642 页。

马俑坑）、陪葬墓等都被汉代有所继承。汉唐宋等王朝的帝陵陵园布局结构，不论在基本组成单位，以及这些单位的构筑形制方面，还是在总体格局上，都表现出与秦始皇陵的一致性或相似性，充分说明秦始皇陵对后代帝陵产生了深远的影响。正如李自智先生指出的："如果我们作一系统的历史考察，即不难发现，从西汉到唐宋的帝陵布局结构，虽然有这样或那样的一些变化，但其基本布局却没有能够突破秦始皇陵园布局的影响。就是在陵园布局结构上有重大的改革的明清两代帝陵，多少也受到一些影响。"①

---

① 李自智：《试论秦始皇陵园布局对后代帝陵的影响》，《文博》1990 年第 5 期。

四

秦始皇陵园石刻雕塑及其影响

关于秦始皇陵墓有无石刻雕塑，曾有前贤进行过研究，但论者意见不一。杨宽先生认为陵墓石刻雕塑始于东汉时期，他在《中国古代陵寝制度史研究》一书中指出："光武帝的原陵，在开始建立供上陵朝拜祭祀用的寝殿和钟虡的同时，开始在陵前大道上陈列石象、石马等石刻群。"① 对于这个问题，我们与杨宽先生所持观点不同，认为秦始皇陵已经有石刻雕塑了。

（一）秦始皇陵有石刻雕塑

中国石刻历史悠久，从目前的考古资料来看，人物雕塑艺术起源于新石器时代，西安的杨官寨遗址、辽宁的红山遗址等都有发现。到商代已有石雕坐食人像，1943 年出土于河南安阳四盘磨。像高 14.5 厘米，白石雕成，为商代后期遗物。此像保存完整，作袒胸、缩腿、紧膝、两手支地、箕踞而坐之状。头戴平顶而周廓稍高之圆帽，身穿无纽对襟衣，衣上以云雷纹为饰。面稍仰，双目平视，形象质朴，雕技较精。四川省成都市金沙遗址也出土了 12 件石跪坐人像，它们的造型基本相同，采用圆雕与线刻相结合的手法，既写实又夸张。人像高约 20 厘米，脸形方正瘦削，颧骨高凸，高鼻梁，大鼻头，大嘴巴，耳朵还有穿孔。赤身裸体，赤足，双手被绳索反绑在身后，双腿弯曲，双膝跪地，臀部坐于脚后跟上。其发式非常奇特：头顶的头发从中间向左右分开，有学者形容就像"一本打开的书"，两侧修剪得极短还微微上翘，脑后的头发又被梳成两股长长的辫子，直垂在腰间。② 西周的雕塑，继承商代传统，而风格倾向于写实，逐渐淘汰了商代艺术中神秘恐怖的气氛，出现现实的、理性的因

---

① 杨宽：《中国古代陵寝制度史研究》，上海古籍出版社，1985 年，第 81 页。
② 黄建华：《金沙遗址——古蜀文化考古新发现》，四川人民出版社，2003 年，第 52 页。

素。东周时期雕塑出现了武士、侍从、伎乐、舞人等各种不同社会地位的形象，在反映社会生活方面前进了一步，雕塑手法逐渐摆脱程式化，形象更加写实、生动。这些为秦始皇陵石刻雕塑奠定了良好的基础。

著名的秦始皇陵到底有没有石刻雕塑呢？我们认为一定有。其原因主要有以下几个方面：

首先，历史文献中有不少的记载。

《西京杂记》曰："五柞宫有五柞树，皆连三抱，上枝荫覆数十亩。其宫西有青梧观，观前有三梧桐树。树下有石麒麟二枚，刊其胁为文字，是秦始皇骊山墓上物也。头高一丈三尺，东边者前左脚折，折处有赤如血。父老谓其有神，皆含血属筋焉。"① 五柞宫是汉武帝时期建造的，位于渭河之南上林苑中，是汉代著名的离宫，汉武帝托孤就在这里进行。汉代皇帝游猎南山，都要驻跸在此宫殿里，《汉书》中的《武帝纪》《宣帝纪》《元帝纪》《成帝纪》以及《司马相如传》《东方朔传》《扬雄传》《张汤传》等，都大量记载着西汉武帝、元帝、成帝经常在上林苑行猎，来往于长杨、五柞宫之间的史实。特别是汉武帝，"好自击熊彘，驰逐野兽"，② 甚至征发右扶风民众进入南山，西自褒斜，东到华山，南驱汉中，张设网罗，捕捉熊罴、豪猪、虎豹等野兽，然后运送到长杨宫射熊馆，放逐于周栏中，供皇帝游猎所用。因此，将石麒麟从秦始皇陵移至青梧观就是为了满足汉代皇帝的欣赏娱乐需求，而且可以作为上林苑中的雕塑。

《封氏闻见记》记载："秦汉以来，帝王陵前有石麒麟、石辟邪、石象、石马之属。"③ 用这些石刻作为"生平之象仪卫耳"。

关于古代帝王陵上的大型石雕，有的著作中提得更早。明朝罗颀的《物原·葬原》中说："周宣王始置石鼓、石人、猊、虎、羊、马。"将石人、石兽用在陵墓上的历史提前到了周代。

刘禹锡是唐朝人，他曾经看到春秋时期楚王墓上的石刻。在《汉寿城春望》诗中，说到了寿州楚王墓前的石雕情景："汉寿城边野草春，荒祠古墓对荆榛。田中牧竖烧刍狗，陌上行人看石麟。华表半空经霹雳，碑文才见满埃尘。不知何日东瀛变，此地还成要路津。"从诗里可以看到，楚王墓也是实行

---

① （晋）葛洪：《西京杂记》，三秦出版社，2006年，第138—139页。
② 《史记》卷一百一十七《司马相如列传》，第3053页。
③ （唐）封演：《封氏闻见记》，学苑出版社，2001年，第143页。

厚葬的，墓前有华表、石麟、石碑等，一派庄严肃穆之仪卫。

虽然到目前为止，还没有明确的考古材料证明秦代及秦以前的陵园中设有大规模的石刻群，但我们也不能轻易就否定这些历史文献的记载。秦始皇扫灭六国，一统天下，自视功绩显赫，德兼三皇，功过五帝。若如文献所载，秦前已有在陵前置大型石雕的先例，始皇帝必定不甘其后，必会在自己的陵墓上设有象征仪卫的像生石雕。

其次，秦汉时期，好大喜功成为社会时尚，因而勒石雕像成风。

在秦始皇陵园的考古勘探中已经发现了不少的石刻作品。不仅发现了专门为秦始皇陵服务的打石场遗址，还留有当时的很多石材。[①] 而且在考古发掘过程中也发现了很多石制品，如石下水道、石铠甲等。秦始皇陵地宫中据记载也用了大量石材。

文献中也记载修秦始皇陵时确实进行过大规模的采石运石活动。《太平寰宇记》记载："骊山无石，取渭北诸山石为之。"《汉书·贾山传》中有"合采金石"之说。《博物记》中也记载："又此山名运取大石于渭北渚，故歌曰：'运石甘泉口，渭水为不流。千人唱，万人钩，金陵余石大如塸。'"[②]

晋朝时潘岳在《关中记》中也记载了一首秦人的歌谣："运石甘泉口，渭水为不流。千人唱，万人相钩。"

而从现在骊山石的材质来看，确实不宜作秦始皇陵的大型石材，修建秦始皇陵所用的石材，应来源于骊山以外的渭河以北。另外，石铠甲坑是秦始皇陵的大型陪葬坑，面积达 13 800 平方米，从目前的试掘情况来看，其坑内的陪葬品几乎全是石铠甲和石头盔。据文物工作者测定，其石材均来自渭河以北的富平和蒲城山上。大量石材由渭北运来，源源不断，导致渭水不流。实质上七十二万修陵人中，应包括这些采石、运石者，应该占用不少的劳动力。传说运送的石材中有一块高一丈八尺，周长十八步的大石，运到距骊山不远处，运不动了，便放置在那里，并称之为"佷石"。唐皇甫提还作了《佷石铭》"佷石苍苍，骊山之傍。傲佷顽虐，昏迷猖狂"来声讨始皇帝。到元朝时，此石才被用来去修建灞桥。

再次，秦人石刻雕塑工艺日趋成熟，在雕刻技艺上也不存在问题。

---

① 秦俑坑考古队：《临潼郑庄秦石料加工场遗址调查简报》，《考古与文物》1981 年第 1 期。

② （晋）张华：《博物志校证》，中华书局，1980 年，第 73 页。

　　秦人的石刻是很早的，在凤翔秦公大墓遗址曾经发现过两个小石人。现存最早的中国古代文字石刻——秦《石鼓文》，就是雕刻在天然石块上的。尽管学术界对其雕刻时代还存有争议，但都认为是秦人早期的石刻作品，是春秋时期的产物。秦人或者是在一块独立的天然大石上刻字，或者是将天然的石块表面略加处理后进行雕刻。中国古代将这样的石刻叫"碣"。这是最原始的石刻形态。

　　秦始皇五次出巡时，留下了七块石刻，以表彰他的功绩。"刻石著其功""立石颂秦德""刻石颂秦德"，仅在《史记》里记载的就有峄山刻石、泰山刻石、琅琊刻石、东观刻石、碣石门刻石、会稽刻石等，可见，秦人对石刻历来是重视的。

　　同时，秦始皇陵约八千兵马俑雕塑的制作、秦始皇陵铜车马的制作和十二金人的制作，都为大型雕塑的制作奠定了良好的基础。

　　关于十二金人，《史记·秦始皇本纪》云：秦始皇二十六年（前221年）"收天下兵，聚之咸阳，销以为钟镱，金人十二，重各千石，置廷宫中"。索隐按："二十六年，有长人见于临洮，故销兵器，铸而象之。"正义引《汉书·五行志》云："二十六年，有大人长五丈，足履六尺，皆夷狄服，凡十二人，见于临洮，故销兵器，铸而象之。"[①]十二铜人的铸造是秦始皇在平灭六国以后，为了维护其统治采取的重要措施之一。由于收来的兵器很多，便铸造成十二个巨大的铜人。关于铜人的重量，史料中有多种记载数字："重各千石"、"钟小者皆千石也"、各重三十四万斤、各重二十四万斤。为什么会有四种不同的记载数字呢？应该说这些数字均属估计，而非确切数字。因为如此大的铜人在当时是无法进行称重的，只能做一大概估计，千石之说只是泛指。十二个铜人不是一样大，也不是一样重。小者千石，大者应该大于千石。石是秦时的重量单位，一石为120斤。秦时的1斤等于现在的256.26克，按最小数字一千石计，合今30 715千克；按24万斤计，合今61 502千克；按34万斤计，合今87 128千克。这就是说最小的一枚铜人重也在30吨以上，大的则达87吨以上。关于铜人高度，史料记载有三说："高三丈""坐高三丈""有大人长五丈……铸而象之。"这就是说铜人的高度有两种可能，一种可能是三丈，合今8.12米；另一种可能是五丈，合今13.7米。尽管这也不是确切数字。从其重

---

　　① 《史记》卷六《秦始皇本纪》，第239—240页。

量和高度来说，当时铸造巨大的雕塑物已不成问题。

把十二个铜人铸成翁仲的形象并摆放在皇宫门前，是因为翁仲具有保卫的功能。翁仲原本指的是匈奴的祭天神像，大约在秦汉时代就被汉人引入中原，当作宫殿的装饰物。初为铜制，号曰“金人”“铜人”“金狄”“长狄”等，但后来却专指陵墓前面及神道两侧的文武官员石像，成为中国两千年来上层社会墓葬及祭祀活动重要的代表物件。

古代帝王陵墓前神道两旁所列石刻人像，是模仿宫殿和官署前设置的侍卫人员形象所作的，可以说是“事死如事生”的具体体现。秦始皇生前能把十二个金人放在宫殿前，死后也要雕塑大型石刻放在其陵墓前，符合当时的礼仪和秦始皇好大喜功的性格。墓前翁仲除了充当卫士起保卫陵墓的作用外，也显示了墓主生前的等级身份。而石刻群中诸种现实的和想象出来的动物形象，则是古人迷信，用以象征吉祥和驱除鬼怪的。

秦陵铜车马被称为“青铜之冠”，重量达一吨多。体积大，雕塑精，可谓当时雕塑艺术的集大成之作。

实质上秦人既然能铸造出如此巨大的铜人和复杂精致的铜车马，那么制作大型石刻也是没有任何问题的。而且，秦始皇既然能销天下兵器、铸十二铜人立之于宫殿前，以彰显其功绩，那么，按照“事死如事生”的观念，他也极有可能把生前所享用的一套礼仪搬到陵墓前，于墓前建造大型石刻。

最后，历史的发展是循序渐进的，陵前石刻雕塑的历史也是如此。

西汉昆明池边的织女、牛郎石刻和霍去病墓前的大型石刻不是突然出现的，是经过长期的雕塑实践而发展形成的。我们有理由相信，汉代陵墓上的大型石刻，是“汉承秦制”的具体表现。也就是说，秦始皇时期的雕塑艺术奠定了汉代石刻的基础。

保存至今的墓葬石刻群中，要数霍去病墓的一组石刻最早。霍去病墓是汉武帝茂陵的陪葬墓。其墓上石刻是为了表彰其对匈奴作战的功劳。现存石刻16件，计有马踏匈奴、跃马、卧马、卧虎、小卧象、卧牛、卧猪、鱼、龟、蛙、石人、怪兽吃羊、力士抱熊等。其中不少石刻是为了表彰霍去病战胜匈奴的威武和功绩。杨宽先生认为，如此众多石刻“正如把他的坟墓建造成象征战胜匈奴的地点祁连山一样”。[①]

---

① 杨宽：《中国古代陵寝制度史研究》，上海古籍出版社，1985年，第79页。

　　除了霍去病墓上的汉代石刻以外，现存的两汉大型石刻，尚有陕西省城固县饶家营汉博望侯张骞墓前的 1 对石虎，约雕造于西汉元鼎（前 116—前 111）年间，虽已严重风化，犹存雄健姿态。也有人认为这两个石虎是东汉时期的雕塑。除此而外，还有咸阳石桥乡出土的石蹲虎、山西安邑出土的石走虎、青海海晏出土的石虎座等。

　　河北省石家庄市毗卢寺博物院收藏有两尊汉代裸体石人，1985 年出土于石家庄西北郊小安舍村，这两尊石雕像用青石雕成，一尊高 175 厘米，胸围 205 厘米，为男性形象；另一尊高 163 厘米，胸围 190 厘米，为女性形象。其造型呈踞坐状，头部比例较大，尖下巴，大眼睛，直鼻小口。腰间系带，身上无衣纹，应是裸体，足部似穿鞋。男像单眼睑，女像双眼睑，神态恭顺，双手交叉，抚于胸前，头戴平巾帻，其中女像帽顶下陷，中央阴刻成方形。两尊石像采用圆雕、浮雕和线雕结合的手法，造型古朴大气，具有西汉雕刻艺术的典型特征。小安舍石刻被认为其历史年代应早于西汉昆明池石刻，是我国现存最古老的大型石刻。[①]

　　可见，从霍去病墓到汉光武帝原陵，设置石刻都是为了表彰死者的功绩。而"秦始皇好大喜功，尤其对能留之久远的石制品特别倾心，他五次巡游天下，每次都要刻石立碑，宣扬自己的煌煌功业，扬威四方，以加强控制"。[②] 因此，我们有理由坚信，作为"德兼三皇，功过五帝"的秦始皇一定会在自己的陵墓前设置大型石刻以表彰自己平灭六国的功绩。

（二）秦始皇陵石刻雕塑的去向

　　既然秦始皇陵前应有大型石刻雕塑已确定无疑，那么，为何在秦始皇陵前看不到这些石雕，这些石刻到哪里去了？不少的学者认为，是被毁了。郭志坤认为，这些石刻石雕毁于项羽刘邦之时。刘邦在楚汉战争时，历数项羽的罪行有十条，其中就有"烧秦宫，掘始皇陵"，项羽攻打秦都咸阳就有复仇的目的，"楚虽三户，亡秦必楚"。考古发掘资料也可以证明项羽确实对秦始皇陵进行过破坏，秦始皇陵众多陪葬坑的被焚毁据研究就是项羽干的，因此对秦始皇陵地

---

① 王海涛：《两尊汉代石人考》，《河北画报》2010 年第 8 期。
② 郭志坤：《秦陵地宫猜想》，上海文艺出版社，2007 年，第 47 页。

面石刻进行破坏也在情理之中。后来刘邦即帝位后"以亡秦为戒"，又不断指控秦始皇，认为秦始皇有"繁法严刑""赋敛无度"等暴行十余条。因此，原先宣扬始皇帝丰功伟绩的石刻、石雕之类，会毫不留情地被拆除然后销毁。林剑鸣、张文立认为，两千年的沧海桑田，秦陵上的石刻、石雕一个也不存在了，实在可惜。它们丧失于历代的兵火中，也丧失在人为的破坏中。项羽烧秦宫室，破坏秦始皇陵。后来，因为建筑灞桥，元朝人曾把秦陵上的一方人石，搬去修灞桥。秦陵石刻，就是这样被搞得失散了。同时他们也认为，在所有的帝王陵中，秦陵所受到的摧残，恐怕不数一，也数二。这是因为秦祚太短。秦始皇帝陵宏伟、富丽的陵园建起后，仅一二年，便遭到了项羽的破坏。项羽一把火，陵园建筑成为灰烬。可以这样说，在这场浩劫中，陵园的地面建筑，遭到了毁灭性的破坏，石刻被砸，恐亦难免。这些复仇的"勇士"，怀着"楚虽三户，亡秦必楚"的报仇心态，岂容这些石刻傲然挺立。因此，宋代卢氏注《博物志》时，曾指出："项羽争衡之时发其陵，未详其至棺否？"可见摧毁之甚。①

　　笔者认为，诸位先生的观点是正确的。需要补充的是，代秦而起的是西汉王朝，为了证明自己代秦的合理性与正当性，掀起了"过秦"风潮，试图通过"过秦"，证明平民皇帝刘邦的以汉代秦，不但非篡非弑，反而是代天诛暴，吊民伐罪。而要想使汉朝凌驾于秦朝之上，重要手段之一就是贬抑秦朝的历史地位，并借此抬高西汉的历史地位。正因为如此，汉代对秦几乎全盘否定。因此秦始皇及秦始皇陵便成为汉人的发泄对象，特别是汉武帝"罢黜百家，表彰六经"以后，秦始皇在人们心目中的地位受到很大影响，对秦始皇陵的破坏愈来愈多。比如，秦始皇修建万里长城，是为了防御北方匈奴族的侵扰，虽然动用了大量人力、物力和财力，但是我们认为这项工程是必需的。然而，在"过秦"思想的影响下，万里长城却成为后代诟病的对象，甚至与秦始皇毫无关系的"孟姜女哭长城"也与秦始皇长城扯上了关系。汉代人尽管也修建长城，但不叫长城而叫"塞"，明代更称之为"边墙"，誓要与秦决裂。秦始皇陵这样一个劳民伤财的工程更是成为破坏的对象，受到的冲击更大。由于秦始皇陵地宫规模太大，加之众多的防盗措施，盗掘实在不易，而地面建筑、文物防护措施较少，便成为主要的破坏对象，从项羽开始，秦始皇陵不断遭到厄运，要么被破坏，要么被搬移，挪作他用。《西京杂记》中记载的上林苑五柞宫中的两个

---

① 林剑鸣、张文立：《秦陵墓上石刻探微》，《宝鸡师范学院学报》1988年第2期，第18—21页。

石麒麟就是明证。

总之，两千多年来对秦始皇陵的兵焚、盗发，以及无知的摧残、有意的破坏，使秦陵上的石刻雕塑遭到了自然与人为的双重破坏。所以我们今天已无法再看到秦始皇陵昔日的壮观的石刻雕塑了。

（三）秦始皇陵石刻雕塑的影响

笔者认为不但秦始皇陵上有石刻雕塑，而且从此以后作为一项制度得到后代的发扬与光大，并延续到明清时期。

历史的发展是循序渐进的，陵前石刻雕塑的历史也是如此。

过去我们大多认为，西汉时期昆明池上的石刻织女牛郎是现存最早的石刻雕塑。尽管我们目前还无法断定汉昆明池上的石刻雕塑和在河北发现的石刻雕塑谁更早一些，但是它们都是秦代以后的，无疑是受到了秦代石刻雕塑的影响。

保存至今的墓葬石刻雕塑群中，要数霍去病墓的一组石刻最早。石雕作于西汉元狩时期，有象、牛、马、猪、虎、羊、怪兽吃羊、人与熊和马踏匈奴等16件，多是根据原石自然形态，运用圆雕、浮雕、线刻等手法雕刻而成，浑厚深沉，粗放豪迈，简练传神，是现存时代较早、保存完整的成组石雕。这些石雕按照石材原有的形状、特质，顺其自然，以关键部位细雕、其他部位略雕的浪漫主义写意方法，突出对象的神态和动感，给我们留下了一组年代最早、数量最多、风格粗犷古朴、气势豪放的陵墓石雕艺术珍品。这些石雕从形式到内容构成了一个具有内在联系的整体，其中"马踏匈奴"为主题雕像，其余则围绕这一主题，与墓所象征的环境结合起来作全面性地烘托，或展现山野川林的荒蛮艰苦，或体现战斗的激烈残酷，或表现西汉军旅的英勇矫健等，是对霍去病生前征战匈奴时自然环境的一种再现。（图十三）

图十三　霍去病墓马踏匈奴石刻

汉光武帝刘秀的原陵，至今保存比较完好。陵冢至门阙间有神道，两旁原设石象、石马、石翁仲等。在河南洛阳邙山脚下，有个大石象，高 3.2 米，长 3.4 米，雕刻逼真，作行进状。当地群众说，在这一大象的对面 15 米处还有一石象，今已淹没。这应是邙山东汉五陵的神道石象。

前文已述及，除了霍去病墓上石刻和东汉帝陵石刻以外，现存的两汉大型石刻，尚有陕西省城固县饶家营汉博望侯张骞墓前的 1 对石虎，以及咸阳石桥乡出土的石蹲虎、山西安邑出土的石走虎、青海海晏出土的石虎座等。

东汉官僚墓前的石兽，除了虎、牛、马、羊、骆驼、狮子以外，还有一种神兽，称为天禄和辟邪。汉代的墓前石刻辟邪，目前已经发现不少。如河南南阳宗资墓前的天禄、辟邪，现藏南阳石刻博物馆，洛阳孙旗屯出土了天禄、辟邪，伊川县彭婆出土一辟邪，现藏洛阳古代艺术馆，偃师县文管会藏有辟邪残石；陕西省西安市碑林博物馆石刻展室有东汉双兽辟邪；山东省武梁祠的双兽，济南博物馆藏有辟邪残石等。这些石刻造型相类，多刻双翼，是东汉升仙思想在墓前石刻中的反映，供死者神灵骑乘升天，已成为程式化的墓前石刻。

墓前竖立石人今能看到的以山东为最多。曲阜孔庙璧水桥前有石人亭，亭内有两个石人，原是乐安太守鲁王墓前的石刻，后移于此。一者高 2.54 米，服间佩剑，神手恭立，是墓前恭迎的侍者；一者高 2.2 米，腹间篆刻"府门之卒"四字，是墓前的守卫者。济南博物馆收藏石人一对，形象与孔庙石人相同，但较为高大粗胖，是所看到的东汉墓前最大的石人。

西汉昆明池上的织女、牛郎石刻和霍去病墓前的大型石刻不是突然出现的，是经过先秦、秦代长期的发展形成的。因此我们有理由相信，汉代陵墓上的大型石刻，是"汉承秦制"的具体表现。也就是说，秦始皇时期奠定了以后的石刻的基础。

东汉以后，墓葬上的石刻雕塑越来越多，规模越来越大。我们现在看到的唐代墓葬、宋代墓葬、明清墓葬前都有大量的石刻雕塑，成为一种制度延续下来，这不能不说是受到秦始皇陵石刻雕塑制度的影响。

五
对秦始皇陵园规模的新认识

对于秦始皇陵园的规模，虽已有文章涉及，但迄今尚未有专文论述。笔者撰写此文的目的，就是要论证秦始皇陵园在当初修建时虽有"章程"，即设计规划图，但是后来随着秦统一全国及秦国力的不断强大，加之秦始皇个人欲望不断扩大的影响，到后来秦始皇陵园就成为一个规划不断更改和无止境扩大的工程，只要秦始皇不死，陵墓将不断延续扩大修建。所以尽管我们目前看到的秦始皇陵园规模已经够大了，但因为秦始皇是突然死亡在出巡的路上，加之农民起义突然爆发，陵墓修建不得不停止，因此其陵墓仍然是一个尚未完成的工程，并没有完全反映秦始皇的意志。

秦人具有好大喜功的传统，这是秦文化的一个显著特点。主要反映在建筑工程中，秦公一号大墓、秦都咸阳、直道、驰道、万里长城等工程的建设都是如此。更为典型的例子就是："始皇尝议欲大苑囿，东至函谷关，西至雍、陈仓。优旃曰：'善。多纵禽兽于其中，寇从东方来，令麋鹿触之足矣。'始皇以故辍止。"[1]秦始皇竟然敢将供其游玩狩猎的苑囿建得如此庞大，真是不可思议。秦人一路从甘肃沿渭河东进，怀有远大的抱负，以统一天下为己任，做事以好大喜功为特色，追求"大"和"多"成为秦人的时尚，这是秦人价值观的直接反映。

关于秦始皇陵的修建，《史记·秦始皇本纪》记载："始皇初即位，穿治郦山，及并天下，天下徒送诣七十余万人，穿三泉，下铜而致椁，宫观百官奇器珍怪，徙臧满之。"[2]也就是说秦始皇陵从秦王政13岁即王位就开始修建了，这年是公元前246年，直至公元前210年去世，共37年。再加上秦始皇死后的覆土工程和其他工程，历时近40年。在这近40年时间里，大体可分为三个阶

---

① 《史记》卷一百二十六《滑稽列传》，第3202页。
② 《史记》卷六《秦始皇本纪》，第265页。

段，即从初即位到统一全国为第一阶段，历时 26 年（前 246—前 221 年）；从统一全国到秦始皇死为第二阶段，历时 11 年（前 220—前 210 年）；第三阶段为覆土工程，历时两年（前 210—前 209 年）。在这三个修建阶段中，大规模的修筑在第二阶段。

这里需要说明的是，因秦始皇死得确实太早，也太突然，所以当秦始皇死时陵园的修建工程并未完成。据《汉书·楚元王传》记载："郦山之作未成，而周章百万之师至其下矣。"① 当时的起义军已经打到秦始皇陵以东不远处的戏水，当时秦政府军队大都在前线，无法立刻应付这突发事件，遂给参加修陵的人发放兵器，派章邯带领他们去对付农民起义军，因此陵园的未竟工程被迫停工。

当时参加陵园修建工程的人数，过去一般都笼统地说成 70 余万人。这种说法实质上是不确切的。秦在统一全国之前，虽然修建了 20 多年，但秦国当时由于主要忙于统一战争，是不可能抽调 70 余万人来修建陵墓的，只能进行小规模的修筑。统一全国后的十余年的修建工程，也不是始终都用 70 余万人。《史记·秦始皇本纪》记载，当时"隐宫徒刑者七十余万人，乃分作阿房宫，或作丽山"。② 是指修建阿房宫和修建陵墓用工的总数为 70 余万人，每个工程也就是二三十万或三四十万人。只是到始皇死后进行覆土工程时，才合并两个工程为一个，共 70 余万人来参与修陵。正如《史记·秦始皇本纪》记载，修建阿房宫的工程未就，便"会上崩，罢其作者，覆土郦山"。③

笔者曾在秦俑博物馆从事研究工作 10 余年，过去曾经对使用 70 万人来修建秦始皇陵的说法持怀疑态度，认为修建陵墓不可能使用那么多的人，但是后来从大量的考古资料来看，特别是发现了制作石铠甲的手工作坊遗址竟然在距秦始皇陵达 9 里之遥的新丰镇长条村弯子组，在此发现了制作石铠甲的作坊遗址。④ 加之陪葬秦始皇陵的文物都是原大的，且管理严格、制作细密和难度太大，一方面证明需要众多的劳动力，另一方面证明当时秦始皇陵修建工作的管理是有序的，从而纠正了我过去的看法。

---

① 《汉书》卷三十六《楚元王传》，第 1954 页。
② 《史记》卷六《秦始皇本纪》，第 256 页。
③ 《史记》卷六《秦始皇本纪》，第 269 页。
④ 蒋文孝：《秦始皇陵附近新丰秦井发掘的收获和意义》，《秦文化论丛》第 11 辑，三秦出版社，2004 年，第 345 页。

　　秦始皇十六年（前 231 年），为了加强对秦始皇陵的管理，加快陵墓修建速度，秦始皇便在其陵所在地设置了丽邑，这在中国古代陵墓史上是一个首创，也是中国古代最早设置的陵邑，相当于县一级行政区划，专门用于对秦始皇陵的修建、管理和祭祀活动。其意义在当时和后来都是非常重要的，标志着秦始皇陵的修建进入一个新的阶段，表示要大刀阔斧地进行，要从陵墓的修建中显示秦始皇的真正威力和中央集权的强大。从此以后秦始皇陵的修建规模日益扩大，等到秦始皇二十六年（前 221 年）秦统一六国后，更是调集全国的人力、物力、财力以满足陵区大规模建设工程的需要。从目前考古资料来看，秦始皇陵的许多大工程都是在这一时期开始的。

　　秦始皇在三十七年（前 210 年）七月病死在出巡途中，在胡亥完成了"沙丘之变"以后，便火速将秦始皇掩埋。葬礼以后，即开始后期的覆土工程。但未及两年，农民起义军已西进攻破潼关，进入关中腹地的戏水，逼近秦始皇陵，迫使整个陵区所有尚未完成的建设工程不得不停止。

　　为了探明秦始皇陵园的规模，考古工作者从 20 世纪 60 年代初开始逐步对陵园进行科学的钻探和调查，到目前已经取得了明显的成果，但谁也不会想到秦始皇的陵园会有如此之大。根据考古工作者对秦始皇陵园的勘探与发掘，发现秦始皇陵园的面积有 56.25 平方公里。在其陵园内分布着大量形制不同、内涵各异的陪葬坑和陪葬墓，迄今已探明的就达 600 多个。其高大的封土堆、占地面积达 2 万余平方米的兵马俑陪葬坑和占地面积达 1 万多平方米的武库陪葬坑，在后代的帝王陵中都是难以找到的。从而显示出秦始皇陵是一个异常宏大的工程。

　　关于秦始皇陵封土的高度，《汉书·楚元王传》云："其高五十余丈。"[1]《三辅故事》也云："始皇葬郦山，起陵高五十丈。"[2] 秦汉时一尺折合今天为 23 厘米余，50 丈约为今天的 115 米高。这一高度引起众多学者们的高度关注，不少专家实地测量后发现，现存封土的高度，各人的说法不一，有高约 43 米、46 米、51.5 米、71 米、73 米、76 米、83 米等不同的说法。上述诸说形成的原因，是秦始皇陵周围的地势高低不一，中间高，东西两侧低，落差较大，由于各个人的测量点不同，所得数值必然不同。

---

①《汉书》卷三十六《楚元王传》，第 1954 页。

② （汉）赵岐等撰，（清）张澍辑，陈晓捷注：《三辅故事》，三秦出版社，2006 年，第 75 页。

即便是考虑到古今测量点的不同，但如此悬殊的差异仍然是令人费解的。如以现存封土高 43 米计，则差 72 米；以 76 米计，则差 39 米；以最高的 83 米计算，也要差 32 米。虽然经过两千多年风雨的侵蚀，陵上封土会有所流失。但根据实际勘探，封土周围堆积的后期冲积土厚 1—4 米。把这些后期堆积土全部复原到封土堆上去，也达不到 115 米的高度。[①] 过去学者一般认为：秦亡以后，秦始皇陵园失去保护，因而导致水土流失、人为掘毁等，从而使墓冢逐渐降低。实质上并非如此，与秦始皇陵时间相差不远的西汉十一座帝陵，均为平地起冢。自然环境与秦始皇陵周边情况差不多，经专家勘测比较，西汉帝陵现在的墓冢高度和文献记载的变化并不大，有的墓冢甚至还高于原来记载的高度，而低于文献记载的，也仅为两米左右。所以笔者认为，历史文献中记载的秦始皇陵"五十丈"高只是当时的一个设计高度，但是由于秦始皇陵工程的浩大，当农民起义逼近秦始皇陵时，覆土工程尚未完工就不得不停止，随着秦的快速灭亡，根本就没有达到当时"五十丈"的设计要求高度。

秦始皇陵地面上有两重围墙，即内外城，这已为考古资料证实。但自从在河北发现战国时期中山王陵的铜版兆域图后，秦始皇陵到底有几道墙垣引起了人们的关注。铜版兆域图就是当时中山王陵的规划图，上面刻着内外两重回字形的墙垣，文字注明为"内宫垣""中宫垣"。以此推之必然还有"外宫垣"。但"外宫垣"没有在铜版兆域图上出现。兆域图上的墙垣和秦始皇陵的内外城完全相同。因此袁仲一认为：那么始皇陵是否也会有个范围更大的外城垣呢？有的同志认为应该有个外城垣，并指出兵马俑坑东边千余米处有个双阙夯土台基，可能是外垣的东门。目前的考古资料还没有发现外垣的夯土围墙。所谓的双阙夯土台基，现在不能完全肯定。但这个问题的确是很值得探讨的。凤翔的秦公陵园及临潼的秦东陵也都没有发现夯土墙垣，而是用人工开凿或者自然的壕沟作为隍壕。始皇陵的最外屏障也可能如此。假如以始皇陵封土的顶点为基准向东西南北四方各延长 3 750 米，则南到骊山，北到新丰原，东到鱼池水，西到赵背户村西边的古河道。山、原、河形成一个长、宽各为 7.5 公里的自然屏障。在此范围内历年来不断发现秦代的遗迹、遗物。如东边的兵马俑坑、西边的窑址、石料加工场遗址，南边的防洪堤，北边的鱼池等，均在此范

① 段清波：《秦始皇帝陵的物探考古调查——"863"计划秦始皇陵物探考古进展情况的报告》，《西北大学学报》2005 年第 1 期。

围内。[1]（图十四）

段清波认为其东、西部界限更远，东部已到了戏河，西部边境到了临潼县城，这样秦始皇陵园的面积已达到了60平方公里。[2]目前已在秦始皇陵园的外城以外，发现了众多的陪葬坑，诸如气势雄伟的兵马俑坑、公子公主陪葬墓、仿生水禽坑、动物附葬坑等，这些陪葬坑和陪葬墓都是秦始皇陵园中很重要的组成部分，说明秦始皇陵外城的修建在先，而外城以外的这些工程进行在后。

那么，秦始皇陵园有没有设计图？笔者认为是有的。即《汉旧仪》记载的李斯作陵"凿以章程"。[3]古人由于受迷信和孝道思想的影响，在修建先人的陵墓时，一般都会遵循"事死如事生"的礼制进行规划。关于这一点，在文献中就有不少的记载。《周礼·春官·冢人》记载"冢人掌公墓之地，辨其兆域而

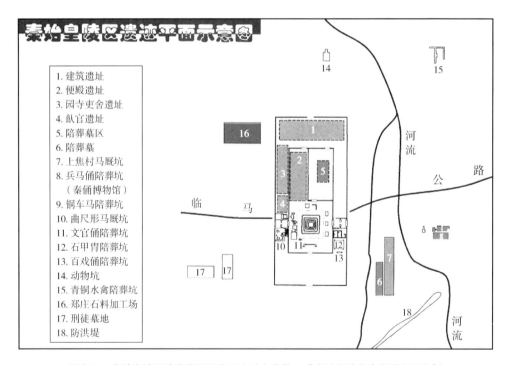

图十四　秦始皇陵区遗迹平面示意图（采自袁仲一《秦始皇陵考古发现与研究》）

---

① 袁仲一：《秦始皇陵考古纪要》，《考古与文物》1988年第5、6期。
② 段清波：《秦始皇帝陵园考古研究》，北京大学出版社，2011年。
③ （清）孙星衍等辑，周天游点校：《汉官六种》，中华书局，1990年。

为之图"，"正墓位，跱墓域，守墓禁，凡祭墓为尸"；"墓大夫，掌凡邦墓之地域，为之图；令国民族葬，而掌其禁令，正其位；掌其度数，使皆有私地域；凡争墓地者，听其狱讼；帅其属而巡墓厉，居其中之室以守之"。①这是古人相信灵魂不灭的观念，认为人死后要和生前一样在冥世间生活。人生前有衣食住行之需，死后也是如此。于是具棺椁，制衣衾，备车马及炊食之器，生前所有和期望得到的，都会在陵园中出现。但由于人生前拥有的财富和地位不同，墓葬的规格与随葬品则不同。正如《吕氏春秋·节丧》指出："国弥大，家弥富，葬弥厚。含珠鳞施，夫玩好货宝，锺鼎壶滥，舆马衣被戈剑，不可胜其数。诸养生之具，无不从者。"而且天子、诸侯的陵园中"设阙庭，为宫室，造宾阼也若都邑"。②从目前考古发现的秦先公各个陵园来看，应该是有规划图的，即"凿以章程"。但后来随着秦国力的不断增强和秦始皇个人欲望的膨胀，其陵园的规划方案就不断地进行扩大修改，直到秦始皇统一天下后，秦始皇认为自己"德兼三皇，功过五帝"，陵墓的范围更是没有限制。也正由于如此，考古工作者才在秦始皇陵外城垣以外不断有新的考古发现。

我们认为在秦始皇陵外城以外是没有第三道城垣的，之所以如此，是因为秦始皇陵到底要修多大，当时虽有一个规划，但陵墓的规模与秦始皇的年龄和秦国力的不断强盛有关。秦始皇不愿意把自己的陵墓规模限制在第三道城垣以内。从这一点来看，形制"若都邑"的秦始皇陵在设计规划上与秦都城咸阳如出一辙。也就是说秦始皇陵园这种不断扩大、规划图不断修改的例子在秦都城咸阳也是一样。秦都咸阳从战国时期开始，一直到秦的灭亡，延续144年，都城一直就没有停止过修建，处于不断扩大之中，由渭河以北延伸到渭河以南地区，在渭河以南修建了兴乐宫、章台、阿房宫、信宫等，甚至要以阿房宫代替咸阳宫作为其政治中心。秦始皇在关中地区修建了270座宫殿，且用复道、阁道、甬道连接起来，俨然是要以整个关中地区作为其都城。也正因为如此，秦都咸阳始终就没办法修建外郭城。

实质上，秦的快速灭亡导致秦尚未完成的工程不只是秦始皇陵一项。当然这并不是秦王朝不愿意将工程建完，主要是由于秦始皇从来就没有想到秦王朝

---

① 《周礼·春官·冢人》，见许嘉璐主编：《文白对照十三经》(上)，陕西人民教育出版社，1995年，第69页。
② 陈奇猷校释：《吕氏春秋·节丧》，学林出版社，1984年，第525页。

灭亡得如此神速，他要将秦的统治延续二世、三世乃至万世。他也没有想到自己只活了 50 岁，便离开了世界。他根本就不想死，于是一直煞费苦心地寻求长生不老药，并且为此不惜大动干戈，动用大量的人力、物力、财力去求长生不老药，他几次出巡都与寻求长生不老药有关。但由于疲劳过度，早早离开了人世，这是他万万没有想到的，所以他在生前也没有确定继承人。

由于秦始皇的早死和秦王朝的速亡，秦的一些大工程都没有完成。如阿房宫和直道。《史记·秦始皇本纪》记载阿房宫的前殿规划规模是"东西五百步，南北五十丈，上可以坐万人，下可以建五丈旗"。[1] 但从目前考古发现的资料来看，秦阿房宫的前殿确实未建成。[2]《史记·秦始皇本纪》中也明确记载："阿房宫未成。成，欲更择另名名之。"[3]

《史记·蒙恬列传》记载："始皇欲游天下，道九原，直抵甘泉，乃使蒙恬通道，自九原抵甘泉，堑山堙谷，千八百里。道未就。"[4] 司马迁既然明确说"道未就"，可见当秦始皇崩逝沙丘、蒙恬含冤而死之际，直道尚没有竣工。

综上所述，笔者认为：秦始皇陵园虽有设计图，但是在不断地改变之中，是一个无止境的工程，如果秦始皇不是只活到 50 岁就死了，秦始皇陵的规模应该比现在还要大得多。之所以如此，与秦人的价值观和秦始皇的好大喜功的性格有密切关系。

---

① 《史记》卷六《秦始皇本纪》，第 256 页。
② 杨永林：《秦阿房宫渐露真相，项羽火烧阿房宫说受到质疑》，《光明日报》2003 年 12 月 6 日。
③ 《史记》卷六《秦始皇本纪》，第 256 页。
④ 《史记》卷八十八《蒙恬列传》，第 2566—2567 页。

六
西汉帝陵制度研究

西汉时期是我国古代社会发展的第一个鼎盛时期，古代社会的各种典章制度的完善、确立和巩固基本上都完成于西汉。中国古代社会对礼仪典章制度极其重视，丧葬制度是礼仪典章制度的重要组成部分。西汉皇帝陵墓，就反映了当时社会的最高丧葬礼仪，汉代丧葬实行"事死如生"制度，帝陵也可以说是西汉统治阶级社会历史活动的缩影。

西汉时期的帝陵在继承秦帝王陵墓制度的基础上又有所创新，形成了汉代的帝陵制度，并影响了后代的帝王陵墓制度，在中国古代帝王陵墓制度史上具有重要的意义。

西汉时期共有十一座皇帝陵，分布在汉长安城北边的咸阳原和东南边白鹿原与鸿固原上，像一座座金字塔坐落在长安城的周围，成为长安周边的亮丽风景线，是人们了解汉文化的重要实物资料。

（一）帝陵分布

公元前 202 年，刘邦在山东定陶即皇帝位，建立汉朝，并定都洛阳。不久即接受娄敬和张良的建议，迁都关中，以长安为都，史称西汉。至公元 8 年王莽篡汉建立新朝，西汉共历时 210 年，经 11 代 15 帝，分别是高祖刘邦（前 202—前 195 年在位）、惠帝刘盈（前 195—前 188 年在位）、前少帝刘恭（前 188—前 184 年在位）、后少帝刘弘（前 184—前 180 年在位）、文帝刘恒（前 180—前 157 年在位）、景帝刘启（前 157—前 141 年在位）、武帝刘彻（前 141—前 87 年在位）、昭帝刘弗陵（前 87—前 74 年在位）、昌邑王刘贺（前 74 年在位）、宣帝刘询（前 74—前 49 年在位）、元帝刘奭（前 49—前 33 年在位）、成帝刘骜（前 33—前 7 年在位）、哀帝刘欣（前 7—前 1 年在位）、平帝刘衎（前 1—5 年在位）、孺子刘婴（5—8 年在位）。15 位帝王中，除前少帝刘

恭被吕后所杀、后少帝刘弘在吕后死后被大臣所杀、孺子刘婴在王莽代汉后为
乱兵所杀，葬处不明，以及昌邑王刘贺因淫乱被废黜，最近发现其陵墓在江西
南昌外，其余 11 位帝王去世后皆葬在都城长安周围。此外，西汉有些皇帝还
按帝陵规格修建其父或其母之墓，或以皇帝、皇后的礼仪安葬，高祖父太上皇
陵，文帝母薄太后南陵，昭帝母钩弋夫人云陵，宣帝父母史皇孙和王夫人的陵
墓均属此类。

　　西汉的十一座帝陵可以分为渭北咸阳原和长安城东南两大陵区。其中，有
9 座位于渭河以北的咸阳原，自西向东依次是武帝茂陵、昭帝平陵、成帝延陵、
平帝康陵、元帝渭陵、哀帝义陵、惠帝安陵、高祖长陵、景帝阳陵。另外 2
座，文帝霸陵和宣帝杜陵分别位于都城长安东南的白鹿原和鸿固原最高处。两
大陵区的形成，其原因是比较复杂的，学术界争论比较大，莫衷一是。我们认
为，这是由多种原因形成的，包括传统礼仪、皇帝个人喜好、昭穆制度、自然
环境条件都是其中比较重要的影响因素。（图十五）

　　《旧唐书·吕才列传》云："古之葬者并在国都之北域。"帝陵葬于都城北
部，是自古以来的传统礼仪。而文帝霸陵和宣帝杜陵却未遵循此制，主要是

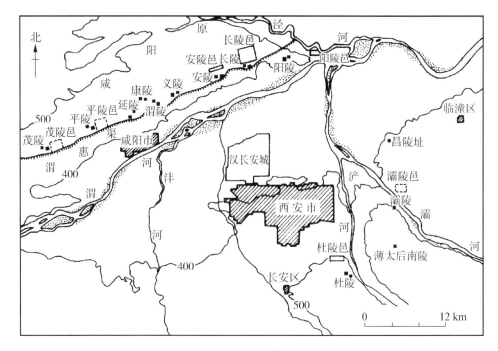

图十五　西汉十一陵分布示意图

因为文帝刘恒和惠帝刘盈为兄弟辈分，同属穆位，惠帝既已葬高祖长陵之西（右），文帝若再葬入渭北的咸阳原陵区，位置便无法安排，只好另辟茔地；同样，宣帝刘询为武帝曾孙、昭帝堂孙，与昭帝同属昭位，继位后也就不能在咸阳原上预建寿陵。无论是咸阳原陵区，还是长安城东南陵区，这些帝陵都毫无例外地位于原上靠近原边的位置。《汉书·宣帝纪》颜师古注云："诸陵皆据高敞地为之，县即在其侧。"陵墓建于原上且靠近原边，不仅地势高敞，可以居高临下，俯视群庶，充分体现皇权的威严和高大，还有出于陵墓防盗、防水诸方面的考虑。由于帝陵的葬埋比较深，有效防止地下水对玄宫的侵害就成了陵墓建设者必须首先考虑的问题。《吕氏春秋》卷十《孟冬纪·节丧》云："古之人有藏于广野深山而安者矣，非珠玉国宝之谓也，葬不可不藏也。葬浅则狐狸抇之，深则及于水泉。故凡葬必于高陵之上，以避狐狸之患、水泉之湿。"渭北的咸阳原和长安城东南的白鹿原、鸿固原，地形条件都能充分满足这些要求。

西汉时期十一个帝陵的具体位置通过历史文献和考古勘探基本上得到了学界的确认，但汉文帝霸陵由于没有封土，加之元代骆天骧《类编长安志》的错误记载，后来人们认为在白鹿原的凤凰嘴。目前经过细致的考古勘探和发掘，江村大墓就是汉文帝的霸陵。

实质上，长期以来就有学者怀疑霸陵在凤凰嘴，因为现在认为的墓地据窦皇后墓地太远，而窦皇后的墓地位置是没有问题的。据近年陕西省考古研究院正式公布的西汉阳陵、茂陵、渭陵、义陵考古勘探成果及其他见诸报道的相关勘探信息，西汉帝陵陵园应均为帝后同茔异穴，位于"大陵园"中（除平帝康陵为特殊情况）。霸陵虽"不起坟"，但窦皇后陵仍是传统的覆斗形封土，在今白鹿原东北端，可眺灞水。西汉其他帝后陵相距均不超过 900 米（最远为昭帝平陵，帝后陵相距约 850 米），且帝陵与后陵为斜向相邻模式。综合以上，推测文帝陵位置，应在距窦皇后陵不远处的台原上，并同在一个大陵园中，而非目前远离后陵且原顶狭窄、巨壑相隔的"凤凰嘴"。

据 GoogleEarth 发布的拍摄于 2004 年 5 月 19 日的一张该地卫星照片观察，此处是窦皇后陵西一处平坦台原的边缘，原西为长近 600 米的斜坡地。原顶平面呈规则的方形，颇有人工修整的迹象。而图上显示其东、北缘竟也各有一道夯墙痕迹（颜色泛浅，为因夯土而不利植物生长形成），与前述两墙构成一正方围合的空间，且边长恰为汉代一里（约 415.8 米），正是西汉帝陵陵园的尺度。且其东南西面外正中，均有与之垂直的疑似道路迹象向外延伸，当即帝陵神道。其中东神道延至后陵南侧，西神道更在整个白鹿原西部延伸，下部与一道较直的沟壑相对，直达原脚，总长达 3 800 米，此道也正是通向长安之道，故而最长。此正方空间正中，则有一方形建筑遗迹，推测其下当即帝陵墓室所在，该地面遗迹或为陵上因"不起坟"而设置的有别于其他帝陵的某种礼制建筑遗存。《西安任家坡汉陵从葬坑的发掘》一文又言窦后陵"西南里许有大型建筑基址。在园内及西坡多有鹅卵石路面、散水及西汉筒瓦、板瓦、云纹瓦当"，据其方位正与阳陵、茂陵、杜陵庙相类，推测当为霸陵陵庙。因而推断文帝霸陵就在窦皇后陵的西边。

2015 年 9 月 8 日的西安晚报披露：陕西省考古研究院的曹龙和杨武站通过多年的考古研究，认为霸陵帝陵陵址可能并非"凤凰嘴"，而是 2001 年发现的江村大墓。

根据西汉帝陵选址传统，陵园一般建于黄土台原的边部，除帝陵陵园较为高隆外，整个陵园内较为平整，高差不大。

最近，霸陵考古队队长马永赢撰文认为：近年来，经多次考古勘探、地质探测证实，"凤凰嘴"并无陵墓遗存，彻底否定了霸陵在"凤凰嘴"之说。而考古发现的江村大墓及其周边的遗迹，形成了一个较为完整的陵区，与汉文帝霸陵前后的汉高祖长陵、汉景帝阳陵、汉武帝茂陵等西汉帝陵形制要素相近，平面布局相似，整体规模相当，并有显而易见的发展演变轨迹。因此，可以确认江村大墓即为汉文帝霸陵。[①]

近年来陕西省考古研究院和西安市文物保护考古研究院在江村大墓周边做了大量的考古勘探与发掘工作，取得了重要的成果。2021 年 12 月 14 日，国家文物局在"考古中国"重大项目工作会议上公布：位于西安市白鹿原的江村大墓就是汉文帝霸陵。这一消息迅速刷屏朋友圈，登上了热搜，引起了海内外的高度关注。本次考古工作自 2017 年持续至今，江村大墓共勘探出 115 座外藏坑，呈辐射状分布在江村大墓的周围，特别引人注目的是，在外藏坑中清理出"中司空印""中司空丞""山官""仓印"等明器官印多枚，这表明江村大墓周围外藏坑应为模仿现实官署、府库建造。发现了江村大墓的"石围界"、围合江村大墓与窦皇后陵的外陵园墙，以及建筑遗址、陶窑等，发掘了江村北陶窑遗址、江村大墓外藏坑、南陵外藏坑、栗家村汉墓等，出土各类陶俑 1 000 多

---

① 马永赢：《汉文帝霸陵位置考》，《考古与文物》2022 年第 3 期。

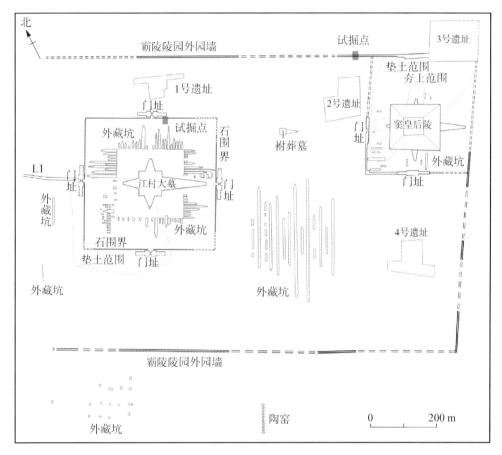

图十六　霸陵陵园文物遗迹分布图（采自《汉文帝霸陵考古调查勘探报告》,《考古与文物》2022 年第 3 期）

件，金、银、铜、铁、陶质文物 3 000 余件，取得了丰硕成果。（图十六）

　　据勘探，江村大墓周围发现外藏坑 114 座，其中 74 座基本呈放射状分布于墓室四周，即东侧 19 座，南侧 17 座，西侧 18 座，北侧 20 座；每侧外藏坑基本上相互平行，靠近墓室一端几乎位于同一条直线上。墓室东西两侧的外藏坑为东西向，南北两侧为南北向。外藏坑距地表 0.5—1.3 米不等，平面多为长条形，最长的可达 92.3、最短仅 3 米，宽 1—10.4 米，坑深 5.3—10.5 米。坑内多发现有板灰、木炭、漆皮、陶器残片等。

　　此次考古工作确定了霸陵的准确位置，解决了西汉十一陵的名位问题。霸陵上承西汉早期长陵、安陵的基本要素，下启中期阳陵、茂陵等帝陵规制，是西汉帝陵发展演变的关键环节，其双重陵园、帝陵居中、象征官署机构的外藏坑围绕帝陵布局等，均为西汉帝陵中最早出现。因此，霸陵形制布局的基本情况为西汉帝陵制度的深入研究提供了翔实的考古资料。[1] 考古资料充分证明霸陵在西汉帝陵中的地位和作用以及其对西汉后来帝陵的影响是深远的。过去提出的"阳陵模式"需要重新评估和研究。

（二）帝陵营建

西汉皇帝在位时即为自己选择陵位，营建陵墓。《汉旧仪》载前汉诸帝陵曰："天子即位明年，将作大匠营陵地。"[2]《晋书·索綝传》也云："汉天子即位一年而为陵，天下贡赋三分之，一供宗庙，一供宾客，一充山陵。"似乎西汉皇帝即位次年即为自己建造陵墓。但从历史文献的记载看，景帝作寿陵是在五年春正月，[3] 武帝作寿陵是在建元二年，[4] 宣帝作寿陵是在元康元年春，[5] 元帝作寿陵是在永光四年冬十月，[6] 成帝作寿陵是在建始二年闰正月，[7] 哀帝作寿陵是在建平二年七月，[8] 分别是在其即位后的第五年、第二年、第九年、第五年、第二年、第二年，建元后的第四年、次年、第八年、第四年、次年、次年，并非都在即位后的次年。如果说是建元后的次年更准确，但也仅武帝、成帝、哀帝三位皇帝。高祖、惠帝、文帝、昭帝、平帝寿陵起建时间未见明确记载，据《汉书·文帝纪》："赞曰：……治霸陵，皆瓦器，不得以金银铜锡为饰，因其山，不起坟。"以及《汉书·张释之传》载："从行至霸陵，上居外临厕，……使慎夫人鼓瑟，上自倚瑟而歌，意凄怆悲怀，顾谓群臣曰：'嗟乎！以北山石为椁，用纻絮斮陈漆其间，岂可动哉！'左右皆曰：'善。'释之前曰：'使其中有可欲，虽锢南山犹有隙；使其中亡可欲，虽亡石椁，又何戚焉？'文帝称善。"文

---

① 陕西省考古博物院、西安市文物保护考古研究院：《汉文帝霸陵考古调查勘探报告》，《考古与文物》2022 年第 3 期。

② 《后汉书》志第六《礼仪志下》刘昭注补引，中华书局，1964 年，第 3144 页。

③ 《汉书》卷五《景帝纪》："五年春正月，作阳陵邑。"注引张晏曰："景帝作寿陵，起邑。"第143—144 页。

④ 《汉书》卷六《武帝纪》："（建元二年）初置茂陵邑。"注引应劭曰："武帝自作陵也。"第 158 页。

⑤ 《汉书》卷八《宣帝纪》："元康元年春，以杜东原上为初陵，更名杜县为杜陵。"第 253 页。

⑥ 《汉书》卷九《元帝纪》："（永光四年冬十月）以渭城寿陵亭部原上为初陵。"第 292 页。

⑦ 《汉书》卷十《成帝纪》："（建始二年春正月）闰月，以渭城延陵亭部为初陵。"第 305 页。

⑧ 《汉书》卷十一《哀帝纪》："（建平二年）七月，以渭城西北原上永陵亭部为初陵。勿徙郡国吏，使得自安。"第 340 页。

帝即位后也为自己营建寿陵。又据《三辅黄图》载："昭帝平陵，在长安西北七十里，去茂陵十里。帝初作寿陵，令流水而已。石椁广一丈二尺，长二丈五尺，无得起坟。陵东北作庑，长三丈五步，外为小厨，裁足祠祝，万年之后，扫地而祭。"[1] 昭帝在位时也作寿陵。由此可见，西汉诸帝即位后先后为自己营建寿陵是通行的惯例，是当时国家的重大工程。

西汉皇帝和皇后合葬，属于同茔异穴。《史记·外戚世家》集解引《关中记》云："汉帝后同茔，则为合葬，不合陵也。诸陵皆如此。"所谓同茔，是指葬在同一陵园。西汉初期，皇帝陵和皇后陵位于同一个陵园内，如长陵、安陵均如此。从文帝霸陵开始，帝、后陵墓开始各自筑陵园，但两者相邻，仍属同茔。关于帝、后陵的相对位置，学界多倾向于"帝西后东"之制，即帝、后陵的相对位置，皇帝陵一般在西，皇后陵在东。但也有不同的看法，有学者认为，西汉帝后合葬，帝西后东和帝东后西者皆有之。[2] 目前，可以确定属于"帝东后西"之制的有太上皇万年陵、惠帝安陵、武帝茂陵、昭帝平陵、元帝渭陵，皇后陵均位于皇帝陵的西北方；可以确定属于"帝西后东"之制的有文帝霸陵、景帝阳陵、宣帝杜陵、哀帝义陵，皇后陵一般位于皇帝陵的东北方。[3]

西汉帝陵茔域规模宏大，包括帝陵陵园、皇后陵园、陵寝建筑、陪葬坑以及亲属功臣的陪葬墓等。帝陵的墓室称为"方中"，平面呈方形，四面居中位置各有一条墓道。其营筑方法，是从平地向下挖好墓穴，然后在墓穴中构筑成殿堂形状，其上置炭石，堆沙，覆土。方中的中心建筑是"明中"，也即通常所说的墓室，也称"玄宫"，用以放置皇帝的葬具等。西汉皇帝的葬具主要有梓宫和用柏木制作的黄肠题凑。明中之外，则放置扞漆缯绮金宝米谷及车马禽兽等随葬品。其外筑墙，设置各种防盗机关。《汉旧仪》载："天子即位明年，将作大匠营陵地，用地七顷，方中用地一顷。深十三丈，堂坛高三丈，坟高十二丈。武帝坟高二十丈，明中高一丈七尺，四周二丈，内梓棺柏黄肠题凑，以次百官藏毕。其设四通羡门，容大车六马，皆藏之内方，外陼车石。外方立，先闭剑户，户设夜龙、莫邪剑、伏弩，设伏火。已营陵，余地为西园后

① 何清谷：《三辅黄图校释》卷六《陵墓》，中华书局，2005年，第370页。
② 曾青：《关于西汉帝陵制度的几个问题》，《考古》1987年第1期。
③ 咸阳市文物考古研究所：《西汉帝陵钻探调查报告》，文物出版社，2010年，第179—180页。

陵，余地为婕妤以下，次赐亲属功臣。"《皇览》曰："汉家之葬，方中百步，已穿筑为方城。其中开四门，四通，足放六马，然后错浑杂物，扞漆缯绮金宝米谷，及埋车马虎豹禽兽。发近郡卒徒，置将军尉候，以后宫贵幸者皆守园陵。元帝葬，乃不用车马禽兽等物。"①

除文帝霸陵"因其山，不起坟"外（利用白鹿原较高的地形优势），其余西汉帝陵皆筑有高大的封土。封土皆夯筑，外观呈覆斗形，平面形状可分为两种，一种是平面呈长方形的覆斗形，封土底部和顶部平面均为长方形，当即所谓的"坊"形封土，高祖长陵、惠帝安陵和平帝康陵皆如此；一种是平面呈正方形的覆斗形，封土底部和顶部平面近方形，当即所谓的"堂"形封土，景帝阳陵及其以后帝陵封土基本如此。另外，昭帝平陵、元帝渭陵、成帝延陵、平帝康陵封土的上中部四面皆内收，形成层台状，有学者认为可能是仿造"山"形筑坟所致。②皇后陵的封土形状一般与其合葬的帝陵封土形状相同。

西汉各帝陵的封土规模有所差别，文献记载也不尽相同。上引《汉旧仪》云"坟高十二丈，武帝坟高二十丈"。《关中记》载："汉诸陵皆高十二丈，方一百二十步，惟茂陵高十四丈，方一百四十步。"③《三辅黄图》云："阳陵山，方百二十步，高十丈。"④经考古勘测，长陵底部东西153米，南北135米，陵高32米；安陵底部东西170米，南北140米，陵高25米；景帝阳陵及其后西汉诸陵底部均为方形，阳陵底部边长160米，陵高31米；茂陵底部边长230米，陵高46米；平陵底部边长160米，陵高29米；杜陵底部边长175米，陵高29米；渭陵底部边长175米，陵高25米；延陵底部边长172米，陵高31米；义陵底部边长170米，陵高30米；康陵底部东西216米，南北300米，陵高27米。⑤霸陵原来认为的遗址是有问题的，新址位于现在确认的窦皇后陵的西边，即江村大墓。可以看出，帝陵的高度和文献记载是有出入的，与历史上各个陵墓被人为和自然破坏的程度有关，也与各个皇帝当时的社会经济状况有关。（图十七）

---

① 《后汉书》志第六《礼仪志下》刘昭注补引，中华书局，1964年，第3144页。
② 刘庆柱、李毓芳：《西汉十一陵》，陕西人民出版社，1987年，第157—162页。
③ 刘庆柱：《关中记辑注》，三秦出版社，2006年，第119页。
④ 何清谷：《三辅黄图校释》卷六《陵墓》，中华书局，2005年，第367页。
⑤ 刘庆柱：《关中记辑注》，三秦出版社，2006年，第123—124页。

图十七　汉高祖长陵

西汉营建帝陵的工程量十分浩大，尽管汉文帝是一个非常节俭的皇帝，但据史书记载其陵墓的工程量还是很大的，据《汉书·文帝纪》载，文帝去世后，"郎中令张武为覆土将军，发近县卒万六千人，发内史卒万五千人，臧郭穿覆土属将军武"。《汉书·酷吏传》记载："昭帝大行时，大司农取民牛车三万辆为僦，载沙便桥下，送至方上。"

（三）陵园城垣

西汉帝、后陵园仿照汉长安都城形制，皆筑有垣墙，有内外两重。内墙垣是帝、后陵墓本身的墙垣。汉初高祖长陵和惠帝安陵的帝、后陵墓位于一个大陵园内，陵园平面呈长方形，陵园内设置陪葬坑和寝园等建筑。从文帝开始，皇帝和皇后的陵墓各自筑成一座陵园，陵园平面基本呈方形，陵墓基本位于陵园的中部，寝园位于陵园外西北或东南部。一般帝陵在西，后陵在东，所以帝陵陵园称"西园"，皇后陵园称"东园"。

长陵陵园西墙长 944 米，东墙长 943 米，南墙长 829 米，北墙长 842 米。墙基宽 9 米，个别地方如拐角处宽达 14 米。垣墙四面均开有门，东、西、北面皆发现一门，南面发现二门。东门位于东墙南部正对东部封土的位置，西门位于西墙中部正对西部封土的位置，北门位于北墙西部正对西部封土的位置。南面发现二门，分别位于南墙中、西部，西门址同北门南北正对，中门址正对东部封土。安陵陵园西墙长852米，东墙长845米，南墙长950米，北墙长932米，墙基宽6—10米。四面各辟一门，东门位于东墙中部偏北位置，南门位于南墙中部偏东，基本正对着安陵封土中部，西门位于西墙南部，北门位于北墙中部偏东，与陵园南门基本正对。文帝以后的帝陵陵园一般边长410—430米，墙基宽8—10米，陵园墙高约在10米；皇后陵陵园一般边长330米，个别较大者接近400米，墙基宽4米左右。陵园四面中部各开一门。各门皆修建门阙，西汉中晚期，帝陵陵园垣墙外还建有罘罳。《汉书·王莽传下》记载，地皇四年六月，王莽"遣使坏渭陵、延陵园门罘罳，曰：'毋使民复思也。'又以墨洿色其周垣"。[1] 所谓罘罳，置于门阙之外，颜师古云："罘罳，阙之屏也。"[2] 其形制，程大昌《雍录》云："罘罳者，镂木为之，其中疏通，可以透明，或为方空，或者连琐，其状扶疏，故曰罘罳，读如浮思。"[3]（图十八）

　　内墙垣之外，还有一道外墙。根据文献记载分析，西汉帝陵应该至少是按双重城垣设计的，现在人们一般把西汉帝陵和皇后陵周围的墙垣称为"陵园"，其实西汉帝陵陵园范围要大得多。[4] 目前钻探发现，景帝阳陵、武帝茂陵和元帝渭陵均修筑有两重垣墙。在阳陵陵区四周，有外城垣将阳陵、后陵、陪葬坑和多处建筑遗址全部包括其中。外城垣平面呈长方形，东西长约1910米，南北宽约1390米，四面各辟一门，分别与阳陵内垣东、南、西、北四门相对。[5] 在渭陵东部、距离渭陵陵园东墙800米处发现门阙一处及南北向夯土墙一道。该门阙同渭陵陵园东门阙正对，门阙的南北筑有夯墙，夯墙往北延伸，同陪葬墓园的东墙相连，长490米，往南延伸160米后消失，总长700米。这应该就是渭陵的外城垣。

---

① 《汉书》卷九十九下《王莽传下》，第4187页。

② 《汉书》卷二十七上《五行志上》，第1331页。"文帝七年六月癸酉，未央宫东阙罘罳灾。"师古曰："罘罳，阙之屏也。"

③ （宋）程大昌撰，杨恩成、康万武点校：《雍录》卷十"罘罳"，陕西师范大学出版社，1996年，第212页。

④ 刘庆柱、李毓芳：《西汉十一陵》，陕西人民出版社，1987年，第174—175页。

⑤ 焦南峰：《试论西汉帝陵的建设理念》，《考古》2007年第11期。相关数据据文中附图比例尺计算得出。

图十八　汉景帝阳陵南阙

（四）寝园和陵庙

《后汉书·祭祀志》云："古不墓祭，汉诸陵皆有园寝，承秦所为也。说者以为古宗庙前制庙，后制寝，以象人之居前有朝，后有寝也。《月令》有'先荐寝庙'，《诗》称'寝庙弈弈'，言相通也。庙以藏主，以四时祭。寝有衣冠几杖象生之具，以荐新物。秦始出寝，起于墓侧，汉因而弗改，故陵上称寝殿，起居衣服象生人之具，古寝之意也。"[①]西汉帝陵和皇后陵皆设有寝园，甚至皇帝的父母、祖父母或兄弟的墓葬，有些附近也筑有寝园，以供祭祀之用。寝园是以寝殿为中心，包括便殿的一组建筑群。建筑群周围营筑垣墙，所以称"寝园"，或简称为"园"。《汉书·韦贤传》载："又园中各有寝、便殿。日祭于寝，月祭于庙，时祭于便殿。寝，日四上食；庙，岁二十五祠；便殿，岁四祠。又月一游衣冠。而昭灵后、武哀王、昭哀后、孝文太后、孝昭太

---

① 《后汉书》志第九《祭祀志下》，第3199页。

后、卫思后、戾太子、戾后各有寝园，与诸帝合，凡三十所。一岁祠，上食二万四千四百五十五，用卫士四万五千一百二十九人，祝宰乐人万二千四十七人，养牺牲卒不在数中。"①

所谓寝殿，是寝园中的主体建筑，也是皇帝或皇后陵墓的正殿，象征着皇帝平生正殿路寝，殿堂内陈放着墓主的"神坐"供人祭祀，所以又称"神寝"。帝陵的重大礼仪祭祀活动在寝殿中举行。便殿是寝殿旁边休息和闲宴的场所。《三辅黄图》载："高园于陵上作之，既有正寝，以象平生正殿路寝也。又立便殿于寝侧，以象休息闲晏之处也。"②《汉书》颜师古注云："凡言便殿、便室、便坐者，皆非正大之处，所以就便安也。园者，于陵上作之，既有正寝以象平生正殿，又立便殿为休息闲宴之处耳。"③刘庆柱、李毓芳认为，便殿功能有四点：第一，存放皇帝或皇后生前用过的衣物，以及为皇帝和皇后举行葬仪时所用的器物。第二，进行祭祀活动。第三，寝殿举行重大祭祀活动前后，供参与者"休息闲宴"。第四，寝园中主要官员办公之地。④

《三辅黄图》云："长陵城周七里百八十步，因为殿垣，门四出，及便殿、掖庭、诸官寺，皆在中。"⑤汉武帝建元六年（前135年）四月，高园便殿发生火灾，董仲舒对曰"高园殿不当居陵旁"。⑥说明汉初高祖长陵的寝园修建于陵园之内，西汉中晚期的寝园建在陵园之外。从考古调查来看，高祖长陵和吕后陵位于一个大的陵园内，两座陵墓封土正北部320米和150米处各有一处建筑遗址，东边的遗址东西宽160米，南北长178米，钻探发现多处曲折的夯墙、红烧土块、砖瓦残块及瓦当残块等。西边的遗址东西长194—203米，南北宽156—173米，其中发现有夯墙、砖瓦残块、云纹瓦当等。遗址东西间距270—300米。这两处遗址应当就是高祖和吕后陵的寝园遗址。惠帝安陵封土北部230米处有两组遗址，陵园北门大道将其分隔开来。东边的一块遗址，东西宽130米，南北长140米，《西汉帝陵钻探调查报告》认为应当是惠帝的寝园遗址。

① 《汉书》卷七十三《韦贤传》，第3115—3116页。
② 何清谷：《三辅黄图校释》卷五《宗庙》，中华书局，2005年，第305页。
③ 《汉书》卷六《武帝纪》，第159页。
④ 刘庆柱、李毓芳：《西汉十一陵》，陕西人民出版社，1987年，第194页。
⑤ 何清谷：《三辅黄图校释》卷六《陵墓》，中华书局，2005年，第362页。
⑥ 《汉书》卷二十七上《五行志上》，第1331—1332页。

从汉景帝阳陵开始，寝园在陵区的位置有了明显变化，这时的寝殿（或寝园）移到陵园（内垣）外。从汉阳陵陵园平面布局钻探图可以看出，阳陵陵园（内垣）以南，外垣墙内有三处建筑遗址，中间的建筑遗址为罗经石遗址，位于南司马道西侧，《西汉帝陵钻探调查报告》推测可能就是景帝的寝园遗址，但同时认为寝园也有可能位于陵园的西北部。[①]无论是位于西南，还是位于西北，都已不在陵园（内垣）内。从武帝茂陵起，帝陵寝园的设置基本定型，均位于陵园后部一隅，其中咸阳原上帝陵、后陵的寝园皆位于陵园外西北部，寝园的南墙一般利用陵园的北墙，西墙基本在陵园西墙的延长线附近，东墙不超过北司马道，平面为长方形。昭帝平陵及上官皇后陵、元帝渭陵及王皇后陵、成帝延陵、哀帝义陵皆如此。平帝康陵附近目前没有发现寝园遗迹。位于长安城南的宣帝杜陵正好相反，其寝园位于杜陵陵园外东南部，孝宣王皇后陵的寝园位于其陵园外西南部。究其原因，可能与诸陵和都城长安的相对位置有关。咸阳原上诸陵的寝殿应该是面南朝向都城，寝殿在陵园的后面，即北面；杜陵和王皇后陵应该是面北朝向都城，寝殿在陵园的后面，即南面。（图十九）

《汉书·韦贤传》载："初，高祖时，令诸侯王都皆立太上皇庙。至惠帝尊高帝庙为太祖庙，景帝尊孝文庙为太宗庙，行所尝幸郡国各立太祖、太宗庙。至宣帝本始二年，复尊孝武庙为世宗庙，行所巡狩也立焉。凡祖宗庙在郡国六十八，合百六十七所。而京师自高祖下至宣帝，与太上皇、悼皇考各自居陵旁立庙，并为百七十六。"[②]《三辅黄图》云："宗，尊也；庙，貌也，所以仿佛先人尊貌也。汉立四庙，祖宗庙异处，不序昭穆。"[③]宗庙是天子、诸侯祭祀祖先的处所。按古代宗法制度，宗庙的神主以辈次排列，始祖居中，二世、四世、六世，位于始祖的左方，称昭，三世、五世、七世位于右方，称穆，用来分别宗族内部的长幼、亲疏和远近。而西汉实行的是一祖一庙，所以不排列昭穆次序。根据《汉书·韦贤传》的记载，汉初各诸侯王的国都都立有太上皇庙，高帝、文帝、武帝曾经行幸、巡狩的各相关郡国则分别立有太祖庙、太宗庙或世宗庙，迄至宣帝本始二年（前 72 年），共有 68 个郡国立有祖宗庙，合

① 咸阳市文物考古研究所：《西汉帝陵钻探调查报告》，文物出版社，2010 年，第 199 页。
② 《汉书》卷七十三《韦贤传》，第 3115 页。
③ 何清谷：《三辅黄图校释》卷五《宗庙》，中华书局，2005 年，第 303 页。

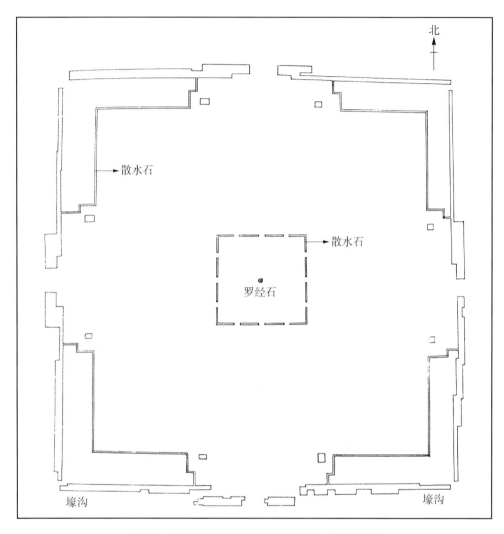

图十九　汉阳陵罗经石遗址平面图（采自《汉阳陵》）

计共 167 所。除此之外，京师自高祖以下至宣帝，包括太上皇和悼皇考，也在各自陵墓旁立庙，共 9 所。陵旁立庙成为西汉自始至终通行的一个制度。

其实，自太上皇至宣帝，其陵旁并不是都立有其庙。《三辅黄图》载："太上皇庙，在长安西北长安故城中，香室街南，冯翊府北。""高祖庙，在长安西北故城中。……孝惠更于渭北建高帝庙，谓之原庙。""惠帝庙，在高帝庙后。""文帝庙，号顾成庙。……在长安城南。""景帝庙，号德阳宫。""武帝庙，号龙渊宫，今长安西茂陵东有其处，作铜飞龙，故以冠名。""昭帝庙，号徘徊。""宣帝庙，号乐游，在杜陵西北。""元帝庙，号长寿。""成帝庙，号阳池。"又载："太上皇有寝庙园、原庙，昭灵后、武哀王、昭哀后皆有园。孝惠皇帝有寝庙园，孝文太后、孝昭太后皆有寝园，卫思后、后祖悼考皆有庙园，庙曰奉明。"[1]太上皇庙、高祖庙、惠帝庙汉初都建在汉长安城中，后来因为各种原因又在其陵旁建原庙，庙建陵旁应是从景帝开始创立的一个制度。

西汉的陵庙和宗庙一样，周围筑有垣墙，所以陵庙又称"庙园"。有的陵庙的庙园和寝、便殿的寝园合称"寝庙园"。庙园四面各辟一门，称司马门，根据门的不同方位，分别置以青龙、白虎、朱雀、玄武的空心砖和瓦当。庙园的主体建筑是"正殿"，四面与庙园四门相对处各开一门，称"庙门"或"殿门"。正殿四门也是以"四神"图案的建筑材料显示其方位。[2]汉昭帝元凤四年（前77年），"孝文庙正殿火"。[3]成帝鸿嘉三年（前18年）八月乙卯，"孝景庙北阙灾"。[4]汉哀帝元寿元年（前2年），"孝元庙殿门铜龟蛇铺首鸣"。[5]平帝元始五年（5年），"高皇帝原庙殿门灾尽"。[6]

西汉宗庙和陵庙的祭祀是非常讲究和繁复的。据《汉书·韦贤传》记载，西汉帝陵寝殿、便殿和庙承担着不同的祭祀功能，各有不同的祭礼仪式。庙岁二十五祠，晋灼注引《汉旧仪》解释为："宗庙一岁十二祠。五月尝麦。六月、七月三伏、立秋貙娄，又尝粢。八月先夕馈飨，皆一太牢，酎祭用九太牢。十月尝稻，又饮蒸，二太牢。十一月尝，十二月腊，二太牢。又每月一太牢，如闰加一祀，与此十二为二十五祠。"[7]陵庙中的祭祀活动一开始是在夜间进行，宣帝时改为清晨。其中八月的酎祭是最重要的祭祀活动，规模最大，不仅皇帝要亲自参加，诸侯王、列侯等都要侍祠，并且要贡献酎金，如所献酎金数量不足或质量低劣，王要被削县，侯要被免国。《汉书·儒林传》载：宣帝时，"会八月饮酎，行祠孝昭庙，先驱旄头剑挺堕坠，首垂泥中，刃乡乘舆车，马惊。于是召（梁丘）贺筮之，有兵谋，不吉。上还，使有司侍祠。是时霍氏外孙代郡太守任宣坐谋反诛，宣子章为公车丞，亡在渭城界中，夜玄服入庙，居郎

① 何清谷：《三辅黄图校释》卷五《宗庙》，中华书局，2005年，第303—313页。
② 刘庆柱、李毓芳：《西汉十一陵》，陕西人民出版社，1987年，第199—200页。
③ 《汉书》卷七《昭帝纪》，第230页。
④ 《汉书》卷二十七上《五行志上》，第1336页。
⑤ 《汉书》卷十一《哀帝纪》，第344页。
⑥ 《汉书》卷二十七上《五行志上》，第1338页。
⑦ 《汉书》卷七十三《韦贤传》，第3116页。

间，执戟立庙门，待上至，欲为逆。发觉，伏诛。故事，上常夜入庙，其后待明而入，自此始也。"[1]武帝元鼎五年（前 112 年）九月，"列侯坐献黄金酎祭宗庙不如法夺爵者百六人，丞相赵周下狱死"。[2]如淳注引《汉旧仪》云："诸侯王岁以户口酎黄金于汉庙，皇帝临受献金，金少不如斤两，色恶，王削县，侯免国。"《西京杂记》载："汉制：宗庙八月饮酎，用九酝太牢，皇帝侍祠，以正月旦作酒，八月成，名曰酎，一曰九酝，一曰醇酎。"[3]

除了例行陵庙祭祀外，文武大臣碰到重要事情，也要参谒陵庙。始元六年（前 81 年），苏武从匈奴回到长安，"诏武奉一太牢谒武帝园庙"。[4]

（五）陪葬坑和陪葬墓

西汉诸陵多设有陪葬坑，尤以西汉前期和中期为盛。从大的空间来看，帝陵的陪葬坑可分为陵墓外独立的陪葬坑区、围绕陵墓及封土的陪葬坑和陵墓内的陪葬坑三类，陵墓外独立的陪葬坑区象征着西汉拱卫宫城的苑囿、卫戍部队等，围绕陵墓及封土的陪葬坑象征着宫观百官等机构，陵墓内的陪葬坑象征着宫内侍从及其衙署仪卫等设施。帝陵中的这些陪葬坑，或即文献记载中的"外藏椁"。[5]外藏椁这一名称首先在《汉书·霍光传》里出现，史载霍光死后，"上及皇太后亲临光丧。太中大夫任宣与侍御史五人持节护丧事。中二千石治莫府冢上。赐金钱、缯絮，绣被百领，衣五十箧，璧珠玑玉衣，梓宫、便房、黄肠题凑各一具，枞木外藏椁十五具。东园温明，比如乘舆制度。载光尸柩以辒辌车，黄屋左纛，发材官轻车北军五校士军陈至茂陵，以送其葬。谥曰宣成侯。发三河卒穿覆土，起冢祠堂，置园邑三百家，长丞奉守如旧法"。服虔注"外藏椁"云："在正藏外，婢妾藏也。或曰厨厩之属也。"[6]也就是说，"外藏"是与"正藏"相对而言的，"正藏"即皇帝陵墓的"玄宫"所在，则"外藏"应在"玄宫"之外。

---

① 《汉书》卷八十八《儒林传》之《梁丘贺传》，第 3600 页。
② 《汉书》卷六《武帝纪》，第 187 页。
③ （晋）葛洪撰，周天游校注：《西京杂记》卷一"八月饮酎"，三秦出版社，2006 年，第 7 页。
④ 《汉书》卷五十三《苏建传》，第 2467 页。
⑤ 刘庆柱、李毓芳：《西汉十一陵》，陕西人民出版社，1987 年，第 204 页。
⑥ 《汉书》卷六十八《霍光传》，第 2948—2949 页。

西汉帝陵陪葬坑中的陪葬品有实用物和明器两种，类型繁多，有车马坑、兵马俑坑、珍禽异兽坑、家畜家禽坑、粮食坑、钱物坑、乐器坑等。武帝时，曾有人"盗发孝文园瘗钱"，如淳注曰："瘗，埋也，埋钱于园陵以送死也。"[①] 元帝即位，贡禹为谏大夫，曾极力批评当时社会上的奢侈浪费，指出："及（武帝）弃天下，昭帝幼弱，霍光专事，不知礼正，妄多臧金钱财物，鸟兽鱼鳖牛马虎豹生禽，凡百九十物，尽瘗臧之，又皆以后宫女置于园陵，大失礼，逆天心，又未必称武帝意也。昭帝晏驾，光复行之。至孝宣皇帝时，陛下恶有所言，群臣也随故事，甚可痛也！"[②] 直到元帝竟宁元年（前33年）五月元帝去世后，"有司言：'乘舆车、牛马、禽兽皆非礼，不宜以葬。'奏可"。[③] 帝陵的陪葬品才有所减少。

除帝陵有陪葬坑外，皇后陵及帝陵陪葬墓也有陪葬坑，只是陪葬坑的数量和规模要小得多，而且陪葬坑的建筑结构也有明显的不同，从已发掘的西汉帝陵和其陪葬墓的陪葬坑来看，杜陵两座陪葬坑构筑成木室，而陪葬墓的陪葬坑大多为砖坑或土坑，甚至皇后陵的陪葬坑也是如此。[④]

西汉帝陵除康陵外，其余均有陪葬墓。陪葬墓大多分布在帝陵以东，也有少量的在帝陵以北。分布在帝陵以东的陪葬墓位于东司马道南北两侧，其中尤以南侧的陪葬墓数量较多。汉景帝阳陵陪葬墓园区位于阳陵陵区东部，司马道南北两侧，西起帝陵东侧约1 100米处，东到马家湾乡米家崖村塬边。司马道西起帝陵陵园东阙门，向东直通阳陵邑，道宽110米，东西长3 500米，墓区东西长2 350米，南北宽1 500米。整个陪葬区东西各有一条大型壕沟为界，区内又可分为数量众多的陪葬墓园，四周均有壕沟环绕。现已探明陪葬墓园16排130余座，东西成排，南北成列，呈棋盘状分布，共有大、中、小型陪葬墓5 000余个。从已发掘的280座陪葬墓看，早期墓位于司马道两侧，墓主都是诸侯、公主以上的皇亲国戚。中晚期墓位于早期墓南北两侧，墓主级别较低。这一发现在西汉十一座帝陵的考古研究中是首次进行的，具有重要的研究价值。（图二十）

西汉帝陵陪葬墓的这种布局颇似皇帝朝见时文武百官分列左右的朝仪，应该是仿照京师长安和皇宫而筑。汉长安城的未央宫以东门为正门，皇帝举行朝

①　《汉书》卷五十九《张安世传》，第2643—2644页。
②　《汉书》卷七十二《贡禹传》，第3070—3071页。
③　《汉书》卷十《成帝纪》，第302页。
④　刘庆柱、李毓芳：《西汉十一陵》，陕西人民出版社，1987年，第204页。

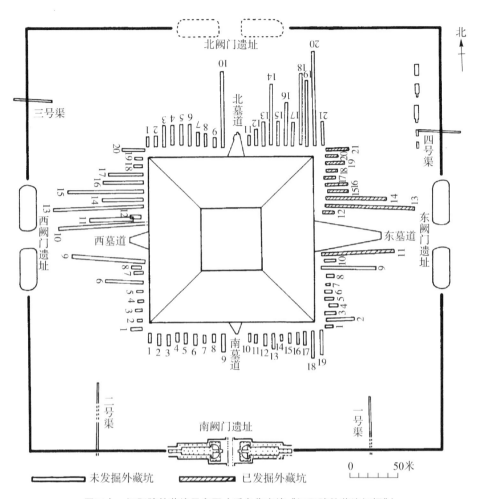

图二十　汉阳陵从葬坑示意图（采自焦南峰《汉阳陵从葬坑初探》）

仪，百官要候于殿门之外，文武分列两边。但因为诸帝陵所在地形条件不同，其陪葬墓的排列也随之有所变化。长陵陵园处在一个突出靠前的原边，陵园外东部面积狭小，往东不远就进入杨家湾内，杨家湾位于原下，二者高差较大，无法在东司马道的南、北两侧安排陪葬墓，因此长陵的陪葬墓基本位于杨家湾北部的台原上，距离长陵东司马道有相当的距离，相对于长陵来说，处于长陵的东北部、长陵邑的东部。如果按照相对于司马道的位置，长陵陪葬墓则基本处在长陵东司马道的北部，南部基本没有。安陵的地形条件和长陵相似，安陵陵园也位于一块突出靠前的台原边，其东部紧邻深沟，因此其陪葬墓也基本位于东司马道北部的原上。从景帝阳陵开始，陪葬墓基本上是以东司马道为中心南北排列，阳陵、茂陵、平陵、杜陵、渭陵皆如此，延陵则因为其东面紧邻秦惠文王公陵陵区，所以其陪葬墓多位于西面和南面。义陵陪葬墓南部、东部皆有，分布已经趋于分散，表明西汉后期帝陵陪葬区域的限制已经比较松弛，葬地的选择更趋于灵活，同时也反映出西汉后期股肱勋臣的稀少。

西汉时能够入葬诸帝陵陪葬茔域的均属统治集团内的上层人物，有的是开国元勋、有功之臣，有的是皇亲国戚、妃嫔宫人。在西汉早中期，陪葬帝陵的多为开国功臣、文武重臣及皇室成员，到西汉晚期，陪葬帝陵的则多为宠臣、外戚等，这与西汉时期的政治局势有关系。如陪葬长陵的有萧何、曹参、周勃、周亚夫、王陵、张耳、纪信、戚夫人、田氏（田蚡、田胜等）及平原君，此外还有一些豪门巨室，如孝宣王皇后的王氏家族等；陪葬安陵的有鲁元公主、陈平、张苍、袁盎、扬雄等；陪葬霸陵的有孝武陈皇后、窦太主、董偃等；陪葬阳陵的有栗姬、李蔡及苏建家族等；陪葬茂陵的有卫青、平阳公主、霍去病、金日磾、霍光、董仲舒、公孙弘、李延年、上官安、上官桀、敬夫人，以及京兆尹曹氏等；陪葬平陵的有窦婴、夏侯胜、朱云、张禹、韦贤等；陪葬杜陵的有张安世、丙吉、中山哀王刘竟和金安上等；陪葬渭陵的有王凤、王莽妻子、冯奉世等；陪葬延陵的有成帝后妃许皇后、赵皇后、班婕好和马婕好；陪葬义陵的有董贤等。这些陪葬墓地大多为皇帝所赐。如汉成帝在鸿嘉二年营建昌陵时，"赐丞相、御史、将军、列侯、公主、中二千石冢地、第宅"。[1]而一般的豪富之家或社会名流则通过买卖交易取得帝陵陪葬区内墓地，如汉平帝时大侠原涉，"初，武帝时，京兆尹曹氏葬茂陵，民谓其道为京兆仟。涉慕之，乃买地开道，立表署曰南阳仟"。[2]这些帝陵陪葬墓地都有一定的范围，其后人常常祔葬其旁，从而成为其家族的永久墓地。最著名的是韦贤以昭帝时徙平陵，其子玄成别徙杜陵，玄成临死前因使者自白曰："不胜父子恩，愿乞骸骨，归葬父墓。"得到元帝允许。[3]我们目前能够看到的西汉帝陵陪葬墓园内一般有一座或两座比较大的墓葬封土，其周边有的还分布有大量中小型墓葬封土，宛如一个个大小金字塔。这其中有一部分应该就是其家族成员的墓葬，并不都是帝陵的陪葬墓。（图二十一）

---

① 《汉书》卷十《成帝纪》，第317页。
② 《汉书》卷九十二《游侠传》，第3716页。
③ 《汉书》卷七十三《韦贤传》，第3115页。

图二十一　　汉宣帝杜陵周边陪葬墓

　　西汉帝陵中陪葬墓的封土形状受当时帝、后陵封土形状影响比较大，可分为长方覆斗形、覆斗形、圆丘形、山形等。长方覆斗形的封土底面和顶面均为长方形，多出现于西汉早期，尤其是长陵陪葬墓中这种长方覆斗形的封土很多。陪葬墓中采用这种封土形制的多属于夫妻合葬墓，通常在封土南面伸出两条墓道，二者共用一座封土。覆斗形的封土底面和顶面皆为方形，是西汉陪葬墓封土的主要形式，阳陵及其以后陪葬墓的封土基本都采用这种形制。西汉中晚期，圆丘形封土开始流行，渭陵、延陵、义陵的陪葬墓中有相当一部分是这种形状。圆丘形封土一般要低于覆斗形封土，规模也较小。刘庆柱、李毓芳推测圆丘形封土的大多数已非原貌，其中大部分原为覆斗形，[①]但为什么圆丘形封土集中出现在西汉中晚期尚难以解释。除此而外，西汉帝陵陪葬墓中也有个别封土筑成山形，如卫青墓和霍去病墓。据《汉书》记载，卫青去世后，"与（平阳）主合葬，起冢象庐山"，霍去病去世后，"上悼之，发属国玄甲，军阵

---

　　① 刘庆柱、李毓芳：《西汉十一陵》，陕西人民出版社，1987 年，第 214 页。

自长安至茂陵，为冢象祁连山"。^①这两座山形封土墓是为了纪念他们在对匈奴战争中的卓越贡献而特意修建的。

西汉时期对墓葬封土的大小有较为严格的规定。《周礼·春官·冢人》郑玄注引《汉律》云："列侯坟高四丈，关内侯以下至庶人各有差。"刘庆柱认为诸侯王墓的封土高约20米。^②据《汉书·朱云传》记载，朱云死后"遗言以身服敛，棺周于身，土周于椁，为丈五坟，葬平陵东郭外"，^③则当时一般官吏的坟丘高度至少不低于"丈五"，按1汉尺合今27.65厘米计算，^④应在4—5米之间。如果坟高逾制，有时会被平毁，有的要受刑罚，即使皇亲也不例外。景帝时，武原侯卫不害"坐葬过律，国除"。^⑤哀帝把其祖母孝元傅昭仪作为皇后合葬于渭陵，王莽当政后以"冢高与元帝山齐"为由，将其平毁。^⑥陪葬墓封土规模的大小不仅反映墓主人身份地位的高低，在陪葬墓的排列布局中也有体现，封土比较高大的陪葬墓一般距离帝陵东司马门较近，反之较远。如长陵陪葬墓中，萧何、曹参地位最高，其墓离长陵东司马门最近，登上长陵陵园东司马门，首先看到的就是萧何、曹参二冢。安陵陪葬者中，地位都在鲁元公主之下，因此鲁元公主墓是西距安陵最近的陪葬墓。茂陵陪葬墓中，可以确指名位者如卫青、霍去病、平阳公主等墓葬，都在茂陵东司马道南北两侧的陪葬墓之首。

根据目前的勘察和发掘资料，大致可知西汉帝陵有如下特点：

其一，西汉诸帝陵设计规划时是按照都城长安的布局进行的，是"事死如事生"丧葬礼俗文化制度的具体体现。均有高大的封土和庞大的地宫，高大的封土均为夯筑而成。封土平面方形，多为覆斗状，个别陵呈二层台式。陵顶无"享堂"类建筑遗址。（图二十二）

其二，帝陵、后陵大多为"亞"字形，坐西面东，有东、南、西、北四条墓道，以东墓道为主道。到西汉末年，帝陵开始由东西向变为南北向，汉平帝康陵就是南北向。东汉时期的帝陵全为南北向。

其三，帝、后实行"同茔异穴"的合葬制度，帝陵居中，后陵多在其东北。帝陵较大，后陵略小。

①　《汉书》卷五十五《卫青霍去病传》，第2489—2490页。
②　刘庆柱、李毓芳：《西汉十一陵》，陕西人民出版社，1987年，第216页。
③　《汉书》卷六十七《朱云传》，第2916页。
④　吴承洛：《中国度量衡史》，上海书店，1984年，第65页。
⑤　《史记》卷十八《高祖功臣侯者年表》，第938页。
⑥　《汉书》卷九十七下《外戚传下》，第4003页。

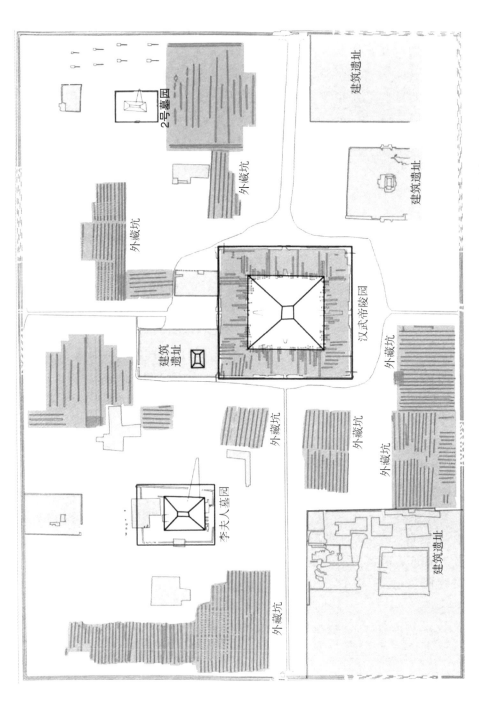

图二十二　汉武帝茂陵陵园平面布局图（采自《汉武帝茂陵·考古调查勘探报告》）

　　其四，西汉前期长陵、安陵，帝、后陵位于同一个陵园，一般为长方形，面积较大。霸陵、阳陵以后，帝后各置陵园，间距一般在450—700米之间。平面方形，帝陵陵园边长约400米，后陵陵园边长约350米。陵园四周筑以夯墙，每面垣墙中央各辟一门。阳陵等帝陵四门为三出阙式，杜陵四门为两出台式。

　　其五，帝陵、后陵陵园的封土与垣墙之间有大量的从葬坑，帝、后陵园的外围也分布有数量不等的从葬坑。汉景帝阳陵在封土的周围有86个陪葬坑，汉武帝茂陵在封土周围有150个陪葬坑，这些陪葬坑内容形形色色，象征着其生前在汉长安城的官僚机构。（图二十三）

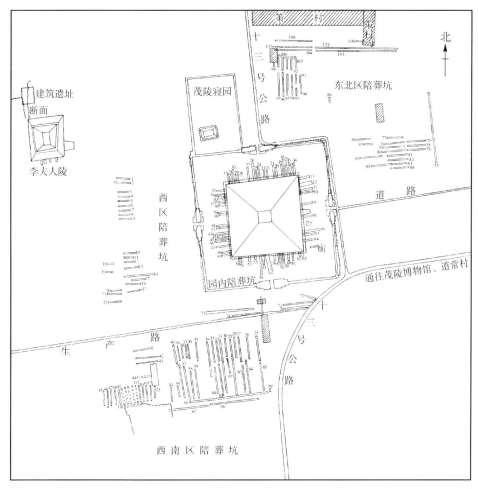

图二十三　茂陵陵园平面图（采自《汉武帝茂陵·考古调查勘探报告》）

其六，陵区内均有陵庙、寝殿、便殿等礼制建筑，寝殿和便殿一般在陵园内或陵园附近。这些建筑都是为了进行祭祀活动而造的，当时在陵园内有非常复杂的祭祀活动和仪式。

其七，西汉早中期诸帝陵均置陵邑，是为了加强中央集权，以消除关东地区富豪贵族盘根错节的情况，也是为了扶持都城经济的发展。陵邑的人口很多，相当于长安城的卫星城。陵邑一般分布在帝陵的东侧或北侧。汉元帝时罢置陵邑，此后再无出现陵邑。

其八，陪葬墓在历史上虽然出现很早，而规模之大首推西汉。西汉诸陵陪葬墓一般分为两个区，多数在陵东司马道的南北两侧，东西成排，南北成列，其间有壕沟分隔。个别身份特殊的居帝陵的北侧和南侧。陪葬墓根据级别或其他原因，墓冢外形分覆斗形、馒头形和山形。馒头形较多，覆斗形次之，山形最少。陪葬墓周围或有壕沟环绕，墓园平面多为正方形，少数为长方形，墓园内有各种建筑遗迹，如园邑或寝便殿等，大型的陪葬墓周围也有数量不等的附葬墓和陪葬坑。大多数的汉陵附近都应有大片的修陵人墓地，阳陵的修陵人墓地位于帝陵西北约 1 500 米处，其间有垣墙或壕沟隔断。茂陵的修陵人墓地位于茂陵陵区的西端，从勘探情况来看，可以埋葬 20 000 余个体。

其九，从过去公布的考古资料看，从汉景帝阳陵开始，汉代帝陵陵墓制度发生了比较大的变化，出现了"阳陵模式"的观点，[①]对汉代帝陵制度的形成产生了比较大的影响。从目前汉文帝霸陵的考古勘探情况来看，西汉时期不少的帝陵制度开创于西汉霸陵，对阳陵模式需要重新研究。

总之，与商周时期的"集中公墓制"相比，西汉帝陵继承了秦始皇陵的布局结构而又有所发展，出现了"陵园独立化、陵园规模化、设施复杂化、功能完善化"的重大变革，这种确立和完善过程中的"独立陵园制"奠定了此后中国近两千年专制社会帝王陵园制度的基础。

---

① 王建新:《"阳陵模式"与西汉帝陵制度》，载《古代文明》第 5 卷，文物出版社，2006 年。

七
东汉帝陵制度研究

  东汉的帝陵研究成果相对于西汉帝陵要少，特别是帝陵的地望一直存在争议，其陵墓制度也有待深入研究之处。本书从文献与新的考古资料入手，对东汉时期帝陵的位置以及陵寝制度进行研究，同时与西汉帝陵制度进行对比，找出两者的同与异，并分析其原因。

  古代陵墓和古代都城是中国古代文明重要的物质载体，代表着阴阳之间两位一体，是中国古代文明的具体体现。正是古代"事死如事生"的礼制，承载了中国古人的价值观和人生观，因此二者有一定的共通之处。

  大体来看，1949 年以来对东汉帝陵的研究，可以分为两个时期，第一个时期为 1949—2003 年，是东汉帝陵研究的探索期，研究成果不多，这一时期对东汉帝陵的研究以文献为主，而实际考查较少，主要是对帝陵地望的研究。第二个时期为 2003 年至今，是东汉帝陵研究的高潮期，成果最多。随着国家对文化遗产保护工作的重视，东汉帝陵的研究被提上议事日程，2003 年国家文物局考古项目"邙山陵墓群考古调查与勘测"和国家文物局研究课题"两汉帝陵研究"同时启动，以洛阳考古研究院和郑州大学历史学院为代表的两大学术机构集中大量的人力、物力、财力对东汉帝陵展开了全面的考古勘探和研究工作，在东汉帝陵的陵区范围、陵冢分布、陵冢形制、陵园、陪葬墓等各方面的研究均取得了较多突破性进展，东汉帝陵的一些基本情况已得到确认。特别是2007 年，白草坡东汉帝陵陵园的发现，填补了东汉帝陵陵园考古的空白，使东汉时期帝陵地望的研究取得了明显的进展。

（一）有关东汉帝陵的文献记载

  关于东汉帝陵的文献记载较少，为后人研究带来较大困难。

  光武帝刘秀是东汉的开国皇帝，其陵墓的记载相对较多。《后汉书》记载：

光武帝"崩于南宫前殿，年六十二。遗诏曰，'朕无益百姓，皆如汉文皇帝制度，务从约省'"。[1]明确要求按照西汉文帝霸陵的薄葬制度。《东观汉记》也记载："始营陵地于临平亭南。诏曰：无为山陵，陂池裁令流水而已。……又曰：临平望平阴。河水洋洋，舟船泛泛，善矣。……光武原陵，山方三百二十三步，高六丈六尺，垣四出，司马门寝殿钟虡皆在周垣内，堤封田十二顷五十七亩八十五步。"《帝王世纪》云：原陵"在临平亭之南，西望平阴，东南去洛阳十五里"。《东汉会要》云：建武"二十六年（50年），光武初作寿陵。制：地不过二三顷，无为山陵陂池，裁令流水而已"。[2]从以上记载可以看出，作为开国之君的光武帝，要求寿陵从简，无为山陵，这应该是受到西汉文帝霸陵的影响。尽管如此，光武帝原陵在东汉帝陵中仍是规模宏大的。

传统观点认为，原陵在孟津老城西八里，黄河南岸的白鹤乡铁谢村，俗称"刘秀坟"。地处东汉洛阳城外西北陵区内，陵前有清乾隆五十六年（1791年）河南府知府张松孙书、孟津县知县杨名聚勒石的《东汉中兴世祖光武皇帝之陵碑》。陵冢高20米，占地约20亩，整个陵园占地70余亩。《孟津县志》记载："陵园里有古柏三千余株，为唐人所植。"现仍古柏参天，根深叶茂。陵园西侧有光武祠，仅残留数间琉璃瓦寝殿。祠前甬道两旁原有28株巨柏，被当作光武中兴的28员宿将。祠前有许多碑、碣，时代最早者为北宋开宝六年的《大宋新修后汉光武皇帝祠碑》，记载了宋初重修光武帝祠之事。

实质上我们现在看到的原陵已经不是最初明帝为光武帝修建的原陵了，而是宋代开宝六年（973年）重新整修的光武陵。在祠殿左右两侧，还分别竖立着元、明、清、民国时期的四通石碑，记载着重修祠庙和原陵沿革的历史。可见至少在北宋初年，这里便被认为是光武帝刘秀的原陵了。但是，宋代不只是把光武帝原陵的位置搞错了，西汉霸陵等帝陵的位置也搞错了。

明帝显节陵，《东观汉记》记载：（永平十八年）八月，"帝崩于东宫前殿，在位十八年，时年四十八，谥曰孝明皇帝，葬显节陵"。明帝"遗诏无起寝庙，藏主于光烈皇后更衣别室。帝初作寿陵，制令流水而已，石椁广一丈二尺，长二丈五尺，无得起坟。万年之后，埽地而祭，杅水脯糒而已。过百日，唯四时设奠，置吏卒数人供给洒埽，勿开修道。敢有所兴作者，以擅议宗庙法从

---

① 《后汉书》卷一下《光武帝纪》，中华书局，1965年，第85页。
② 《东汉会要》卷七《礼七·凶礼》，中华书局，1955年，第71页。

事。"注中引《东观记》曰："陵东北作庑，长三丈，五步出外为小厨，财足祠祀。"①明帝显节陵，"山方三百步，高八丈，无周垣，为行马四出，司马门、石殿、钟虡在行马内，寝殿园省在东，园寺吏舍在殿北，堤封田七十四顷五亩"。《帝王世纪》曰："故富寿亭也，西去洛阳三十七里。"②"永平十四年，明帝作寿陵，制令流水而已。置吏卒数人，供给洒扫，毋开修道，敢有所兴作者，以擅议宗庙法从事。"③东汉明帝刘庄是光武帝刘秀的第四子，初封东海公，后立为太子，即皇帝位。在位期间尊奉建武制度，不封后宫之家。为维护边境安宁，多次遣兵出击匈奴，后设置西域都护府。他崇好儒佛，在洛阳建了白马寺。汉明帝显节陵位于河南省洛阳市邙山以南，俗称"大汉冢"。后世皇帝曾为明帝显节陵修建石殿等。明帝死后，起祇园在陵上。陵上可能置有佛教建筑。由此可想而知。当年的陵园建筑是相当宏伟壮观的。根据历史资料，显节陵的地宫也极为奢丽。史书记载，地宫用虚文画着日、月、鸟、龟、龙、虎、连璧、偃月等。显节陵曾经被盗。现在陵前留有清人龚松林所立的"汉明帝显节陵"石碑一通。明帝时，为把公卿百官和地方官员团结在皇帝周围，巩固东汉的统治，将每年元旦公卿百官会集祝贺皇帝的礼仪和八月举行的"酎祭"一并搬到陵园中。为了适应陵园中举行祭祀的需要，陵寝建筑也增添了新内容，开始在陵前建筑祭殿，还在陵旁悬挂大钟，以便祭祀时鸣钟。章帝敬陵，"山方三百步，高六丈二尺，无周垣，为行马四出，司马门石殿钟虡在行马内，寝殿园省在东，园寺吏舍在殿北，堤封田二十五顷五十五亩"。《帝王世纪》曰："在洛阳东南，去洛阳三十九里。"④《后汉书·孝和帝纪》注引《古今注》亦云："陵周三百步，高六丈二尺。"

和帝慎陵，"山方三百八十步，高十丈，无周垣，为行马四出，司马门石殿钟虡在行马内，寝殿园省在东，园寺吏舍在殿北，堤封田三十一顷二十亩二百步"。《帝王世纪》曰："在洛阳四十一里。"⑤《后汉书·孝殇帝纪》注云："在洛阳东南三十里。"清乾隆十年洛阳知县龚城林《重修洛阳县志》"山川"条，将邙山大汉冢、二汉冢、三汉冢分别考定为显节陵、敬陵和慎陵，并树立

① 《后汉书》卷二《显宗孝明帝纪》，第123—124页。
② 《东汉会要》卷七《礼七·凶礼》，第71页。
③ 《东汉会要》卷七《杂录》，第72页。
④ 《东汉会要》卷七《礼七·凶礼》，第71页。
⑤ 《东汉会要》卷七《礼七·凶礼》，第71页。

墓碑。他以今隋唐故城内的金老城为基点定方位，所以张冠李戴。章帝在位期间注重民事，减轻赋税徭役。并且诏郡国举行明经，使儒学日盛。敬陵是章帝和章德皇后的合葬墓。陵冢高大宏伟。今天陵冢历经两千多年的风雨剥蚀，仍然不减当年风采。陵前有清人龚松林所立的"汉章帝敬陵"石碑一通。陵冢周围没有发现砖瓦遗物。说明当时可能没有寝庙建筑，与史料记载相符。和帝慎陵，在洛阳市西北的邙山上，和敬陵相邻，俗称"三汉冢"。慎陵是和帝和皇后邓熹的合葬墓，其建筑规模比敬陵更为高大壮观。

殇帝康陵，"山周二百八步，高五丈五尺，行马四出，司马门寝殿钟虡在行马中，因寝殿为庙，园寺吏舍在殿北，堤封田十二顷十九亩二百五十步。《帝王世纪》曰，去洛阳四十八里"。①

安帝恭陵，"山周二百六十步，高十五丈，无周垣，为行马四出，司马门石殿钟虡在行马内，寝殿园寺吏舍在殿北，堤封田一十四顷五十六亩。《帝王世纪》曰：高十二丈，在洛阳西北，去洛阳十五里"。②恭陵在东汉洛阳城西北邙山陵区内，即今"大汉冢"。

顺帝宪陵，"山方三百步，高八丈四尺，无周垣，为行马四出，司马门石殿钟虡在司马门内，寝殿园省寺吏舍在殿东，堤封田十八顷十九亩三十步。《帝王世纪》曰：在洛阳西北，去洛阳十五里"。③

冲帝怀陵，"山方百八十三步，高四丈六尺，为寝殿行马四出，门园寺吏舍在殿东，堤封田五顷八十亩。《帝王世纪》曰：西北去洛阳十五里"。④

质帝静陵，"山方百三十六步，高五丈五尺。为行马四出，门寝殿钟虡在行马中，园寺吏舍在殿北，堤封田十二顷五十四亩，因寝为庙。《帝王世纪》曰：在洛阳东，去洛阳三十二里"。⑤

桓帝宣陵，"《帝王世纪》曰：山方三百步，高十二丈，在洛阳东南，去洛阳三十里"。⑥

灵帝文陵，"《帝王世纪》曰：山方三百步，高十二丈，在洛阳西北，去洛

---

① 《东汉会要》卷七《礼七·凶礼》，第71页。
② 《东汉会要》卷七《礼七·凶礼》，第71页。
③ 《东汉会要》卷七《礼七·凶礼》，第71页。
④ 《东汉会要》卷七《礼七·凶礼》，第71页。
⑤ 《东汉会要》卷七《礼七·凶礼》，第71—72页。
⑥ 《东汉会要》卷七《礼七·凶礼》，第72页。

阳二十里"。① 《后汉书·孝灵帝纪》注云："在洛阳西北二十里，陵高十二丈，周回三百步。"②

关于汉献帝禅陵，《帝王世纪》记载："不起坟，深五丈，前堂方一丈八尺，后堂方一丈五尺，角广六尺。""在河内山阳之浊城，南去洛阳三百一十里。"③ 但是，《三国志·魏书·明帝纪》注引《献帝传》说："今追谥山阳公曰孝献皇帝，册赠玺绶。命司徒、司空持节吊察护丧，光禄、大鸿胪为副，将作大匠、覆土将军营成陵墓，及置百官群吏，车旗服章丧葬礼仪一如汉氏故事。丧葬所供群官之费，皆仰大司农。立其后嗣为山阳公，以通三统，永为魏宾。""八月壬申，以汉天子礼仪葬于禅陵，置园邑令丞。"④ 后者文献明确指出禅陵有封土，而且根据调查现在位于修武县古汉村南的禅陵保存有圆形的封土。

从以上文献记载来看，东汉时期帝陵的陵寝建筑布局和西汉时期比较有了一定的变化，韩国河将其分为三种形式。除光武帝原陵及桓帝宣陵、灵帝文陵外，其余的陵园建筑的组合方位可以分成三组：第一组有明帝显节陵、章帝敬陵、和帝慎陵、安帝恭陵，无周垣，为行马，四出司马门，石殿、钟虡在行马内，寝殿、园省在东，园寺吏舍在殿北（安帝恭陵，无"寝殿、园省在东"的记载）；第二组是殇帝康陵、质帝静陵，寝殿、钟虡在行马中，因寝殿为庙，园寺吏舍在殿北；第三组有顺帝宪陵，石殿、钟虡在司马门内，寝殿、园寺吏舍在殿东。冲帝怀陵，为寝殿行马，四出门，园寺吏舍在殿东。⑤

根据目前考古调查及钻探的结果，东汉的陵寝建筑位于封土的东侧或南侧。理由有四：一是在调查当中发现北兆域二汉冢的东部地表有大量的河卵石存在，应该是散水的用料；二是大汉冢的东部崖面断层上有碎石层和大面积的夯土存在；三是白马寺清理的东汉墓园建筑也在坟丘的东部；四是2004年夏天钻探的高崖大冢M1在其东部发现了夯土建筑遗迹，表明这里应当是陵园的陵寝建制及园寺吏舍。⑥

---

① 《东汉会要》卷七《礼七·凶礼》，第72页。
② 《后汉书》卷八《孝灵帝纪》，第358页。
③ 《东汉会要》卷七《礼七·凶礼》，第72页。
④ 《后汉书》卷九《孝献帝纪》，第391页。
⑤ 韩国河：《东汉帝陵有关问题的探讨》，《考古与文物》2007年第5期。
⑥ 韩国河：《东汉帝陵有关问题的探讨》，《考古与文物》2007年第5期。

（二）东汉帝陵的地望

根据文献记载，东汉有 14 位皇帝，分别是世祖光武皇帝刘秀（25—57 年在位）、显宗孝明皇帝刘庄（57—75 年在位）、肃宗孝章皇帝刘炟（75—88 年在位）、穆宗孝和皇帝刘肇（88—105 年在位）、孝殇皇帝刘隆（105—106 年在位）、恭宗孝安皇帝刘祜（106—125 年在位）、北乡侯刘懿（125 年在位）、敬宗孝顺皇帝刘保（125—144 年在位）、孝冲皇帝刘炳（144—145 年在位）、孝质皇帝刘缵（145—146 年在位）、威宗孝桓皇帝刘志（146—167 年在位）、孝灵皇帝刘宏（168—189 年在位）、弘农怀王刘辩（189 年在位）、孝献皇帝刘协（189—220 年在位）。上述 14 个皇帝中，其中献帝的禅陵位于河南焦作修武县、不在洛阳之外，北乡侯刘懿早夭陵墓不详，少帝刘辩被董卓所废未建陵，其余 11 座帝陵都在洛阳附近。

目前关于东汉帝陵的地望，主要是依靠传世文献资料和考古调查发掘资料。但是保留至今的关于东汉帝陵的文献非常有限，比较可靠的早期文献主要有《后汉书》《东观汉记》《续汉书》《后汉纪》等。这些文献中关于东汉时期帝陵的陵园建设、陵寝制度、祭祀礼仪、陪葬制度等内容相对较多，而关于帝陵确切地望的内容则较为简略，主要集中在《后汉书》李贤注所引《帝王世纪》，以及《续汉书·礼仪志》刘昭补注所引《古今注》之中。这几部书成书于东汉或距东汉不远，其内容真实可信，是我们认识东汉帝陵地望的基础材料。

由于历史的久远和文献的散佚，东汉帝陵的地望渐渐远离了人们的记忆。魏晋南北朝时期，由于距东汉王朝灭亡的时间不远，有不少的诗赋都提到了邙山的汉陵，最著名的是张载的《七哀诗》和张协的《登北邙山赋》。可以看出当时的人们对邙山东汉帝陵的位置以及毁废状况还是比较熟悉的。从唐代李贤为《后汉书》作注来看，唐人对东汉帝陵还有相当的了解。然而唐代以后，东汉帝陵渐渐不为人们所知。宋元时期一些关于东汉帝陵地望的文献已经出现了明显错误，原来属于洛南陵区的帝陵被归到了北邙山上。也就是在这一时期，光武帝的原陵被锁定在远离邙山而又邻近黄河岸边的铁谢村的"刘秀坟"。明清以后，东汉帝陵的确切方位已经完全模糊，从清代开始人们做了一些有益的探索。1744 年，洛阳知县龚崧林勘察了洛阳附近的古代墓冢，确定了 21 座陵墓的位置，自捐俸禄在陵前立碑，划定了陵域范围，饬令地方加以保护。龚氏立碑的依据主要是旧的地方史志，同时还寻访了当地遗老。但是地方史志的错误本来就很多，龚崧林也没有认真进行考证，因此以讹传讹在所难免，继续将原属于洛阳南陵区的明帝显节陵、章帝敬陵、和帝慎陵、质帝静陵和桓帝宣陵等陵墓定位在北邙山地区。

20世纪80年代初，文物与考古工作者采用文献与实地考察结合的方法，对东汉帝陵进行了不同程度的研究与实际勘察，同时把利用文献的范围扩大到了出土墓志、石刻材料，从而为东汉帝陵地望问题的研究开创了一个新的局面。然而由于考古勘探与发掘范围有限，利用考古学的理论方法有限，研究成果并不多。

文献中记载汉洛阳城西北15—20里的北邙山有东汉五陵，包括光武帝原陵、安帝恭陵、顺帝宪陵、冲帝怀陵和灵帝文陵；汉洛阳城东南30—48里有六陵，包括明帝显节陵、章帝敬陵、和帝慎陵、殇帝康陵、质帝静陵和桓帝宣陵。据此洛阳东汉帝陵可分为邙山、洛阳东南两大陵区。但是记载很笼统，难以找到每个帝王陵墓的具体所在。可以看出，东汉帝陵在地望上的分布与西汉时期十一座帝陵的分布情况有相似之处。西汉时期的帝陵也是分布在汉长安城的西北与东南。

据《后汉书》等文献的记载，东汉帝陵的西侧、北侧有后妃的陵墓，还有相当数量的其他陪葬墓。说明陵区内至少包含了帝陵、后妃陵、陪葬墓三种类型的墓冢，是一个完整的体系。既然陵区内存在着不同类型的墓冢，在古代等级社会的特殊环境中，势必会存在着规模和布局方面的差异。

文献记载的北邙山东汉帝陵大小规模组合与现实中的帝陵级别的大冢有一致性。说明它们之间可能存在着某种对应关系。存在对应关系的两个数字的数值接近，且整体误差也接近。大汉冢和原陵差1米，玉冢和恭陵差1米，二汉冢和宪陵差21米，三汉冢和怀陵差14米，刘家井大冢和文陵差25米。玉冢和刘家井大冢现存封土有明显被破坏的迹象，所以它们的直径数值略小，误差可能就略大。综合起来，两组数字的误差都在20米上下，是一个大约相等的范围。这种现象绝不是巧合。造成这个现象的，是自然损耗还是其他什么原因，目前尚不清楚。但是误差大致相等进一步证明了它们之间可能存在着对应关系。

洛阳市文物考古研究院经过十余年的努力，开展了一系列针对洛阳东汉帝陵的考古勘探工作，涵盖了封土墓冢的普查、帝陵陵园的钻探和发掘，从而发现东汉帝陵的陵墓为圆形封土，甲字形墓葬，只有一条单一的南向墓道。除封土和墓葬外，陵园还包括"石殿""钟虡""寝殿""园省""园寺吏舍"五个大的陵寝建筑单元。这一发现，填补了中国古代陵寝制度史上的重要缺环，与西汉时期的帝陵制度相比发生了重要的变化。

　　通过考古工作者的勘探，整个邙山东汉陵区的内部结构可以划分不同的功能区：陵区西部墓冢稀疏，存在着孤立的大型墓冢，它们与东汉帝陵关系密切。独立大冢北侧、西侧的零星小冢是后妃的墓冢；陵区东部墓冢密集，墓葬封土规模小，应是陪葬墓群，属于集中陪葬区。从整体看，邙山东汉陵区由中部帝陵区、东部陪葬墓区以及西部、西北后妃墓区三部分组成。考古工作者认为帝陵区内那些独立大冢是东汉时期最高级别的墓葬，使用了"甲字形方坑明券"的墓葬形制。（图二十四）

　　考古工作者经过勘探发现，大汉冢、二汉冢、刘家井大冢、朱仓大冢和朱仓升子冢，这 5 座墓葬形制为特大型长斜坡墓道"甲"字形明券砖石墓，是北邙山地区最大的东汉墓葬，应为东汉的帝陵墓葬；三汉冢墓葬形制为明券双横

图二十四　东汉北陵区帝陵位置分布与推定图（采自钱国祥《东汉洛阳帝陵的布局与归属辨析》，《中原文物》2019 年第 1 期）

室墓，墓葬规格虽低于前面 5 座，但也在帝陵区内显赫位置，即大汉冢和二汉冢向南延伸的轴线上，推测也是一座减制帝陵。朱仓升子冢，虽然墓室形制是帝陵级别，但墓冢规模较小，且与朱仓大冢距离较近，系两座陵墓安排在同一座陵园之内，做法较为特殊。这一现象有学者结合记载做了合理解释。其根据是《后汉书·李固传》记载："时冲帝将北卜山陵，固乃议曰：'今处处寇贼，军兴用费加倍，新创宪陵，赋发非一。帝尚幼小，可起陵于先陵茔内。'"[1] 表明是将年龄幼小的冲帝陵墓（怀陵），修建在了其父皇顺帝宪陵的茔域内。冲帝怀陵作为减制帝陵安排在宪陵陵园中，符合文献记载和冲帝即位时间较短的状况。据此，基本判定朱仓大冢和朱仓升子冢分别是顺帝宪陵和冲帝怀陵。如此，剩下的大汉冢和二汉冢则应该分别就是原陵和恭陵了。[2]（图二十五）

图二十五　朱仓 M722 陵园遗址 1 号台基西阶道遗址（采自《洛阳孟津朱仓东汉帝陵陵园遗址》，《文物》2011 年第 9 期）

---

① 《后汉书》卷六十三《李杜列传》，第 2083 页。
② 严辉、张鸿亮、卢青峰：《洛阳孟津朱仓帝陵陵园遗址相关问题的思考》，《文物》2011 年第 9 期。

之所以认为大汉冢是光武帝原陵，是结合了文献记载的封土直径和实际调查的数据，以及大汉冢东侧晚期墓葬中出土的汉代残石碑。首先，将光武帝陵称为"刘秀坟"的叫法就不正规，坟的称呼是针对一般老百姓的，皇帝陵不可能被称为"坟"。而大汉冢的称呼，则符合对东汉王朝开国皇帝陵的叫法。按照光武帝的生前要求，其陵墓要和汉文帝霸陵一样不起封土，但《古今注》和《帝王世纪》记载原陵"山方三百二十三步"，按晋尺计折合为149.98米，大汉冢直径实测为156米，与之基本相符。原陵（大汉冢）封土当为其儿子明帝所起，是为了满足大型墓祭活动和"上陵礼"的需要。首先，明帝期间"上陵礼"成为很重要的政治活动，原陵若无封土，在礼仪中不能唤起参与者心理上的尊崇感，也无从彰显光武帝的功业。现实政治的需要迫使明帝在这方面增加了原陵的建制，同时折中调和，将封土外形改为级别较低的圆丘形，以合乎坟丘"不欲其著明"的古义。其次，原陵为东汉的祖陵，构建宏大的陵园和陵冢是必须的，陵区内唯有大汉冢能与之匹配。在大汉冢封土附近发现了规模宏大的建筑基址和建筑遗址群，还采集到了一些重要的汉代碑刻，上面有"汉室中兴"字样，这些证据表明大汉冢极有可能就是光武帝原陵。

韩国河认为：至于孟津铁谢村黄河南岸的"刘秀坟"为什么不是光武帝"原陵"的理由有五：第一，铁谢村距汉魏故城的里数远远超过了《帝王世纪》记述的十五里。第二，原陵在"临平亭之南"，临平亭应在邙山原的送庄乡一带。第三，《三国志·魏书》里记载朱超石曾经游历邙原，见光武坟上杏树所结杏甚是美味。第四，铁谢村的自然地理环境，因为海拔较低，不符合帝王择陵的条件。第五，北魏太和十八年，"（帝）行幸河阴，规建方泽之所"。宋代将此处的"方泽坛"开始误认为"刘秀坟"。[①]

刘家井村巨冢应为文陵。这不但有张载《七哀诗》提供旁证，更重要的是1984年5月文物普查时，在刘家井村刘文斌家中发现纪年"黄肠石"，也可能为"塞石"两块，是最有说服力的证据。邙山三十里铺洛孟公路两侧的刘家井村西北，有一椭圆形大墓，1942年国民党第十五军挖防空工事，墓顶塌陷成凹坑。龚裕林曾考定为"汉桓帝宣陵"。近年又有人考定为"光武帝原陵"。文物普查中，李南可在该冢顶部的低凹处拣到玉衣残片一块，长3厘米，宽2.4厘米，厚0.3厘米。在农民家发现的两块黄肠石，四面凿磨比较平整，石质为

---

① 韩国河：《东汉帝陵有关问题的探讨》，《考古与文物》2007年第5期。

青白色的石灰岩，无论从质地、颜色，还是凿工之精，是以往在汉陵区内所仅见的。除有编号外，一块在上角铭刻一较大的"索"字，中偏右又铭刻二行："第百五十一，广三尺一，厚二尺一，长尺八寸，建宁五年（172年）二月省橼陈宫主。"石长79、宽71、厚35.6厘米。另一块偏中刻铭两行："熹平六年（177年）二月，省橼邵慎主，第一百三十，广三尺，厚尺五寸，长三尺三寸。"石长71.5厘米，宽47.5厘米，厚44.5厘米。"建宁""熹平"皆为灵帝年号。"省橼"是中兴省属官。如淳曰：中兴省"主罪"。《汉书音义》曰："正曰橼，副曰属。"陈宫和邵慎为中兴省属官，是负责监管修筑陵墓刑徒的官员。书体为隶书，字迹系信手刊刻而成，与东汉刑徒墓砖一样，当出自服苦役的刑徒之手。又，灵帝死于中平六年（189年），塞石上的"建宁五年"和"熹平六年"，说明灵帝生前已将陵墓建成，并且从两个年号相距五年来看，陵墓的规模亦堪称"弥历时岁，力役既广"了。据《后汉书·皇后纪》说，何皇后"合葬文昭陵"，王美人追尊"为灵怀皇后，改葬文昭陵"。文昭陵即文陵。汉制，帝后合葬同茔不同陵。"文陵东北约500米处，洛孟一路西100米，残存一周长127米、高约4米的墓冢。该冢东南洛孟二路东约150米，还有一墓冢。这两个墓冢当分别是何皇后和王皇后的陵冢"。[1]《后汉书·董卓列传》云："及何后葬，开文陵。卓悉取藏中珍物。"献帝初平元年，董卓"又使吕布发诸帝陵，及王公以下墓冢，收其珍宝"。玉衣残片和"黄肠石"或者说"塞石"的出土，也说明文陵早已被盗掘。据《续汉书·礼仪志》记载，东汉时有将木椁改为石椁者。其石多为红褐色砂岩（也有的为石灰岩），用以砌造椁室，故称"黄肠石"。邙山东汉陵因遭吕布浩劫，加之民国年间的盗掘，出土黄肠石甚多。

目前学术界倾向于大汉冢为光武帝原陵，玉冢为安帝恭陵，二汉冢为顺帝宪陵，三汉冢为冲帝怀陵，刘家井大冢为灵帝文陵。这一观点更多地考虑和顾及了前人根据文献考证推演出来的成果。特别是二汉冢为顺帝宪陵、三汉冢为冲帝怀陵沿用旧说，只是调整光武原陵和安帝恭陵的位置。刘家井大冢是灵帝文陵，朱仓M722与M707是顺帝宪陵和冲帝怀陵的可能性非常大。三汉冢可能是某位少帝的陵寝。二汉冢就是安帝的恭陵，就目前的勘探情况看，二汉冢陵园遗址在所有邙山东汉陵墓中规模较为庞大、结构组成完整、遗址保存完好。

东汉帝陵南陵区位于当时洛阳城南面伊河南岸万安山北麓的台地上，在堰

---

① 李南可：《从东汉"建宁""熹平"两块黄肠石看灵帝文陵》，《中原文物》1985年第3期。

师市李村镇、庞村镇、寇店镇、高龙镇、大口乡、顾县镇及其附近地区。陵区地处万安山北麓，南依万安山，北临伊洛河，约占地 200 余平方公里。核心区域包括寇店村、李家村、沙沟、杨裴屯、经周寨、经周、宁村、东干村、郭家岭、姬家桥、新村、白草坡、军屯、武村、九贤村、辛庄、西庞村等 30 余个村庄，面积近 50 平方公里。这里位于万安山北麓的高坡上，地势高亢开阔，大小墓冢密集。中、东部的寇店村、李家村、东干村、郭家岭、新村、白草坡一带墓冢数量相对较少，存在着一些独立的属帝陵级别的大型墓冢。西部的西庞村、九贤村、辛庄、陈家窑一带墓冢数量众多，封土规模略小，可能是后妃陪葬墓，即文献记载的西陵和北陵。① 这里依山傍水，自然环境好，文献记载有明帝显节陵等六座帝陵。2006—2010 年在庞村镇白草坡村东北，配合基本建设工程发现了一处重要的帝陵陵园遗址。发现大型夷平墓冢 1 座，封土平面为圆形，直径 125 米。墓冢东北有一处外围构筑夯土垣墙的陵寝建筑遗址群，南北长 380 米，东西宽 330 米。该墓冢与陵寝建筑遗址的位置关系、形制结构，都与邙山已知东汉帝陵相似，表明应是一处带有大型陵寝建筑的帝陵遗址。② 2008 年考古工作者对东汉帝陵南陵区进行全面调查勘探，发现东汉墓冢 164 座，现存有封土的 41 座，可分为帝陵核心区、西侧陪葬墓区、东南陪葬墓区、东北陪葬墓区几部分。在帝陵核心区勘探发现特大型封土墓 7 座，加上之前发现的白草坡大墓，共计 8 座特大型墓葬，分别为：白草坡村东北 M1030，封土直径 125 米；白草坡村南 M1038，封土直径 130 米；李家村东 M1048，封土直径 185 米；姬家桥新村南 M1052，封土直径 140 米；郭家岭村西南 M1054，封土直径 150 米；西干村西 M1055，封土直径 100 米；寇店村东 M1071，封土直径 130 米；宁村北 M1079，封土直径 100 米。上述墓葬封土直径均超过 100 米，其中 M1030、M1038、M1048、M1052、M1054，不仅封土规模均超过 125 米，而且墓道也都较宽，均达到 9—10 米，为南兆域陵区最大的墓葬，应属于帝陵级别。另有 M1055、M1071、M1079，较上述墓冢级别略低，但也远高于一般封土墓，也应属于帝陵或后陵级别的墓冢。另在帝陵核心区东北方向，即白草坡东汉帝陵陵园遗址东北 2.5 公里、高龙镇阎楼村

①　洛阳市第二文物工作队、偃师市文物管理委员会：《偃师白草坡东汉帝陵陵园遗址》，《文物》2007 年第 10 期。

②　洛阳市第二文物工作队、偃师市文物管理委员会：《偃师白草坡东汉帝陵陵园遗址》，《文物》2007 年第 10 期。

西 0.5 公里处，发现一座帝陵陪葬墓园遗址。①陵园南北长 455 米，东西宽 340 米，外围有围合环沟，内有 7 座大中型封土墓，封土直径一般 28—65 米，皆属于大中型墓葬，其中的 M1108 封土直径达 68 米，陵园内东南部还发现大范围的建筑遗迹。该墓园北部另有数座大中型墓冢，M1129 封土直径也达 68 米。这些墓冢规模虽然不大，但布置较为紧凑，当也是一处规制和身份均较为特殊的帝陵与陪葬墓群。

洛阳城南东汉帝陵区呈西北至东南一条直线排列，显示出其特殊地位，它们分别距离东汉洛阳城北宫主殿约 12.4、14.3、15.3、16、17.9 公里，应具有一定的排序和继承关系。根据记载罗列的南兆域六座帝陵与东汉洛阳城的距离，其中最近的两座帝陵是桓帝宣陵和质帝静陵，分别在洛阳城东南 30 里和 32 里。如此，实地距东汉洛阳城最近的白草坡 M1030 最有可能是桓帝宣陵，桓帝虽然承继的是质帝皇位，但其辈分长于质帝，故其陵墓较质帝静陵更靠近西侧的南兆域主陵显节陵，合乎情理。据记载质帝静陵仅比宣陵远 2 里，即 32 里，但实地考察 M1030 南面最近的 M1038 与其相距也达 1 900 米，大大超过汉代 4 里，M1038 显然不可能是静陵。另据记载，宣陵在洛阳东南 30 里，静陵在洛阳东面 32 里，二者方位似有区别，故应考虑在宣陵东面寻找静陵。根据《古今注》对东汉帝陵墓冢的记载，一般皇帝墓冢直径都在 300 步左右，即合今约 130 米；但也有一些特殊帝陵规模略小，如即位不足一年的质帝静陵墓冢仅 136 步，合今约 65—70 米。考虑到质帝是以旁系身份继承冲帝的帝位，故其陵园改到南兆域重新选择墓地，其即位时间又比较短，符合其陵墓规模较小的状况。据此推测，在帝陵核心区东北陪葬墓区发现的封土直径 68 米的大型墓葬 M1108 或 M1129，或许与静陵有关。其位于宣陵的东面，距离北宫主殿也约 12.4 公里，符合记载的方位、距离和山陵规模。

静陵和宣陵推测定位之后，南兆域剩余的 4 座帝陵就只有明帝、章帝、和帝、殇帝了。这四位皇帝均为子承父位的直系嫡亲继承关系，而且是最早在南陵区建造陵墓的 4 座帝陵，据记载分别距洛阳城为 37 里、39 里、41 里和 48 里，显然应具有较为明显的排位继承和有序间隔关系。根据上述间隔距离，南兆域在位置排序上呈西北到东南一条直线的 M1038、M1052、M1054、M1079

① 洛阳市第二文物工作队、偃师市文物管理委员会：《偃师闫楼东汉陪葬墓园》，《文物》2007 年第 10 期。

四座特大型墓葬，最有可能分别是明帝显节陵、章帝敬陵、和帝慎陵、殇帝康陵的墓冢，4 座墓冢间距分别为 980 米、800 米、1 900 米，和记载中的 4 座帝陵的间隔距离较为接近。但也如有些学者所做的分析，这一排序仍无法解释康陵在慎陵的"庚位"（西）埋葬的记载。①

上述四座帝陵西侧还有三座大型陵墓，即 M1048、M1055、M1071，规模大小不一，且均位于主要帝陵西侧，极有可能是那些追尊皇后或皇太后身份的皇帝生母的后陵或太后陵。这些后陵地位极为特殊，其中的 M1048 封土规模甚至超过帝陵，这都是需要以后进一步考察和探讨的问题。②

由于没有明确的文献和墓葬出土文字，尽管专家们对洛阳城周边的东汉帝陵地望进行了认真的讨论，提出了不少有价值的意见，但仍然不能完全确定东汉十一座帝陵的具体地望和所对应的皇帝。不过随着考古发掘工作的不断深入，这一问题的解决时间越来越近了。

（三）东汉帝陵选址原因探讨

西汉时期皇帝的墓葬区分为西北与东南两个区域，东汉时期的帝陵布局也显示出这个特征，有一定的继承性，尽管西汉时期南区皇帝陵地望与皇帝的主观要求因素密切相关。地形上的特点均为依山傍水。

根据史书记载，光武帝刘秀为汉高帝九世孙（前 6—57 年）；明帝刘庄是光武帝的第四子（28—75 年）；章帝刘炟是明帝的第五子（58—88 年）；和帝刘肇是章帝的第四子（79—105 年）；殇帝刘隆是和帝子（105—106 年）；安帝刘祜为章帝孙（94—125 年）；少帝刘懿，是在阎显支持下，被迎立为帝，但即位二百余日就因病去世；顺帝刘保是安帝子（115—144 年），冲帝刘炳是顺帝子（143—145 年）；质帝刘缵是章帝的玄孙（38—146 年）；桓帝刘志是章帝的曾孙（132—167 年）；灵帝刘宏是章帝的玄孙（156—189 年）；少帝刘辩为灵帝子（176—190 年，在位一年，未建陵）；献帝刘协为灵帝子（181—234 年）。从世系上看，汉明帝不从光武帝葬北邙山之上，另在洛阳城东南建造陵园为新的陵寝，章帝、和帝、殇帝作为直系嫡亲聚葬在一起符合情理。安帝辈

---

① 韩国河：《东汉帝陵踏查记》，《考古与文物》2005 年第 3 期。
② 钱国祥：《东汉洛阳帝陵的布局与归属辨析》，《中原文物》2019 年第 1 期。

分同于殇帝，为章帝之孙，自然不能从属于殇帝聚葬，故重新在邙山原上另辟葬地，其后嫡系传承的顺帝、冲帝跟随聚葬。从质帝开始，由于他是章帝的玄孙，桓帝是章帝的曾孙，灵帝为章帝的玄孙，无论入葬于前两个集中的大陵区中的哪一个都于情理有碍，故各选陵地安葬。

古代人对墓葬选址是非常重视的，秦汉时期也是如此，当时称为"堪舆"。作为当时最高统治者的帝王陵更是如此。洛阳的北邙山是一个风水宝地，故有"生在苏杭，死葬北邙"之说，倘若死后能长眠于此，那么子孙万代都将因此而受益。特别是它对面就是黄河，更是符合了风水学说的思想：背山面河，以开阔通变之地形，象征其襟怀博达，驾驭万物之志。也正因如此，但凡在中原建都的皇帝都想在死后入住北邙，以福荫后人，江山永固。同样的，洛阳东南东汉帝陵区也是依山傍水，自然环境很好，符合风水学的要求。

关于东汉帝陵南北陵区的形成原因，梁云认为：两兆域沿用时期帝陵的选址，一般遵循了"旁近祖考"和"同辈不共兆域"的原则，表现出对嫡系血统的重视，以及宗法观念的加强。[①] 从目前的资料来看是成立的。但是我们也要看到，其陵区选址在洛阳城的西北与东南方位，应该是对西汉时期帝陵两个陵区的继承。

（四）东汉帝陵的陵寝制度

东汉时期是豪强地主势力大发展的时代，西汉时期的各项社会政治制度随着豪强地主政权的巩固和发展，开始固定和完备起来。作为礼仪制度重要组成部分的皇帝陵寝制度也是如此。为了适应大土地所有制和豪强庄园经济发展的需要，进行了新的变革。其表现之一，是上陵礼的形成和确定。杨宽认为，明帝对陵寝制度的改革，扩大寝的建筑而举行上陵朝拜祭祀之礼，就是把原来豪强大族上墓、祭祀祠堂的办法加以扩大而搬到陵园中来，豪强大族上墓、祭祀祠堂是用作团结大族成员的一种手段。东汉政权创立的由皇帝率领公卿百官以及各郡上计吏的上陵朝拜祭祀典礼，就是为了把代表豪强大族势力的公卿百官和各郡官吏团结在东汉皇帝的周围，用来作为巩固统治的一种手段。[②]《后汉

---

① 梁云、汪天风：《论东汉帝陵南北兆域的形成》，《中原文物》2020 年第 2 期。
② 杨宽：《中国古代陵寝制度史研究》，上海人民出版社，2003 年，第 42 页。

书·礼仪志》记载："西都旧有上陵。"也就是说，西汉时期每年正月在朝廷举行公卿百官向皇帝朝贺的仪式，同时各郡到京师"上计"的官吏，当面向皇帝汇报。东汉永平元年以后，朝贺和"上计"仪式都由朝廷改在陵寝举行。官吏向"寝"中的"神座"汇报，让已故先帝的神灵获知。《后汉书·明帝纪》引《汉官仪》指出："天子以正月上原陵，公卿百官及诸侯王、郡园计吏皆当轩下，占其郡国谷价，四方改易，欲先帝魂魄闻之也。"① 与此同时，原来在宗庙举行的"酎祭"之礼也移到陵寝中举行，八月饮酎，上陵，礼亦如之。酎祭的礼仪程序同正月上陵礼相同，诸侯、列侯各以封邑的居民人数比率贡金，以至九真、交趾、日南等邻国使臣也参加在陵寝举行的酎祭，贡纳犀角、象牙、翡翠等珍奇异物。

关于上陵礼的仪式，在《后汉书·礼仪志》中有详细记载："东都之仪，百官、四姓亲家妇女、公主、诸王大夫、外国朝者侍子、郡国计吏会陵。昼漏上水，大鸿胪设九宾，随立寝殿前，钟鸣，谒者治礼引客，群臣就位如仪。乘舆自东厢下，太常导出，西向拜。（止）〔折〕旋升阼阶，拜神座。退坐东厢，西向。侍中、尚书、陛者皆神坐后。公卿群臣谒神坐，太官上食，太常乐奏食举，舞《文始》《五行》之舞。乐阕，群臣受赐食毕，郡国上计吏以次前，当神轩占其郡〔国〕谷价，民所疾苦，欲神知其动静。孝子事亲尽礼，敬爱之心也。周徧如礼。最后亲陵，遣计吏，赐之带佩。"② 到了东汉末年，上陵仪式更加隆重，熹平元年（172 年）正月，灵帝率诸侯王、公、外戚家妇女、郡国计吏以及匈奴单于、西域三十六国侍子浩浩荡荡上原陵朝拜祭祀。礼祭程序包括：首先，"大鸿胪设九宾，随立寝殿前"。九宾之礼，是汉代最为隆重的礼节，由来已久，诸家注解不一。刘昭注引薛综直接理解为参礼人群排序："九宾谓王、侯、公、卿、二千石、六百石下及郎、吏、匈奴侍子，凡九等。"《汉书·叔孙通传》："大行设九宾，胪句传。韦昭注云：大行掌宾客之礼，今之鸿胪也。九宾则《周礼》九仪也，谓公、侯、伯、子、男、孤、卿、大夫、士也。"③ 而王先谦补注认为只是九位礼宾人员："宾，谓传摈之宾。九宾，摈者九人，掌胪句传也。"阎步克认为朝礼与官阶是相辅相成的，仪式性场面具有展

① 《后汉书》卷二《显宗孝明帝》，第 99 页。
② 《后汉书》志第四《礼仪上》，第 3103 页。
③ 《汉书》卷四十三《郦陆朱刘叔孙传》，中华书局，1962 年，第 2128 页。

示身份与权力的意义，即官贵们在礼仪活动中的位置是一种重要的等级手段，并与官阶相为表里、相辅相成。①依此推论，薛综的解释可能更符合当时情形，参礼人员依照官阶高低排列，分等依次拜陵。安排参礼者依九宾之礼，排列在寝殿前，接着鸣钟虡之备，上陵之礼正式开始。"谒者"为礼仪活动第一阶段的主持人，如礼引导上陵者各就各位。群臣礼定，皇帝的乘舆再由太常引导从东厢出来，乘舆面向西而拜，其后皇帝下乘舆从左边的阶梯登上寝殿，向寝殿中先祖神坐行拜礼，礼毕，退回东厢，面向西坐（帝陵神主居西故），其次群臣百僚拜神坐。汉时神主以木为之，原本放置于宗庙之中，后来由于不起庙之风兴盛，帝王之主多置于别室中。《汉旧仪》记载："高帝崩三日，小敛室中牖下。作栗木主，长八寸，前方后圆，围一尺，置牖中，望外，内张绵絮以郭外，以皓木大如指，长三尺，四枚，缠以皓皮四方置牖中，主居其中央。七日大敛棺，以黍饭羊舌祭之牖中。已葬，收主。为木函，藏庙太室中西墙壁埳中，望内，外不出室堂之上。坐为五时衣、冠、履、几、杖、竹笼。为俑人，无头，坐起如生时。皇后主长七寸，围九寸，在皇帝主右旁。高皇帝主长九寸。上林给栗木，长安祠庙作神主，东园秘器作梓棺，素木长丈三尺，崇广四尺。"②皇帝拜过神主后，复回东厢面西而坐，群臣当立于南北两侧。只是，侍中、尚书、陛者显示出不同，在随同皇帝乘舆祭拜后，这数十位官员登阶侍立于神坐后。

那么，如何理解三者与其他百官站位的区别呢？首先，侍中、尚书、陛者侍立神坐后，与其近侍皇帝的官职有关。侍中在汉代为上起列侯、下至郎中的加官，应劭注云："入侍天子，故曰侍中。"③因身居君侧常备顾问应对，地位渐趋贵重，秩比二千石。尚书在东汉时已由西汉的单纯传递宫中文书，发展为核心辅政机构，所谓"虽置三公，事归台阁"，各曹尚书地位尤重，秩千石而列"三独坐"。陛者，则是指执兵列于陛侧的警卫人员。可见，这三类官员均是职位较高的中朝官，侍立神坐后近身侍奉，有对先帝行孝之意。另外，此三类官员在某种程度上还可视为先帝"故客"。《汉书·严助传》曰："郡举贤良，对策百余人，武帝善助对，繇是独擢助为中大夫。后得朱买臣、吾丘寿王、司马

---

① 阎步克：《中国古代官阶制度引论》，北京大学出版社，2010 年，第 201 页。

② 《后汉书》志第六《礼仪下》，第 3148 页。

③ 《汉书》卷十九上《百官公卿表》，第 739 页。

相如、主父偃、徐乐、严安、东方朔、枚皋、胶仓、终军、严葱奇等，并在左右。是时征伐四夷，开置边郡，军旅数发，内改制度，朝廷多事，娄举贤良文学之士。公孙弘起徒步，数年至丞相，开东阁，延贤人与谋议，朝觐奏事，因言国家便宜。上令助等与大臣辩论，中外相应以义理之文，大臣数诎。"师古注曰："中，谓天子之宾客，若严助之辈也。外，谓公卿大夫也。"①中朝官原属天子宾客，这里也可理解为先帝"故客"。

从皇帝到群臣百僚依次祭拜先帝神主结束后，上陵之礼开始进入第二阶段。太常上食，奏食举乐，舞《文始》《五行》之舞。汉帝陵祭祀，上食必举乐，"王者饮食，必道须四时五味，故有食举之乐，所以顺天地，养神明，求福应也"。②蔡邕将汉代乐舞分为四大类："一曰《大予乐》，典郊庙、上陵、殿诸食举之乐。……二曰《周颂雅乐》，典辟雍、飨射、六宗、社稷之乐。三曰《黄门鼓吹》，天子所以宴乐群臣……，其短箫、铙歌，军乐也。"③第一类"大予乐"是指用于郊庙、上陵等祭祀礼仪，那么具体是哪些曲目呢？《宋书·乐志》记录东汉章帝时"上陵食举乐"所见歌目有八：《重来》《上陵》《鹿鸣》《六麒麟》《承元气》《思齐皇姚》《竭肃雍》《涉叱根》。上食毕，表演乐舞《文始》《五行》，《文始》为持羽而舞的文舞，《五行》是手持干戚，衣着分别为五行之色的武舞，历两汉宗庙、陵寝祭祀，为通用乐舞。观舞毕，百官赐食，依照汉代贵族饮食习惯，最高层统治者一日四餐，贵族一日三餐，普通民众一日两餐，其时或已近午。最后，各郡国前来京都上计的官吏按照顺序依次上前，向神坐报告其郡国的粮食价格、百姓疾苦，以期让先帝神魂闻之。关于明帝以后上陵之礼改革的这一项新内容，顾炎武批评道："特士庶人之孝，而史传之以为盛节。故陵之崇，庙之杀也；礼之滨，敬之衰也。蔡邕以为天子事亡如存之意，礼有烦而不可省者，殆曲为之说也。"④他指出由于东汉推行上陵之礼使陵寝地位抬高，同时把"士庶人之孝"作为"盛节"，即把社会上已经流行的"墓祭"搬到陵寝上作为重大典礼，造成了宗庙祭祀的衰落。

上陵礼在西汉中后期便已出现，汉武帝"罢黜百家，表彰六经"后，儒家大力鼓吹"三年之丧"的孝道观，对丧葬文化极为重视，开始于墓旁建祠堂，

　　①《汉书》卷六十四上《严硃吾丘主父徐严终王贾传》，第 2775—2776 页。
　　②《后汉书》志第一《律历上》，第 3015 页。
　　③《后汉书》志第五《礼仪中》，第 3131 页。
　　④（清）顾炎武著，（清）黄汝成集释：《日知录集释》，上海古籍出版社，2009 年，第 867 页。

不少祠堂为石制建筑、前置石阙、室壁雕刻画像。从目前的考古资料来看，这种做法以东汉中后期为盛。因此，这二者之间时代前后、流俗成风的次序有所叠加，依社会流行文化的传布规律，反而更可能是民间"上墓"较多地受到皇家上陵礼的影响。现在我们每年清明节还有到祖先坟墓上上坟，应该就是上陵礼的延续。此外，前来参礼的郡国计吏，多为郡国掾、史等，官位低卑。明帝以后计吏拜陵更多的意义，或在于对这部分计吏自身的影响，让他们了解其他郡国民生状况，同时建立可能的官际交游圈，还可以展现自身才华，以待皇帝另眼相看。如和帝永元十四年（102 年）"初复郡国上计补郎官"。[①]偶尔有上计吏获得留京任命的机会，仕途实现由郡国至中央的飞跃。明帝永平十七年开上陵之礼改革，实际上是合并西汉上陵故事、元会仪、饮酎礼及部分宗庙祭祀而来，在祭祖敬孝之外，由于郡国计吏的加入产生了更多社会民生的意义，成为明帝以后帝陵祭祀最为宏大的典礼活动。从此，陵寝的祭祀地位超越了宗庙的祭祀地位，宗庙的地位不断削弱，帝陵地位逐渐上升，从《古今注》记载东汉帝陵来看，东汉帝陵均有寝殿（石殿）、钟虡，就是为适应上陵之礼而修建的。也是"事死如事生"礼仪在陵墓制度上的具体体现。

上陵礼的确立适应了统治者统治需要，因而对东汉及其以后的历代陵寝制度影响很大。魏至西晋虽然由于整个陵寝制度的衰落而中断上陵礼。但东晋又恢复谒陵礼仪。唐宋时期，在陵园建造献殿和下宫，把上陵朝拜祭祀典礼和日常供奉起居区别开来，更加突出上陵祭祀礼仪的重要性。明代对陵寝制度作了重大改革，但在上陵礼制方面却有增无已，十分讲究上陵朝拜祭祀的排场，并以此作为推崇皇权和巩固统治的一种手段。

东汉的陵寝建筑群主要由陵冢、寝殿、便殿、石殿、钟虡、园省、墓阙等组成。陵冢作为陵园内主体建筑之一，位于陵园的正中，因高大若山，东汉称山或山陵。陵冢的形制仍是"积土成山"，为圆形。寝殿多位于陵园的东部。如明帝显陵、章帝敬陵、和帝慎陵、顺帝献陵、冲帝怀陵的寝殿均在陵园东部。寝殿的建筑和布局仍依秦与西汉旧制，仿宫殿而建。上陵礼的确立，导致东汉陵寝建制也在西汉的基础上发生了新的变革。石殿、钟虡、园省等庞大的建筑群的增设和兴建都出现在明帝创立上陵礼以后，石殿是用石质构成的大殿，建于墓冢前，面南而立，殿内供奉有神主。关于石殿的称谓，顾名思

---

① 《后汉书》卷四《孝和帝》，第 190 页。

义，与大量使用石材有关，如大汉冢封土东侧现存的断面上，局部仍可见残留的石板。西汉晚期以来，一些特定功能的建筑物多采用专门的建筑材料，如专为丧葬而建造的石质祠堂、阙、墓室（如画像石墓、黄肠石墓）等。作为紧邻帝陵封土的大型夯土台基式殿堂，其台基在整个陵园内体量最大。以洛阳朱仓M722 陵园为例，1 号单元台基廊道所处的水平高度在陵园内最高，向东其他各单元廊道的水平高度依次降低；台基外围仅在北侧、东侧有廊房，而南侧最为空旷，为举行大型活动提供了便利；并且台基西缘靠近南侧的阶道，紧邻封土边缘，可复原为九级空心砖踏步，直达台基殿堂顶部，似乎是陵主灵魂进入石殿的通道。种种迹象表明，石殿应是陵园内最重要的建筑单元。① 石殿的出现可能是由祠堂（或称石享堂）发展而来的。祠堂已经在西汉时期的墓葬有众多发现。

　　钟虡是悬挂大钟的钟架，"以铜为之，故贾山上书云'悬石铸钟成'。《前书音义》曰：'虡，鹿头龙身，神兽也。'《说文》：'钟鼓之附，以猛兽为饰也。'"② 钟虡，原本为铜质物体，置于宫廷之中。班固《西都赋》："列钟虡于中庭，立金人于端闱。"③《后汉书·董卓列传》："又坏五铢钱，更铸小钱，悉取洛阳及长安铜人、钟虡、飞廉、铜马之属，以充铸焉。"④ 关于"虡"的解释，《周礼·考工记·梓人》："若是者以为钟虡，而由其虡鸣。"《说文解字》虍部："虡，钟鼓之柎也，饰为猛兽。"⑤ 因此，钟虡是用来悬挂钟、鼓等礼乐器具的场所。考古发现其建筑规格也较低，钟虡虽位于封土正南部，但所处方位此时并未体现出在后世陵寝中的重要性。本质上可能是石殿的附属建筑，两者相距很近，位置关系也可在洛阳宫城内找到原型。《后汉书·孝顺帝纪》："中黄门孙程等十九人共斩江京、刘安、陈达等，迎济阴王于德阳殿西钟下，即皇帝位，年十一。近尚书以下，从辇到南宫，登云台，召百官。"⑥ 钟即位于北宫最大宫殿的南部西侧，可与钟虡、石殿的分布方位相对应，也可辅证石殿代表朝堂的论断。⑦ 古代举行重大礼仪活动时必须有音乐为之伴奏，礼乐同时出现在祭祀

---

① 韩国河、张鸿亮：《东汉陵园建筑布局的相关研究》，《考古与文物》2019 年第 6 期。
② 《后汉书》卷七十二《董卓列传》李贤注，第 2326 页。
③ 《后汉书》卷四十下《班固传》，第 1340 页。
④ 《后汉书》卷七十二《董卓列传》第 2325 页
⑤ （汉）许慎撰，（南唐）徐铉校定：《说文解字》，中华书局，2013 年，第 98 页。
⑥ 《后汉书》卷六《孝顺帝纪》，第 249—251 页。
⑦ 韩国河、张鸿亮：《东汉陵园建筑布局的相关研究》，《考古与文物》2019 年第 6 期。

场合，以烘托庄严、肃穆的气氛，显示礼仪之隆重，这是最高的礼仪之一。考古发现的曾侯乙墓编钟，在甘肃礼县秦公陵发现的编钟、宝鸡发现的秦公钟、秦始皇陵发现的乐府钟就是例证。东汉以前，钟虡设在朝廷、陵墓、宗庙内。由于上陵礼的兴起，钟虡也随着"上计"和"酎祭"之礼一同由朝廷和宗庙迁移到了陵园内，此后遂成为定制。

陵寝建筑。3 号、4 号、5 号单元当与"寝殿、园省在东。园寺吏舍在殿北"相对应。通过各单元的相对位置与等级性差异，推测 3 号单元为寝殿、4 号单元为园省、5 号单元为园寺吏舍。所有陵园均有寝殿，其功能，原陵之初作为上陵礼的场所，之后随着方位的变化，主要是放置陵主神座以及衣物等生活用品，用以象生，也是日常祭祀的场所。《后汉书·祭祀下》载："古不墓祭，汉诸陵皆有园寝，承秦所为也。说者以为古宗庙前制庙，后制寝，以象人之居前有朝，后有寝也。……秦始出寝，起于墓侧，汉因而弗改，故陵上称寝殿，起居衣服象生人之具，古寝之意也。建武以来，关西诸陵以转久远，但四时特牲祠；帝每幸长安谒诸陵，乃太牢祠。自雒阳诸陵至灵帝，皆以晦望二十四气伏腊及四时祠。庙日上饭，太官送用物，园令、食监典省，其亲陵所宫人随鼓漏理被枕，具盥水，陈严具。"[1] 前有朝，后有寝，也反映了石殿与寝殿的关系。西汉杜陵陵园的寝殿，为长方形台基式建筑，中心台基长 50.6、宽 29.3 米，两侧有门道，南北各有对称三处阶道。朱仓 M722 陵园寝殿夯土台基的形制与杜陵寝殿略有相似，表明两者之间有一定关联。朱仓 M707 陵园寝殿仅发现夯土台基，暴露部分在东缘南侧发现一处阶道、北缘偏东有一处通道，而东缘、南缘情况不详，其特征有些近似朱仓 M722 的石殿，或许是因寝殿为庙的体现。[2]

园省建筑。关于省的称谓，《汉书·昭帝纪》中指出："帝姊鄂邑公主益汤沐邑，为长公主，共养省中。"注引伏俨曰："蔡邕云，本为禁中，门阖有禁，非侍御之臣不得妄入。……孝元皇后父名禁，避之，故曰省中。"[3] 省在宫内，一般称宫省，乃皇帝及其家眷居住之地。与之相比，园省则为陵园内嫔妃的居所。园省常常与寝殿毗连，如明帝显陵、章帝敬陵、和帝慎陵的"寝

---

① 《后汉书》志第九《祭祀下》，第 3199—3200 页。

② 韩国河、张鸿亮：《东汉陵园建筑布局的相关研究》，《考古与文物》2019 年第 6 期。

③ 《汉书》卷七《昭帝纪》，第 217—218 页。

殿、园省在东",顺帝贡陵的"寝殿、园省寺舍在殿东",其余几位皇帝可能由于早殇,而陵园内未建园省。这也是为适应皇帝亲率群臣百官祭祀而在此修建的。《后汉书·和熹邓皇后纪》:"和帝葬后,宫人并归园,太后赐周、冯贵人策曰:'朕与贵人托配后庭,……今当以旧典分归外园。'……又诏诸园贵人,其宫人有宗室同族若羸老不任使者,令园监实核上名。"①《后汉书·孝安帝纪》:建光元年,"二月癸亥,大赦天下。赐诸园贵人、王、主、公、卿以下钱布各有差"。李贤在"诸园贵人"条下注曰:"谓宫人无子守园陵者也。"②说明东汉时期确实有一部分嫔妃及宫人是居住在陵园内,其居住地应该就是园省。即使皇帝死后多年,其陵园也一直设有陵园贵人,用于伺奉。如出土墓志《贾武仲妻马姜墓记》:"夫人马姜,伏波将军新息忠成侯之女,明德皇后之姊也。生四女,年廿三而贾君卒。……遂升二女为显节园贵人"。③明帝马皇后的两个外甥女为明帝显节陵的陵园贵人。园省主要是陵园贵人的居所,因此,未成年皇帝的陵园内没有此单元。这种妃嫔侍奉于陵园的情况起源于西汉时期,如《汉书·外戚传下·孝成班倢伃传》载:"至成帝崩,倢伃充奉园陵,薨,因葬园中。"④

　　寝殿两侧还有更衣室、东西署等建筑。陵园的四周建有廊房,应为园寺吏舍或庖厨之处。《后汉书·明帝纪》引《东观记》曰:"(显德)陵东北作庑,长三丈,五步出外为小厨,财足祠祀。"⑤与西汉时期昭帝平陵的布局相同。园寺吏舍在所有陵园均有设置,是管理陵园的官吏办公场所。东汉陵园内的官吏主要有陵园令、丞校长;食官有食监、监丞等。《后汉书·百官二》:"先帝陵,每陵园令各一人,六百石。本注曰:'掌守陵园,案行扫除。丞及校长各一人'。本注曰:'校长,主兵戎盗贼事'。先帝陵,每陵食官令各一人,六百石。本注曰:'掌望晦时节祭祀。'注引《汉官》曰:'每陵食监一人,秩六百石。监丞一人,三百石……。'按:食监即是食官令号"⑥曾发现有"原陵监丞"封泥和"顺陵园丞"印章。

　①　《后汉书》卷十上《皇后纪》,第421—422页。

　②　《后汉书》卷五《孝安帝纪》,第232页。

　③　赵超:《汉魏南北朝墓志汇编》,天津古籍出版社,2008年,第1页。

　④　《汉书》卷九十七下《外戚传下》,第3988页。

　⑤　《后汉书》卷二《显宗孝明帝纪》,第124页。

　⑥　《后汉书》志二十五《百官二》,第3574页。

汉明帝"临终遗诏无起寝庙，藏主于光烈皇后更衣别室"。以后的章帝、顺帝都遗诏无起寝庙，扫地露祭。《后汉书·祭祀志下》说："灵帝时，京都四时所祭高庙五主，世祖庙七主，少帝三陵，追尊后三陵，凡牲用十八太牢，皆有副倅。"① 由此可知东汉时期的庙寝制度发生了重大变化，即确立了"同堂异室"的"合庙"制度，形成了"陵崇庙杀"的格局。

墓阙盛行于东汉时期，不仅陵园四门还保留着西汉时期的门阙旧制，而且神道两侧也有墓阙相对峙立。目前发现的石制墓阙存在于四川、重庆、河南、北京等地，有数十座均为东汉遗物，对于研究东汉帝陵墓阙具有重要参考价值。石阙一般高 4—6 米，多用石块垒砌而成。每座阙由正阙（又称母阙）和副阙（又称子阙）构成。正阙有阙顶（单檐或重檐）、阙身和基座三部分。副阙也同样有这三部分，不过比正阙稍小一些。阙身多雕有各种装饰图案、铭文或画像。与墓阙相邻的是石表，也分列于神道两侧。在北京西郊发现的一处东汉秦君墓石阙，同时还有石制墓表。石表为圆柱形，下有石柱，形如覆斗，浮雕有两条造型生动的伏虎，上为立柱，直棱形，高 2.25 米，周长 0.96 米，柱额上书"汉故幽州书佐秦君之神道"。此外，为死者标榜门第、功绩和显示威严，在世家大族墓地还流行排列有序的狮子、天禄、辟邪等大型石兽，以及歌功颂德的墓碑等，到东汉晚期，对帝陵的建制都产生一定的影响。到南北朝时期，石表、列兽、墓碑在帝陵中开始盛行。在朱仓 M722、白草坡东汉陵园分别发现东门址和北门址，前者是陵园东墙基外侧对称的两个小型夯土墩；后者则是对称的两处大型夯土墩，并且陵园内外两侧均有排水沟及渗坑等设施，推测可能为阙台式建筑。如恭陵的"东阙"，《后汉书·孝桓帝纪》载：桓帝延熹五年四月，"乙丑，恭陵东阙火"。② 有些门还有名称，如原陵有"长寿门"，《后汉书·孝桓帝纪》载，桓帝延熹四年，"五月辛酉，有星孛于心。丁卯，原陵长寿门火"。③

结合考古发现可以看出，东汉帝陵陵园具有内、外两重结构，即帝陵封土、石殿、钟虡位于内陵园，其余位于外陵园。此外，还有"行马"。何为行马？曾有学者进行过论述，是一种木质警戒设施，置于建筑物门前用于阻挡人马。④

① 《后汉书》志第九《祭祀下》，第 3197 页。
② 《后汉书》卷七《孝桓帝纪》，第 309 页。
③ 《后汉书》卷七《孝桓帝纪》，第 308 页。
④ 王去非：《释行马》，《文物》1981 年第 8 期。

但在认为是原陵的大汉冢陵园内，目前勘探并未找到周垣，反而在朱仓 M722 陵园遗址外围发现有垣墙基槽，以西北角保存较好，上部直接被唐代道路叠压，据此推测无墙体，可能行马的形制是在夯土基础上放置木质篱笆。因此，很可能在明帝时期已将原陵的周垣改为行马，但行马的具体特征仍需要其他陵园的考古发掘来进一步验证。[①]

（五）东汉帝陵制度对西汉帝陵的继承与发展

从文献记载与考古勘探情况可知，东汉帝陵较西汉帝陵发生了比较大的变化。东汉帝陵布局和制度与西汉帝陵既有相同之处，也有不同之处。从丧葬礼仪上看变化并不大，主要的变化是陵墓的规模和布局。

从位置与排列情况看，二者有继承关系，选址都分布在当时都城的北部和南部，分为两大陵域。但是，西汉的南兆域只有两座帝陵，北兆域有九座帝陵，且南兆域的选址原因个性色彩较浓。而东汉的南兆域却有六座帝陵，比北兆域多出一座帝王陵园，但自然地理条件不如北邙。西汉帝陵北陵区大致呈东西向"一"字状排列，东汉帝陵则是南北"一"字状的排列形式。两汉时期传统意义上的"左昭右穆"礼制在陵墓制度上没有得到体现。

从陵园的构成要素看，东汉帝陵在"梓宫、便房、黄肠题凑、金缕玉衣"以及陵寝建筑、园寺吏舍等葬制继续得以继承，但其形状、质地、位置、组合与西汉时期相比发生了一定的变化。东汉与西汉相比较，陵园最大的不同是改垣墙为"行马"、改覆斗形封土为圆形封土、改竖穴木椁结构为砖（石）室结构，改"同茔不同陵"为合葬一室。东汉陵园没有设"陵邑"，也没有设置单独的"庙园"。东汉帝陵将西汉时期的"亞"字形的四条墓道改为"甲"字形的单一墓道，就是南墓道。东汉帝陵陵寝"坐北朝南"埋葬礼俗的确认，无疑是对秦至西汉时期的"坐西朝东"葬俗的根本性变革，对其后魏晋隋唐宋元明清时期"南向"为主流的葬俗产生了深远影响。

除了两汉之间这些变化之外，还有东汉时期帝陵发展演变过程的变化。东汉早期帝陵陵园布局的动态变化集中反映在原陵布局上，最初仅有寝殿、钟虡，外围有垣墙，而没有石殿、园省、园寺吏舍等，提封田也很小。但随着明

---

① 韩国河、张鸿亮：《东汉陵园建筑布局的相关研究》，《考古与文物》2019 年第 6 期。

帝时期上陵礼的实施，陵园布局出现了较大改变，光武帝原陵的垣墙改为行马也很可能是在此时完成，或许是当时扩建仓促之际所做的权宜之举，但后来成为定制。因此，东汉陵园布局的形成，可能是在明帝在位期间，这些都是东汉时期帝陵制度的重大变化。

西汉时期的竖穴土圹木椁墓改为砖石结构的洞室墓，是汉制的重大改变之一。南兆域高崖村大墓（静陵）经过钻探，可以确认是一座带一条南向墓道的砖（石）室墓。20 世纪 50 年代以来，洛阳地区发现的东汉时期大墓都是一条墓道的砖室或砖石混合墓。帝王陵使用一条墓道的洞室墓是东汉时期的重大改制。与此相对应，西汉时的黄肠题凑改为东汉石凑，也可能有石椁存在，《东观汉记》卷二载："明帝自制石椁，广丈二尺，长二丈五。"另外，洛阳地区清理的许多东汉大墓出土了玉衣，表明帝王使用的是金缕玉衣之制。但东汉时期的"金缕玉衣"尚未发现。据统计，考古发掘的东汉诸侯王列侯墓出土了 7 套银缕玉衣，5 套鎏金铜缕玉衣，15 套铜缕玉衣，1 套铜银合缕玉衣。① 说明东汉时期的金缕玉衣制度比起西汉时期更加规范和严格，可能仅限于皇帝或皇后使用。关于石椁墓，1968 年邙山上的送庄发现了一座黄肠石墓，并出土了铜缕玉衣。② 根据郭玉堂的《洛阳出土石刻时地记》叙述，邙山原东汉陵区多出土黄肠石。

汉代大型陵墓均设置神道，意为神行的道路。中国古代不少的陵墓前都有神道，神道两侧置放石人石兽，象征帝王生前的仪卫。秦始皇陵是最早设置神道的陵墓。《汉书·霍光传》云："太夫人显改光时所自造茔制而侈大之。起三出阙，筑神道，北临昭灵，南出承恩。"③《后汉书·中山简王焉传》也云："大为修冢茔，开神道。"李贤注："墓前开道，建石柱以为标，谓之神道。"④ 北京西郊东汉秦君墓表，便是神道石柱的实物例证。而石翁仲、石兽之类，则为陵墓神道的守卫者。洛阳邙山东汉陵区的神道，自北向南，延伸到平乐西南的象庄。东汉帝陵神道石刻，现仅留下一件魁伟圆浑的石象，象庄因此而得名。该石象在象庄村南，道东侧水坑边。四脚和石座已陷入坑水中。作站立行走状，头朝东，系用一块石灰岩巨石雕刻而成。通高 3.20 米，身长 3.40 米，宽 1.05

① 石荣传：《两汉诸侯王墓出土葬玉及葬玉制度初探》，《中原文物》2003 年第 5 期。
② 郭建邦：《河南孟津送庄黄肠石墓》，《文物资料丛刊》1981 年第 4 期。
③ 《汉书》卷六十八《霍光金日磾传》，第 2951 页。
④ 《后汉书》卷四十二《光武十王列传》，第 1450 页。

米。一双小眼睛机警地巡视前方，眼睫毛线条清晰，嘴两侧象牙吐露，夹着象鼻。两只大耳似扇面一样张开，倾听周围的动静。颈部和后腿的皱皮，质感颇强。远远望去，好似稳步前行。惜下垂的长鼻和小尾已残断。这件栩栩如生的石象，雕刻技法稳健娴熟。东汉时陵墓神道，多置司守护的神兽——天禄、辟邪。《后汉书·灵帝纪》称："复修玉堂殿，铸铜人四、黄钟四，及天禄、虾蟆，又铸四出文钱。"本注："天禄，兽也。时使掖廷令毕岚铸铜人，列于仓龙、玄武关外，钟悬于玉堂及云台殿前，天禄、虾蟆吐水于平门外。事具《宦者传》。案：今邓州南阳县北有宗资碑，旁有两石兽，镌其膊，一曰天禄，一曰辟邪。据此，即天禄、辟邪并兽名也。汉有天禄阁，亦因兽以立名。"[1]

　　关于东汉时期帝陵四周的保护设施，史书记载光武帝原陵"垣四出司马门，寝殿、钟虡皆在周垣内"，说明当初是有垣墙的。但从明帝显节陵开始，章帝敬陵、和帝慎陵、殇帝康陵、安帝恭陵、顺帝宪陵、冲帝怀陵、质帝静陵则均为"无周垣，为行马，四出司马门"，而桓帝宣陵、灵帝文陵则没有用"行马"的记载。因此不排除到东汉晚期帝陵的"行马"发生了变化。白马寺附近曾清理的一座桓帝至献帝时期的"皇女"冢，四周有夯筑土垣，东西长190米，南北宽135米。《水经注·洧水篇》也说："洧水东流，绥水会焉，水出方山绥溪，即《山海经》所谓浮戏之山也。径汉弘农太守张伯雅墓，茔域四周，垒石为垣。"《后汉书·孝献帝纪》载："魏青龙二年三月庚寅，山阳公薨。自逊位至薨，……八月壬申，以汉天子礼仪葬于禅陵，置园邑令、丞。"[2]说明东汉的晚期"行马"之制发生过变化，改用了垣墙。

　　西汉时期帝陵均有陪葬墓，东汉时期帝陵有无陪葬墓？文献记载，光武帝原陵、明帝显节陵均有达官贵戚陪葬，但数量明显少于西汉时期帝陵陪葬墓。从目前残存的封土情况来看，陪葬墓多位于陵区的东部、西部、南部。现存的陪葬冢形状大多是圆形。从排列情况看，为"一字形"（东西或南北向）的族葬形式，但陪葬墓明显减少。据史书记载，陪葬光武帝"原陵"的有灵帝时期的胡广。《后汉书·胡广传》："熹平元年薨。使五官中郎将持节奉策赠太傅、安乐乡侯印绶，给东园梓器，谒者护丧事，赐冢茔于原陵，谥文恭侯。"[3]

---

① 《后汉书》卷八《孝灵帝纪》，第 353 页。
② 《后汉书》卷九《孝献帝纪》，第 391 页。
③ 《后汉书》卷四十四《邓张徐张胡列传》，第 1510—1511 页。

陪葬显节陵的有三人，伏恭、牟融和刘般妻。《后汉书·伏恭传》载："元和元年卒，赐葬显节陵下。"①《后汉书·牟融传》载："建初四年薨，车驾亲临其丧。时融长子麟归乡里，帝以其余子幼弱，敕太尉掾史教其威仪进止，赠赗恩宠笃密焉。又赐冢茔地于显节陵下，除麟为郎。"②《后汉书·刘般传》："肃宗即位，以为长乐少府。建初二年，迁宗正。般妻卒，厚加赗赠，及赐冢茔地于显节陵下。"③

东汉时期，帝陵制度的又一重大变化是帝、后同穴而葬。西汉时期盛行帝王、皇后同茔不同陵制度，大多是"帝西后东"之制。然而东汉时期明确记载："合葬，羡道开通，皇帝谒便房。"④由此可知，何皇后死于灵帝之后，待她入葬时，还需重开文陵。可以看出皇后与皇帝应为同穴而葬。"何后葬，开文陵，卓悉取藏中珍物。"⑤东汉时期，世家大族墓地合葬之风特盛，这种帝后同穴合葬是受到世家大族合葬之风的影响。《后汉书》记载："华夏之士，争相陵尚，……并棺合椁，以为孝恺，丰赀重襚，以昭恻隐。"⑥东汉时期诸侯王墓中夫妇合葬已成定制，如河北定县北庄汉墓，即东汉中山简王刘焉夫妇的合葬墓，墓中出土了两件铜缕玉衣。河北定县43号汉墓，墓内出土银缕、铜缕玉衣各一套。由此可知，最迟到东汉中、晚期，盛行帝后同茔不同穴的葬制已被打破，出现了帝后同穴而葬的现象，并逐步被帝后同室合葬所代替。虽然东汉帝陵目前尚未发掘，难以得到验证，但根据文献和已经发掘的东汉王侯级别的墓葬推测，东汉时期可能盛行帝王、帝后合葬的礼俗。如光烈阴皇后合葬原陵，明德马皇后合葬显节陵，章德窦皇后合葬敬陵，和熹邓皇后合葬顺（慎）陵，安思阎皇后合葬恭陵，顺烈梁皇后合葬宪陵，桓思窦皇后合葬宣陵。《后汉书·献穆曹皇后纪》也说："魏氏既立，以后为山阳公夫人。自后四十一年，魏景初元年薨，合葬禅陵，车服礼仪皆依汉制。"⑦也有一些"同茔不同陵"的"合葬形式"。如司马彪《续汉书》卷一载：孝灵灵怀王皇后，"陵曰文昭陵，起坟文陵园北"。在考古调查当中发现，北兆域的几座大冢均是单独的陵冢，

①《后汉书》卷七十九下《儒林列传》，第3572页。
②《后汉书》卷二十六《伏侯宋蔡冯赵牟韦列传》，第916页。
③《后汉书》卷三十九《刘赵淳于江刘周赵列传》，第1306页。
④《后汉书》志第六《礼仪下》，第3152页。
⑤《后汉书》卷七十二《董卓列传》，第2325页。
⑥《后汉书》卷三十九《刘赵淳于江刘周赵列传》，第1314页。
⑦《后汉书》卷十下《皇后纪》，第455页。

附近没有发现像西汉皇后陵那样可以匹配的大冢，也反证出一些东汉皇帝、皇后可能合葬一墓的礼俗。

综合以上的资料分析，东汉帝陵与西汉帝陵相比较，不论是规模还是陵寝建筑都有明显的差异。总体上看，东汉帝陵的规模要远远小于西汉时期，一方面是由于上层统治者提倡"薄葬"，《后汉书》记载："（光武帝二十六年）初作寿陵。将作大匠窦融上言：'园陵广袤，无虑所用。'帝曰：'古者帝王之葬，皆陶人瓦器，木车茅马，使后世之人不知其处。太宗识终始之义，景帝能述遵孝道，遭天下反覆，而霸陵独完受其福，岂不美哉！令所制地不过二三顷，无为山陵，陂池裁令流水而已"。[①] 光武帝作为开国皇帝，率先提倡薄葬，其引领作用是不可低估的。另一方面，东汉帝陵之所以主张薄葬，应该是受到了西汉末年西汉帝陵被疯狂盗掘的影响。

东汉帝陵布局的改变相当明显，且对后世产生了广泛且深远的影响，具体来说，体现在以下几个方面。

第一，东汉帝陵封土形状不同。封土是指堆砌于墓室之上、高于地面的土丘，多认为始于春秋战国时期，由聚族而葬的"公墓"制转向以财富、地位维系的共同体葬于一处的制度，出于强化辨识度的要求而产生。西汉帝陵封土均为覆斗形，而东汉帝陵普遍为圆丘形。

第二，墓室形制不同。西汉帝陵为竖穴土坑木椁墓，即从地面竖直向下挖出墓穴，再用数重棺椁装殓遗体与随葬品置于其内，其椁室为"黄肠题凑"，即用柏木芯构筑的框形结构。而东汉帝陵已探明为方坑明券墓，墓室推测为砖石混合型的回廊形。

第三，墓道数量不同。西汉帝陵为四条墓道的"亞"字形，四条墓道除了表明等级最高之外，其必要性在于搬运开挖墓圹产生的大量土石以及安装木椁。东汉帝王陵墓为使用一条墓道的洞室墓，平面呈"甲"字形，一方面强调了祭祀空间，另一方面是由于砖石墓的建造不需要四条斜出的墓道。

第四，西汉时期，皇帝和皇后虽埋葬于同一陵园，但位于陵园内的不同位置，墓室和封土都是分别建造，"同茔不同陵"，但到了东汉时期，帝、后葬于一室。

第五，西汉时期，外藏系统出于"事死如事生"的需要，陵冢内外有大量

---

① 《后汉书》卷一下《光武帝》，第 77—78 页。

不同类别的陪葬坑。东汉帝陵中，就目前调查勘探的情况来看，没有发现与墓室分离的外藏系统，应当是由于洞室墓的耳室、前室等取代了陪葬坑的功能。

东汉时期帝陵规模大幅度缩减，相对于秦、西汉时期的厚葬之风，被称为俭葬，对后世影响深远。比如"外藏系统"，考古人员在秦和西汉帝后陵墓之外发现了性质多样、内涵丰富、数量众多的陪葬坑。以秦始皇陵为例，除了陵墓内建有各式宫殿、陈列着许多奇异珍宝，陵墓四周还分布着 200 多座形制不同的陪葬坑。陪葬坑不仅存在于墓室外墓圹内，在内城之内、内外城之间、陵园外城之外也大量存在，每个陪葬坑对应一个中央机构，是秦始皇完成构建帝国的表现。西汉时期，帝陵陪葬坑数量继续攀升，数目从汉高祖刘邦与吕后合葬陵长陵的 285 座，到汉昭帝刘弗陵平陵的 1 288 座，达到高峰，然后开始减少，到汉平帝刘衎的康陵，陪葬坑只有 7 座。到了东汉，帝陵陪葬坑被彻底抛弃。考古发现证实，从秦朝、西汉到东汉、曹魏乃至后世很长一段时间，帝陵尊崇了从厚葬、俭葬到薄葬的演变过程。从俭葬到薄葬，主要表现为，到了曹魏时期，相比于东汉，帝陵规模继续缩小，不封不树，帝陵无地表标识，也几无陵寝建筑，虽然墓葬形制和建筑方法沿用东汉，但结构简化很多。同时，墓室规模缩小。随葬器物方面废除"玉衣制度"，不少随葬品以"刻铭石牌"形式记录，更讲究形式，并非实物。曹操高陵已经过考古发掘，平面为甲字形，坐西向东，是一座带斜坡墓道的双室砖墓，主要由墓道前后室和四个侧室构成。斜坡墓道长 39.5 米，宽 9.8 米，最深处距离地表大概是 15 米，墓平面略呈梯形，东边宽 22 米，西边宽 19.5 米，东西长 18 米，占地面积 740 多平方米。没有珍贵的陪葬品。

东汉时期帝陵制度之所以出现如此大的变化，是由多种因素决定的。赵翼在《廿二史札记》中指出"西汉开国功臣多出于亡命无赖，至东汉中兴，则诸将帅皆有儒者气象，亦一时风会不同也"。①

吕思勉先生指出："中国之文化，有一大转变，在乎两汉之间。"②韩国河认为"这些都是'汉制'的重大变化，一定隐藏了复杂的思想内涵"。③

东汉王朝是我国历史上政治、经济、文化迅速发展的一个重要时期，其帝

---

① 赵翼撰，王树民校正：《廿二史札记校正》，中华书局，1984 年，第 90 页。
② 吕思勉：《秦汉史》，中国友谊出版公司，2009 年，第 148 页。
③ 韩国河：《东汉帝陵有关问题的探讨》，《考古与文物》2007 年第 5 期。

陵在祭祀祖先、丧葬礼仪、陵寝形制等方面既有继承，也有改变。东汉帝陵陵寝制度的演变是在豪强大族的丧葬礼制的基础上形成和确立起来的。确立以后又极大地影响到社会的丧葬制度。

	西 汉 帝 陵	东 汉 帝 陵
封土	覆斗形	圆形
墓室	竖穴土圹木椁墓	方坑明券墓
墓道	四条墓道，呈繁体"亞"字	单墓道，呈"甲"字形
帝后合葬方式	同陵园不同陵，各自起封土	合葬于一室
外藏系统	外藏于椁室和陪葬坑	外藏于砖室墓的耳室和前室
陵园	以垣墙环绕	以"行马"代替垣墙
其他	规模较大	规模较小

八
秦汉帝陵祭祀制度

　　中国古代对于祭祀是非常重视的，正如《左传》所云："国之大事，在祀与戎。"[①] 即祭祀和战争是国家最大的两件事情。"事死如事生"是秦汉时期帝陵规划建设的准则，因而这一时期的帝陵中的祭祀建筑是帝陵建设中不可或缺的部分，考古发掘也多有发现。祭祀活动也是非常频繁，有各种各样的祭祀活动。秦始皇和汉武帝都是非常迷信的政治人物，因而各种祭祀活动更是有过之而无不及。

　　秦汉时期是中国古代社会制度的奠基时期，在祭祀制度上也多有创见，特别是汉代提出"以孝治天下"的治国方略，"孝"已经深入人心。因此，对帝王的陵墓祭祀制度格外受到重视，对陵墓的祭祀实质上是对祖先祭祀的具体表现，主要表现在帝陵的寝、便殿制度、陵庙制度等方面，在历史上产生了极为重要的影响。

（一）陵寝制度

　　所谓陵寝制度，就是指在陵园中建有寝殿和便殿。蔡邕《独断》云："古不墓祭，至秦始皇出寝，起之于墓侧，汉因而不改。故今陵上称寝殿，有起居衣冠象生之备，皆古寝之意也。"由于这样的记载，陵墓的寝殿制度过去均认为开始于秦始皇时期，但是自从考古工作者在秦东陵发现寝、便殿建筑遗址以后，[②] 寝便殿制度起始于秦始皇的前辈而不是秦始皇已经成为学界大多数人的认识。《吕氏春秋》中记载的陵墓中"设阙庭、为宫室、造宾阼也，若都邑"[③] 应

---

① 《左传·成公十三年》，见许嘉璐主编：《文白对照十三经》（下），陕西人民教育出版社，1995年，第179页。
② 陕西省考古研究所、临潼县文管会：《秦东陵第一号陵园勘查记》，《考古与文物》1987年第4期。
③ 陈奇猷：《吕氏春秋校释》，学林出版社，1984年，第525页。

是战国时期秦东陵陵寝制度的写照。

秦始皇陵的寝殿建筑位于封土北侧的西部，南距封土 53 米。基址的平面近似方形，南北长 62 米，东西宽 57 米，面积为 3 524 平方米。周围环有回廊，中间的台基略微高起。基址的西北角稍残。在遗址上有残留的墙壁及大量堆积的残砖、筒瓦、板瓦、灰烬等。在东边回廊南端，有长 15 米的一段向外伸出 1 米，此处是门。基址的四周铺粗沙，是散水设置。留下的残墙高 30—50 厘米，墙的表面有一层麦草泥，并涂丹垩，说明墙面是经过认真处理的。从该建筑基址的形制、规模及所处的位置来看，应为秦始皇陵园的寝殿遗址。[①]

便殿位于寝殿的北边。这里建筑基址密集，在南北长 670 米、东西宽 250 米的范围内，一排排成组的建筑由南向北密集排列，组与组之间以河卵石铺的路面相连，有的路面用青石板铺成。在过去平整土地过程中，该基址曾遭到严重的破坏。1977 年临潼县博物馆对基址南边的 1—4 号建筑遗址进行了清理，四座建筑东西向排列为一组。其中的 2 号建筑基址保存较好，由主体与门道两部分组成。主体部分南北长 19 米，东西宽 3.4 米，面积 64.6 平方米。残存的墙壁高 0.26—0.4 米，地面经过夯筑，坚硬光滑。主室的西侧有一长 5.3 米、宽 1.6 米的廊房式门道，门道两侧镶贴着石英板及壁柱，阶墀用青石拼砌，主室的北半部有一长 25 米、宽 0.5 米的片石铺的甬道通向室外。2 号遗址的墙面做法与咸阳宫 1 号遗址墙面做法相同，即施泥两层，厚 6 厘米；里层粗草泥铺底，厚 4 厘米，外层用极细的草泥抹面，光滑平整，并涂 2 厘米厚的白粉。3 号建筑基址面积较大，但残破严重，宽 9.7 米，残长 3.8 米，残壁高 0.3—0.4 米，室内用方砖石板铺地。

1—4 号建筑基址内出土了铺地及镶贴壁用的大批青石板，以及鸱尾、瓦当、筒瓦、铁铺首、铁拴板、陶井圈、残铜器等。其中有一件夔纹大瓦当直径达 61 厘米，高 48 厘米，背有筒残长 32 厘米，残筒瓦饰粗绳纹，里有模布麻点纹，夔纹遒劲，刀法简练，其制法是做出纹饰轮廓，再用平刀加以斜平浅浅的阴刻，阴阳分明，立体感强。这种纹饰完全承袭了商周青铜器纹饰的传统作风，是我国古代陶雕中的杰作。这是一种超乎寻常的大瓦当，显然不同于一般施于椽前的小瓦当，而是用来遮挡檩头的，既可以防腐、又具有艺术装饰的效果。由此大瓦当的出土，我们完全可以推断这座建筑的宏伟气势。同类型的大

---

① 袁仲一：《秦始皇陵兵马俑研究》，文物出版社，1989 年，第 23 页。

瓦当过去曾在秦都栎阳、河北的秦皇岛、辽宁绥中的秦宫殿遗址中发现，这些宫殿是为秦始皇当时出巡到渤海求仙药而建的离宫别馆，但瓦当仍比始皇陵的小。后来在陕西眉县、兴平的秦离宫别馆中发现两个瓦当比始皇陵的瓦当大，直径为 78.3 厘米。在这座便殿遗址中，还发现了两件鸱尾。一件两端稍残，一件完整，长达 89 厘米，高 15 厘米，下宽 16.5 厘米，中间断面为覆钵梯形，尾部唇长 2.5 厘米，前端作云纹瓦当。在 1—4 号建筑基址的北侧，还有大片的夯土建筑基址，一直延伸到陵园内城的北垣。在这片建筑基址内，筒瓦和板瓦的残片俯拾皆是。从这组建筑的地面处理、门道等情况来看，非常讲究，而且特殊，有的用素面石板铺地，有的则用很美的线雕菱纹铺地石铺地。现存的一块菱纹铺地石上有编号，号为"右东十八"。

关于此建筑基址的性质，有的学者认为是秦始皇陵园内的寝殿建筑遗址。然而这组建筑的规模和形制以及所处的位置都与寝殿极不相称。而位于此遗址以南的大型地面建筑应为寝殿，它位于寝殿之旁，正所谓"便殿者，寝殿之别殿耳"。所以这一建筑基址应为秦始皇陵园中的便殿。①

另一处便殿遗址是 1995 年发现的，此次发掘先后揭露出 6 组大型建筑基址，南距现封土边沿 130 米，西与西内城墙相连。6 组建筑东西分布在一条线上。东西长 240 余米，南北宽约 20 米，总面积 4 800 平方米。其中 1 号建筑群的东端，东西残长 15 米，南北残宽 16 米，从东南两边清理出的廊房和散水遗迹判断，1 号建筑很可能是一个坐南面北廊院式的四合院建筑。2 号建筑也是坐南面北，因破坏较甚，形制不清。3 号建筑大部分压在临马公路之下，形制内涵尚待进一步勘探。4 号建筑保存较好。它属于一组廊院式的四合院建筑。建筑遗址东西长 28 米，南北宽 14 米。建筑四周均为廊房，北边辟一中门，在南北廊房的房基下还发现两排南北向榫卯的青石柱础 4 个。东廊房的房基下还发现两排南北向排列的五角陶水道。廊房屋面制作尤为考究。在夯土上面施有一层麦草泥，在麦草泥上再抹一层细泥，待细泥烘干后再覆一层类似于地板漆的红色涂料。5 号建筑为一座四阿式建筑。东西长约 50 米，南北宽近 20 米，遗址南边发现一道长 50 余米的片石散水，遗址东边也发现一道南北向的片石散水，面积近 1 000 平方米，值得注意的是遗址除发现脊瓦、板瓦、瓦当等建筑材料之外，还发现几块彩绘俑头残片和 10 余个铜箭头，这是其他建筑中所

---

① 赵康民：《秦始皇陵二、三、四号建筑遗迹》，《文物》1979 年第 12 期。

没有的，说明陵寝建筑中可能放置陶俑。6 号建筑亦为四阿式建筑，遗址长近
80 米，南北宽 10 米许。遗址北边散水以内发现一排方形柱础遗迹，柱础长宽
均为 55 厘米，约相当于秦代尺半见方，柱础与柱础之间的间距仅有 1.15 米，
正好相当于秦代的 5 尺。如此粗壮的立柱，在其他较近陵寝遗址中尚不多见。
由此不难想象，2 号建筑群中的 6 号建筑规模宏大、结构复杂。此外 6 号建筑
的排水设施也是别具一格，遗址南北两侧均有用鹅卵石铺砌的散水，散水内高
外低保留着一定的倾斜度，在鹅卵石外侧还有用沙石铺砌的凹形排水沟，排水
设施的讲究也从侧面反映出建筑的宏伟和高大，该建筑应为便殿而非寝殿。[①]

　　2010 年勘探发现的建筑遗址群为十进式的建筑结构，其北侧为九个通道
组成的九组东西对称结构的建筑单元。通道之间用门址相隔但又互相贯通，最
北端门址与内城垣北墙西侧门址相通。每组建筑结构不完全相同，根据不同的
功用或象征意义构筑不同的建筑形式，通道及不同组建筑之间有石道相通。九
个通道最南端为这一建筑遗址群的主体建筑空间，连同 20 世纪 70 年代以后发
掘的建筑共同构成了这一建筑群的主体建筑结构。从建筑所处的位置和规模来
看，这些建筑遗址共同组成了秦始皇帝陵园的陵寝建筑遗存。[②]

　　秦人好大喜功，"高台榭，美宫室"。[③]特别是秦时修建了众多的离宫别馆，
据《史记·秦始皇本纪》记载：秦有"关中计宫三百，关外四百余"。著名的
阿房宫、咸阳宫代表了秦建筑的水平，均规模宏大、雄伟壮观。那么作为秦始
皇自己来世的建筑——秦始皇陵园，其建筑也不逊于生前，目前在秦始皇陵已
发现众多的建筑遗址，这些遗址规模宏大、富丽堂皇。只因后来项羽入关后，
一把火烧了秦始皇陵园的地面建筑，辉煌的建筑化为焦土。

　　汉代以后，由于实行"以孝治天下"的政策，继承了秦的陵墓礼制建筑并
发扬光大。根据目前已知的考古资料，汉代陵上的寝殿和便殿不如始皇陵寝
殿、便殿规模大，建筑结构布局也稍有差异。如始皇陵的寝、便殿位于陵园的
内城垣内，而西汉帝陵的寝便殿除长陵是建于陵园的城垣内，其余大都在城垣
外，并在寝便殿的周围筑有墙垣，称为寝园，而且帝陵和后陵均分别建有寝殿

---

　　①　张占民：《秦始皇陵北寝殿建筑群的发现与初步研究》，《考古文物研究》，三秦出版社，1996 年，
第 326—327 页。

　　②　陕西省考古研究院：《2010 年度秦始皇帝陵礼制建筑遗址考古勘探简报》，《考古与文物》2011 年
第 2 期。

　　③　《史记》卷六十九《苏秦列传》，第 2248 页。

等礼制建筑。这说明西汉时期陵寝礼制较前得到进一步的完善和改进。

西汉时期，对于帝陵的一整套祭祀建筑包括寝殿、便殿是非常重视的。当时奉行"日祭于寝，月祭于庙，四时祭于便殿"①的陵寝制度。寝殿用来摆放过世者的神座，守陵人要像侍奉生者一样，"日四上食"。便殿里存放皇帝生前的衣物器皿，其祭祀活动则不像寝殿那样频繁，据文献记载"便殿，岁四祠"。大约是一年四季各祭祀一次，与季节的变化有关系。寝殿、陵庙与帝陵密不可分，因而其位置一般距帝陵很近。汉初高祖依秦制，将寝殿、便殿建于陵园之内，惠帝以后，将之移于陵园墙垣之外，但距离不远。汉宣帝杜陵的寝园就设置在杜陵陵园南墙以外的东南角。

西汉帝陵的祭祀活动是非常复杂繁琐的。关于当时的祭祀形式，据《后汉书·礼仪志上》记载："东都之仪，百官、四姓亲家妇女、公主、诸王大夫、外国朝者侍子、郡国计吏会陵。昼漏上水，大鸿胪设九宾，随立寝殿前。钟鸣，谒者治礼引客，群臣就位如仪。乘舆自东厢下，太常导出，西向拜，折旋升阼阶，拜神座。退坐东厢，西向。侍中、尚书、陛者皆神坐后。公卿群臣谒神坐，太官上食，太常乐奏食举，舞《文始》《五行》之舞。"②《后汉书·祭祀志》也载："汉诸陵皆有园寝。"③然而西汉初年寝园并未设置，寝殿、便殿均在陵园之内。后来，高祖长陵的便殿发生火灾后，董仲舒指出："高园殿不当居陵旁。"④可见按照当时的制度，寝殿、便殿不应放在陵园之内，应筑于陵园之外的"园寝"之中。

园寝之设，始于汉景帝阳陵，而此前的西汉诸陵园寝，为西汉中期或后来所增筑。杨宽先生认为："正因为陵园中设有'寝'，所以陵园就称为'寝园'。"⑤刘庆柱认为：寝园应该是寝殿从陵园内迁移出来，单独围筑成封闭性院落而得名，就是寝园出现后，它也应该是从属于陵园的、陵园和寝园名称不同，前者以陵墓为中心，得名"陵园"；后者以寝殿为中心，得名"寝园"。⑥

---

① 《汉书》卷七十三《韦贤传》，第 3115 页。
② 《后汉书》志第五《礼仪志上》，第 3103 页。
③ 《后汉书》志第九《祭祀志下》，第 3199 页。
④ 《汉书》卷二十七上《五行志》，第 1332 页。
⑤ 杨宽：《先秦墓上建筑和陵寝制度》，《文物》1982 年第 1 期。
⑥ 刘庆柱：《汉宣帝杜陵陵寝建筑制度研究》，见《古代都城与帝陵考古学研究》，科学出版社，2000 年，第 245 页。

秦汉皇帝陵园中的寝殿是其陵园中的重要组成部分，类似于都城中的前殿。而秦汉时期的前殿是都城中最宏伟的建筑，是颁布王朝政令和举行朝仪之地。可见寝殿在陵园中的重要性之所在。寝殿是陵园中的正殿，殿内陈设皇帝的"衣冠几杖象生之具"，"宫人随鼓漏理被枕，具盥水，陈严具"，[①] 完全像皇帝生前时一样侍奉。经发掘，在杜陵寝园之中即有寝殿和便殿，寝殿的殿堂台基面阔 55.15 米，进深 29.3 米。[②] 其他西汉诸帝陵园亦然。关于寝殿、便殿在寝园中的位置，文献均载便殿立于寝殿之"侧"。寝殿同于朝廷中的正殿，东、西两边为其侧。《论衡·四讳篇》载："夫西方，长老之地，尊者之位也。尊长在西，卑幼在东。"[③]《风俗通义》亦云："俗说西者为上。"在寝园之中，相对寝殿而言的便殿，它并非"正大之处"，不过是"休息闲晏"之地，因此便殿只能位居寝殿之东"侧"。杜陵寝园的考古发掘完全证实了上述制度，即寝殿居西，便殿居东。[④]

西汉时期，每座帝陵中的皇帝陵与皇后陵各筑一寝园。从杜陵中宣帝与王皇后陵的两座寝园来看，二者在规模、形制和建筑材料的使用上都有明显区别。从规模上看，皇帝陵比皇后陵要大。杜陵寝园东西长 174 米，南北宽 112 米，占地 19 488 平方米。王皇后陵的寝园东西长 129 米，南北宽 92 米，占地 11 868 平方米。反映出建筑物的等级是不同的。[⑤]

（二）陵庙制度

秦代没有陵庙的记载，在《史记》中有关于秦有七庙的记载，分布在秦都咸阳的渭河以南地区，是都城中的礼制建筑，和帝王陵墓没有必然的联系。

汉代之所以把庙修在陵园中，是因为当时人相信死者的灵魂就居住在陵墓

---

① 《后汉书》志第九《祭祀志下》，第 3200 页。

② 刘庆柱：《汉宣帝杜陵陵寝建筑制度研究》，见《古代都城与帝陵考古学研究》，科学出版社，2000 年，第 245 页。

③ 王充：《论衡》，见许嘉璐主编：《文白对照诸子集成》（下），陕西人民教育出版社，1995 年，第 355 页。

④ 刘庆柱：《汉宣帝杜陵陵寝建筑制度研究》，见《古代都城与帝陵考古学研究》，科学出版社，2000 年，第 248 页。

⑤ 刘庆柱：《汉宣帝杜陵陵寝建筑制度研究》，见《古代都城与帝陵考古学研究》，科学出版社，2000 年，第 248 页。

和陵墓旁的寝殿中，只有这样才便于祭祀。

关于汉代的陵庙，据《汉书·韦贤传》载："京师自高祖下至宣帝，与太上皇、悼皇考各自居陵旁立庙。"[1]《汉书·五行志》也云："古之庙皆在城中，孝文庙始出居外。"[2] 陵庙放逝者牌位，每月要从便殿中取出皇帝生前的衣冠到陵庙中祭祀。陵庙每年还要举行二十五次祭祀活动，其中有一次特别隆重的太牢祭祀。

为什么从孝文帝开始将庙修在帝陵中呢？《三辅黄图》记载："太上皇庙，在长安西北长安古城中，香室街南，冯翊府北。"[3] 而高帝庙在长乐宫西，安门大街东，安门北，武库南。[4] 按照当时的祭祀仪式，每个月要把高祖的衣冠从"寝"中运出到高庙中祭祀，是因为当时人们相信衣冠上依附着逝者的灵魂。然而由于此时的惠帝住在未央宫，吕太后住在长乐宫，两人当时为了相见方便，便打算在两宫之间修建一个复道，但这条复道正好从每个月到高祖庙祭祀衣冠的道路上通过，于是遭到讲究礼制的叔孙通的反对，认为作为子孙的皇帝不能这样做，于是惠帝在高祖长陵中重新修建一个庙，叫"原庙"。从此以后，西汉时期在陵旁立庙的礼制就形成了。

西汉初年时的庙和寝是不同的，庙造在陵园以外的附近。关于汉景帝阳陵中庙的位置，杨宽先生认为在陵的正南方，在距阳陵封土近 400 米的地方，有一个高台建筑遗址，中心部分最高处有一块大石板，即后来被认为的罗盘石的地方。[5] 汉武帝的庙叫龙渊庙，位于其陵之东，平陵之西。昭帝徘徊庙应在平陵之东南，延陵西南，距延陵较近。考古工作者发现，在平陵东南十里，马泉乡肖家堡村北二道原的南边，有一汉代夯土建筑遗址。夯土范围南北 60、东西 56 米，中心区有一高 3 米的高台，这可能是徘徊庙的遗址。"宣帝庙，号乐游"，故又称"乐游庙"，它位于"杜陵西北"。[6]《太平御览》卷一九七引《天文要录》详载其庙位于唐长安城升平坊之内，即今西影路上的西部电影集团附近。也有的文献认为，乐游庙和宣帝庙不是异名同庙，它们是两座不同的庙，

---

① 《汉书》卷七十三《韦贤传》，第 3115 页。

② 《汉书》卷二十七上《五行志》，第 1335 页。

③ 何清谷：《三辅黄图校释》，中华书局，2005 年，第 303 页。

④ 刘庆柱：《关于西汉帝陵形制诸问题探讨》，见《古代都城与帝陵考古学研究》，科学出版社，2000 年，231 页。

⑤ 杨宽：《中国古代陵寝制度史研究》，上海人民出版社，2003 年，第 22 页。

⑥ 何清谷：《三辅黄图校释》，中华书局，2005 年，第 310 页。

前者应在乐游苑附近，后者位于杜陵北，这里以杜陵为坐标点记述宣帝庙方位，证明二者相距不远。我赞成这种观点。

西汉诸陵陵庙具体方位见于文献明确记载的有文帝霸陵、景帝阳陵、武帝茂陵、昭帝平陵、元帝渭陵等。关于文帝的陵庙，有人认为是"顾成庙"，非也。此庙系汉文帝四年所筑，它就是古代始筑于城外的孝文庙。《长安志》卷十载顾成庙在唐长安城休祥坊内，北距汉长安城 2.8 公里，东南至文帝霸陵 15.5 公里，从方位上可以看出此庙不是霸陵陵旁所立之庙。文帝的陵庙应系景帝元年建立的，它位于霸陵之旁。景帝阳陵的陵庙，据《长安志》卷十三咸阳县条记载，"景帝阳陵在县东十五里"，"景帝庙在县东北十一里"，可见景帝庙在景帝陵北附近。武帝庙位于茂陵以东、平陵以西。据《长安志》卷十四兴平县条载，茂陵和武帝庙分别位于兴平县东北十七里与二十四里，也就是说二者东西相距 3.5 公里。昭帝庙，也称徘徊庙，在平陵东南、延陵西南，约在今咸阳市秦都区马泉乡肖家堡附近，其西距平陵约 5 公里。元帝渭陵的孝元庙就在渭陵西北。

从上述西汉诸陵与陵庙距离可以看出，大多陵庙都在"陵旁" 0.5 公里左右，个别远者距帝陵 3.5—5 公里，但这些陵庙仍在该陵园之内。宣帝的陵庙乐游庙比较特殊，南距杜陵 6 公里，因建于乐游苑而得名。《汉书·宣帝纪》载，神爵三年"起乐游苑"，汉宣帝于元康元年已开始营建杜陵，此后 6 年修建的乐游庙苑不会安排在杜陵陵区之内，因此在乐游苑的乐游庙就不会位于杜陵陵区之中。[1]关于汉宣帝杜陵的陵庙，刘庆柱先生在发掘后认为，位于宣帝陵东北 400 米处。是一个东西长 63 米，南北宽 66 米的建筑，在遗址上发现了大量建筑材料，其种类、形制、大小与寝园中的相同，不同的是，遗址内有大量汉代龙凤纹空心砖残块。[2]这种情况在昭帝平陵的陵庙中也有发现。[3]可以反映出其级别很高。

西汉时的陵庙一般周围都筑有墙垣，因此又称为庙园。庙园的主体建筑是"正殿"，陵庙的正殿四周还建有回廊。庙园和宫殿一样四面各辟一门，称司马

① 刘庆柱：《汉宣帝杜陵陵寝建筑制度研究》，见《古代都城与帝陵考古学研究》，科学出版社，2000 年，第 250 页。
② 刘庆柱：《汉宣帝杜陵陵寝建筑制度研究》，见《古代都城与帝陵考古学研究》，科学出版社，2000 年，第 250 页。
③ 咸阳市博物馆：《汉平陵调查报告》，《考古与文物》1982 年第 4 期。

门。据史书记载，宣帝时，扶阳侯韦玄成等即因在参加惠帝庙的祭祀时，因天雨不驾车而骑马至司马门下，被弹劾不敬而被削爵为关内侯。庙园的司马门也置双阙，《汉书·成帝纪》中有"孝景庙阙灾"的记载。另外，庙园的四门根据其位置的不同，分别设置以表示方位的青龙、白虎、朱雀、玄武纹饰的空心砖或瓦当。在昭帝平陵、宣帝杜陵都发现过此类"四神"纹饰的空心砖。有的庙门上所用的铜铺首就是"四神"图案。为了增加庙宇的神秘色彩，殿内四壁上还置木雕装饰品。《汉书·元帝纪》中即有陇西地震毁落太上皇正殿墙壁上的木雕饰品的记载。徐苹芳认为："汉代陵园除了建寝殿外，还建有原庙。原庙藏主，规模也很大，有正殿、殿门及阙。有的原庙距陵丘和寝殿很远，并不在一处。"①

关于陵庙建筑形制，汉景帝阳陵为我们提供了第一手的资料。在汉景帝阳陵封土东南有一大型西汉建筑遗址，地势明显高出周围地面，在其中部有一夯土台基，其上有一方形石板，石板上又加工一凸起的圆盘。圆盘中心有"十"字形的凹槽。经测定，该"十"字为正方向，因此，学者们称之为"罗经石"。2000年，考古工作者通过对该遗址的钻探和试掘，发现该遗址是一处大致轮廓呈"回"字形的建筑，外围有围沟散水及边长260米的建筑，中心建筑边长约50米，四面有门，并发掘出土了青龙、白虎等四神图案的空心砖。阳陵"罗经石"遗址的建筑形式与已经发掘过的汉长安城南郊礼制建筑相仿。汉长安城南郊的礼制建筑由12座建筑物组成，建筑形制相同。每座建筑物均由中心建筑、围墙、四门和围墙四隅的曲尺形配房组成。中心建筑和围墙的平面均为正方形。中心建筑在整个遗址的正中，其四面布局对称，中央主室四隅有夹室，平面如"亚"字形。台基为夯筑，地面抹草泥，然后涂朱红色。主室的四面各有一个厅堂，内部结构相同。厅堂内的右面有厢房，左面有一隔墙。四个厅堂之间有走廊相通。厅堂前各对着三座方形土台，土台前有砖铺路，正对四门。整个中心建筑环绕着鹅卵石散水。不难想见，"罗经石"遗址的建筑在当时也是相当宏伟壮观的，很有可能是景帝阳陵的陵庙。②

陵庙是从宗庙发展而来的，因此它们的形制似应相近。汉长安城南郊的宗庙遗址已进行了考古发掘，每座庙的主体建筑平面均为方形，边长55米。在

① 徐苹芳：《中国秦汉魏晋南北朝时代的陵园和茔域》，《考古》1981年第6期。
② 杨林仁：《汉阳陵》，三秦出版社，2003年，第78—79页。

汉昭帝平陵东南的肖家堡村北发现的昭帝庙遗址，中央为一夯土台基，平面近方形，东西长 56 米，南北宽 60 米。从汉长安城南郊的宗庙和"昭帝庙"的情况来看，西汉晚期的陵庙主体建筑平面为方形，边长 50—60 米。刘庆柱在宣帝陵东北 400 米发现一处建筑遗址（编号为杜陵八号遗址），该遗址中央为一夯土台基，东西 63 米，南北 66 米。根据西汉时代"陵旁立庙"制度，参照宣帝庙位于"本陵北"的记载，结合长安城南郊的宗庙和昭帝庙的发掘、勘察情况，它应为宣帝杜陵的陵庙遗址。①

西汉时代，皇帝陵和皇后陵各有一组"寝园"建筑，但陵庙情况则与此不同，当时每座帝陵只立一座陵庙。杜陵庙遗址东西两侧各有一条宽 6—7 米的汉代道路，它们北起陵庙基址，向南分别通至杜陵和王皇后陵的陵园、寝园。这说明杜陵与王皇后陵的"庙事"活动都要在这一陵庙中进行。②

西汉时期对陵庙的祭祀活动很隆重。其形式表现在规模宏大，场面热烈的"月游衣冠"活动，即每月将陵主的衣冠等生前使用之物从寝园中请出，送至陵庙一游。"月游衣冠"活动在西汉前期颇受重视，规定有活动专用的道路，称为"衣冠道"。《汉书·百官公卿表》也提到汉武帝时的太常孔臧因文帝母薄太后南陵衣冠道上的桥坏，导致"衣冠道绝"而被免职之事。到了西汉晚期对"月游衣冠"活动就不那么重视了，汉成帝甚至将昭帝平陵衣冠道上的一块土地赐给曾为其师的张禹作墓地。

在陵庙中除了每月一次的"月游衣冠"活动外，还有其他祭祀活动。如每年二十五次的祭祀，"庙，岁二十五祠"。如淳注"岁二十五祠"曰："月祭朔望，加腊月二十五。"即每月于朔、望日在宗庙中举行祭祀祖先礼，一年十二个月，应举行二十四次祭祀，腊月加祭一次，共计二十五次。③晋灼对如淳说提出不同意见，认为："《汉仪注》宗庙一岁十二祠。五月尝麦。六月、七月三伏、立秋貙娄，又尝粢。八月先夕馈飧，皆一太牢，酎祭用九太牢。十月尝稻，又饮蒸，二太牢。十一月尝，十二月腊。又每月一太牢，如闰加一祀，与此上十二为二十五祠。"④晋灼所说的"二十五祠"，实际上是除每月定期

---

① 刘庆柱：《汉宣帝杜陵陵寝建筑制度研究》，见《古代都城与帝陵考古学研究》，科学出版社，2000 年，第 250 页。

② 刘庆柱：《汉宣帝杜陵陵寝建筑制度研究》，见《古代都城与帝陵考古学研究》，科学出版社，2000 年，第 250 页。

③ 《汉书》卷七十三《韦贤传》，第 3116 页。

④ 《汉书》卷七十三《韦贤传》，第 3116 页。

举行一次祭祀外，每逢特定节日，还要举行诸如"尝麦""伏祭""貙娄""酎祭""腊"等各项祭祀，每年同样举行十二次，如逢闰月则加祭一次，与前述之十二次祭祀相加，总计二十五祠。

西汉王朝还规定，每年八月当新鲜的好酒酿成时，要首先送到宗庙奉献，并举行祭祀，因其用"九太牢"，即用九份牛、羊、猪三牲供献，所以是一年中最重要的祭祀活动，于是在进行陵庙祭祀活动时诸侯、列侯要献黄金助祭，所献黄金称为"酎金"，其数量按其封地所辖人口规定标准。酎金数量不足或成色低劣者，王要被削地，侯要被免国。例如，汉武帝元鼎五年（前112年）列侯献给朝廷助祭宗庙的黄金达不到要求而被削夺爵位者竟达106人，就连丞相赵周也因此而下狱死。最近在南昌海昏侯墓发现了大量的黄金，包括金饼、马蹄金、麟趾金等，其中有用于每年祭祀使用的酎金。

西汉中期以前，陵庙中的祭祀活动一般都在夜间进行。有一次，汉宣帝准备去昭帝庙参加祭祀活动，即将出发时，仪仗旗杆头上的一只"剑"突然坠地，刀刃直对着车舆，驾车马匹因受惊而狂跳不止。宣帝请宫中郎梁丘贺卜筮，结果是"有兵谋，不吉"。于是宣帝返回宫中，只派"有司侍祠"。事后查明"是时霍氏外孙代郡太守任宣坐谋反诛，宣子章为公车丞，亡在渭城界中，夜玄服入庙，居廊间，执戟立庙门，侍上至，欲为逆"。[1]从此以后，陵庙的祭祀活动便改为白天进行了。据《汉书·韦贤传》记载，韦玄成以列侯侍祀孝惠庙时，就是"当晨入庙"。

陵庙中举行祭祀活动时，一般有巨大的铜钟伴奏，《三辅黄图》引《关辅记》："秦庙中钟四枚，皆在汉高祖庙中。《三辅旧事》云高庙钟重十二万斤。《汉旧仪》云：高祖庙钟十枚，各受十石，撞之声闻百里。"说明庙中均有大钟奏乐，并辅以特定的舞蹈。在秦始皇陵饮官遗址中就发现了一件漂亮的错金银乐府钟，就是当时祭祀活动时所使用的乐器。高祖庙奏"武德""文始""五行"之舞；文帝庙奏"昭德""文始""四时""五行"之舞。"文始""五行"等是当时拜谒陵庙的通行舞蹈。汉代对参加庙祭乐舞者的身份还有严格的规定："汉大乐律，卑者之子不得舞宗庙之酎。除吏二千石到六百石，及关内侯到五大夫子，取适子高五尺以上，年十二到三十，颜色和，身体修治者，以为

---

① 《汉书》卷八十八《儒林传·梁丘贺传》，第3600页。

舞人。"①

西汉帝陵寝庙的祭祀活动花费人力物力财力都非常惊人，根据《汉书·韦贤传》记载："一岁祠，上食二万四千四百五十五，用卫士四万五千一百二十九人，祝宰乐人万二千一百四十七人，养牺牲卒不在数中。"②祭祀中除了要杀牲以外，鱼也是祭祀用品之一，《西京杂记·昆明池养鱼》中记载，当时汉昆明池中的鱼一部分就是用来为诸陵庙祭祀而用的，用不完的还可以拿到市场上去卖，导致当时鱼价下降。

东汉时期，刘秀为了适应政治上的需要，把豪族地主祭祀祖先祠堂的办法加以扩大，运用到陵寝制度中。把大规模的祭祀典礼由西汉时期在庙中进行，改移置陵园中，使陵园建筑增添了新内容。寝殿和管理陵园的官府吏舍都建在陵园的东侧。通往陵冢的神道两旁列置成对石雕，以显示皇帝的权威。"建武以来，关西诸陵以转久远，但四时特牲祠；帝每幸长安谒诸陵，乃太牢祠。自洛阳诸陵至灵帝，皆以晦望二十四气伏腊及四时祠。庙日上饭，太官送用物，园令、食监典省，其亲陵所宫人随鼓漏理被枕，具盥水，陈严具。"③

光武帝时期，还开始巡祭西汉帝陵，汉明帝时亲祭光武帝原陵，创立了定期祭祀的上陵祭。此后东汉诸帝相沿成礼，使其成为东汉皇帝祖先祭祀的主要方式。还为每一个先帝陵配备陵园令、食官各一人，为六百石的官吏，以负责陵园的祭祀和保卫工作。

从以上可以看出，秦汉时期帝陵的祭祀活动是当时一项非常重要的活动，是国之大事，统治者高度重视。其祭祀活动非常频繁，祭祀花费也非常大，对寝园和陵庙的管理也十分严格，这与当时"以孝治天下"的治国理念有关，也与当时的厚葬礼俗有关。同时，帝陵的祭祀活动也对后世也产生了深远的影响。

---

① 《后汉书》志二十五《百官二》引卢植《礼》注，第 3572 页。
② 《汉书》卷七十三《韦贤传》，第 3116 页。
③ 《后汉书》志第九《祭祀下》，第 3200 页。

九
秦汉帝陵管理制度

秦汉时期，大一统的中央集权君主专制制度得以确立与发展，帝王至高无上的权威空前强化。承袭战国时期国君陵墓"若都邑"的传统，从秦始皇陵开始，帝王陵墓不仅修建得规模更加宏大，而且突破了商周时期的集中公墓制，确立了独立陵园制的发展模式，帝陵陵园内的设置也更加丰富。另一方面，君主权力的强化使宗庙在国家政治生活中的地位有所降低，"国之大事，在祀与戎"，[①] 统治阶级对其先君帝王陵墓的祭祀更加重视。适应这一变化，秦汉帝陵从营建、祭祀到日常管理、巡护守奉也形成了一个完整的管理系统。

（一）营建制度

秦始皇陵的营建主要是由丞相统筹规划指挥的，具体的建设任务则由司空之类的专职机构来进行。当然，作为陵墓的拥有者，亲政之后的秦始皇对他死后魂归之地必然会有着很高的要求并对陵园的修建起着决定性的作用。

《史记·秦始皇本纪》载："始皇初即位，穿治郦山。及并天下，天下徒送诣七十余万人。""始皇既殁，胡亥极愚，郦山未毕，复作阿房，以遂前策。"[②] 班固亦曰："郦山之作未成，而周章百万之师至其下矣。"[③] 秦始皇陵从其即王位之初就开始营建，在秦朝灭亡时都还未完工，足见工程之浩大。考古发掘亦证明秦始皇陵陵园包括寝殿、便殿、饮官、园寺吏舍、封土、陪葬坑如兵马俑坑、石质甲胄坑等其他设施构成，规模宏大异常，其陵园面积达到 56.25 平方公里。

---

① 《左传·成公十三年》，见许嘉璐主编：《文白对照十三经》（下），陕西人民教育出版社，第 179 页。
② 《史记》卷六《秦始皇本纪》，第 265、292 页。
③ 《汉书》卷三十六《楚元王传》，第 1954 页。

　　但秦始皇陵的设计和营建规模应当是逐步扩大并受限于秦始皇在不同时期的政治条件和社会发展水平的。根据战国时期中山王墓出土的兆域铜版图诏书中中山国相邦司马赒负责监修中山国王墓的记载，通常认为秦始皇陵园的营建是由丞相监管的。初期工程的规划指挥者是当时的秦国相国吕不韦。从秦始皇即位到秦始皇十年亲政，吕不韦一直执掌秦国政事并被秦始皇尊为仲父。因此，为秦始皇选择墓地，制定营建"章程"——陵墓营建蓝图，主管工程进程的就只可能是吕不韦。虽然秦在战国时期便已有厚葬之风，至于秦始皇陵的初期规模当不会太小，但由于吕不韦的薄葬主张，由其制定的陵墓规划和后来的秦始皇陵规模相比肯定偏小。秦始皇亲政之后，鉴于其抱负远大，陵墓设计定会有所变化且比吕不韦的规划更宏大，但此时正值秦国吞并六国的大规模战争时期，其既不可能将陵墓"章程"设计得如同后期那般壮阔，也不可能抽调极大量的人力物力去修建陵墓。当吞并天下之后，秦始皇的雄心更加膨胀，因而对自己陵寝的要求也就会更高。同时，统一六国后的秦王朝也具备了大规模修建陵寝的客观条件。秦始皇陵兵马俑坑中兵器的纪年刻辞、砖上的陶文等表明"秦俑坑的修建工程大约开始于公元前 221 年统一六国后"。[①]故一般认为秦始皇陵的修建分为三阶段："从初即位到统一全国为第一阶段，从统一全国到始皇死为第二阶段，公元前 210 年—前 209 年的覆土工程为第三阶段。而大规模的修筑是在第二阶段。"[②]秦始皇陵在统一六国后才大规模修建，应正是秦始皇本人对自己陵寝的要求提高的结果。东汉卫宏《汉旧仪》云："（始皇）使丞相李斯将天下刑人隶徒七十二万人作陵。"这表明吕不韦之后接替其主持秦始皇陵工程的正是丞相李斯。

　　然而，无论是秦始皇本人还是先后主持始皇帝陵建设工程的丞相吕不韦与李斯，他们都只能是从宏观层面来规划和监管工程的进行。所以，除总理其事的丞相之外，秦代主管皇家工程建设的少府和将作大匠才是工程的具体管理与建设者。《汉书·百官公卿表》载："少府，秦官，掌山海池泽之税，以给共养，有六丞。属官有尚书、符节、太医、太官、汤官、导官、乐府、若卢、考工室、左弋、居室、甘泉居室、左右司空、东织、西织、东园匠十六官令丞，又胞人、都水、均官三长丞，又上林中十池监，又中书谒者、黄门、钩盾、尚

---

①　袁仲一：《秦始皇陵兵马俑研究》，文物出版社，1990 年，第 70 页。
②　袁仲一：《秦始皇陵考古纪要》，《考古与文物》1988 年第 5—6 期。

方、御府、永巷、内者、宦者八官令丞。诸仆射、署长、中黄门皆属焉。"①而
"秦始皇陵园出土的兵器和车马器刻有'寺工'铭文，砖瓦上有寺水、左司空、
右司空、北司、宫水等陶文。这些都是官署名，是少府的属官"。②秦始皇陵园
出土的陶盆瓦片上也曾发现有"东园主章"的刻文③。

　　《汉书·百官公卿表》云："将作少府，秦官，掌治宫室，有两丞、左右
中候。景帝中六年更名将作大匠。属官有石库、东园主章、左右前后中校七
令丞，又主章长丞。"④《后汉书》亦曰："将作大匠一人，二千石。本注曰：承
秦，曰将作少府，景帝改为将作大匠。掌修作宗庙、路寝、宫室、陵园木土之
功。"⑤所以通常都认为将作大匠是由汉景帝改名秦代的将作少府而来，其执掌
一脉相承，都是掌管皇家土木工程之事。而东园主章则也被认为是汉代才有的
设置，《中国历代职官大辞典》解释说："东园主章，官名，汉置，属将作大
匠。将作大匠掌建造宫室。东园主章掌大材，供东园大匠用。武帝太初元年改
东园主章曰木工。章：大材。"但事实上，秦始皇陵园出土的砖瓦上就已发现
了"大匠"印文，说明秦始皇时期已有将作大匠一职。而《汉书·百官公卿
表》所记载的秦代"将作少府"这一机构并不与其所记载的"少府"职能、职
官设置相同。秦代"少府"执掌繁多，包括征收山海池泽之税以供皇帝私用，
下属为皇室服务的尚书、符节、太医、太官、汤官、导官、乐府等机构，还掌
管若卢、考工室、左右司空、东园匠这些制造兵器、器物的部门，是专司土木
工程、皇室密器的机构。总体而言，少府总揽为皇帝服务的相关事务。但将作
少府却仅仅掌"修作宗庙、路寝、宫室、陵园木土之功"，后者的职能明显归
属于前者之中。另一方面，少府的属官司空亦有司职土木工程、器物制造的职
能。秦始皇陵出土的砖瓦上也有"左司空""右司空"陶文。⑥所以，既然秦代
已有将作大匠的设置，其职能又属于少府的执掌之一，那么有理由相信将作大
匠在秦代就是少府的属官之一。《汉书》中汉代始有将作大匠的说法当为误载，
且已有学者考证认为将作大匠确为秦官，"汉初仍名，至汉景帝中六年改为将

①　《汉书》卷十九上《百官公卿表》，第 731 页。
②　袁仲一：《秦始皇陵兵马俑研究》，文物出版社，1990 年，第 3 页。
③　袁仲一：《秦代金文陶文杂考三则》，《考古与文物》1982 年第 4 期。
④　《汉书》卷十九上《百官公卿表》，第 733 页。
⑤　《后汉书》志第二十七《百官四》，第 3610 页。
⑥　刘庆柱、李毓芳：《西安相家巷遗址秦封泥考略》，《考古学报》2001 年第 4 期。

作少府，……至少在武帝时已复称将作大匠"。① 再者，《汉书》既言"东园主章"亦为汉代所置并属将作大匠，又云少府属官有"东园匠"，但秦始皇陵园也已发现了"东园主章"的陶文，表明《汉书》对"东园主章"的记载也不正确。《汉书》颜师古注东园匠曰："东园匠，主作陵内器物者也。"《后汉书·礼仪志·大丧》云皇帝死后："守宫令兼东园匠将女执事，……（小敛时）东园匠、考工令奏东园秘器，……（大敛时）东园匠、武士下钉衽，截去牙。"② 表明东园匠这一职官的确存在，东园主章当是东园匠的属官。

秦始皇陵园工程浩大，既要修建地宫及封土，还要制作大量的各种各样的随葬品如兵马俑的制作与烧制，铜车马的铸造、石铠甲坑、百戏俑坑、珍禽异兽坑等庞杂繁复的工程。而这一系列工程正是在少府及其属下官吏的具体管理、实施下才得以完成的。

汉代帝陵的营建是由将作大匠负责的。《汉书·百官公卿表》云"将作少府，秦官……武帝太初元年更名东园主章为木工。"③《汉旧仪》曰："天子即位，明年将作大匠营陵地……。"④《汉书·陈汤传》记载汉成帝时大臣陈汤与将作大匠解万年相善，当成帝营建昌陵时，解万年为获取政治利益，便鼓动陈汤说："武帝时工杨光以所作数可意，自致将作大匠，及大司农、中丞耿寿昌造杜陵赐爵关内侯，将作大匠乘马延年以劳苦秩中二千石；今作初陵而营起邑居，成大功，万年亦当蒙重赏。子公妻家在长安，儿子生长长安，不乐东方，宜求徙，可得赐田宅，俱善。"陈汤也认为解万年所言有理并亦望由此获利，遂上书成帝求设昌陵邑并徙民以奉昌陵。汉成帝听信了他的话，便徙民起邑。"万年自诡三年可成，后卒不就，群臣多言其不便者。下有司议，皆曰：'昌陵因卑为高，积土为山，度便房犹在平地上，客土之中不保幽冥之灵，浅外不固，卒徒工庸以巨万数，至然脂火夜作，取土东山，且与谷同贾。作治数年，天下遍被其劳，国家罢敝，府臧空虚，下至众庶，熬熬苦之。故陵因天性，据真土，处势高敞，旁近祖考，前又已有十年功绪，宜还复故陵，勿徙民。'"迫于形势，成帝只得罢作昌陵，并下诏"免汤为庶人，徙边"，⑤ "前将作大匠万年知

---

① 刘瑞：《秦汉时期的将作大匠》，《中国史研究》1998 年第 4 期。

② 《后汉书》志第六《礼仪下》，第 3141—3142 页。

③ 《汉书》卷十九上《百官公卿表》，第 733 页。

④ （清）孙星衍等辑，周天有点校：《汉官六种》，中华书局，1990 年，第 106 页。

⑤ 《汉书》卷七十《陈汤传》，第 3023—3026 页。

昌陵卑下，不可为万岁居，奏请营作，置郭邑，妄为巧作，积土增高，多赋敛
徭役，兴卒暴作。徒卒蒙辜，死者连属，百姓罢极，天下匮竭。……万年佞邪
不忠，毒流众庶，海内怨望，至今不息，虽蒙赦令，不易居京师，其徙万年敦
煌郡"。[1]由此说明，西汉帝陵的营建是由将作大匠这一机构负责组织建设的。
东汉亦然。《后汉书·光武帝纪》云："（二十六年）初作寿陵。将作大匠窦融
上言：'园陵广衺，无虑所用。'帝曰：'古者帝土之葬，皆陶人瓦器，木车茅
马，使后世之人不知其处。太宗识终始之义，景帝能述遵孝道，遭天下反覆，
而霸陵独完受其福，岂不美哉！令所制地不过二三顷，无为山陵，陂池裁令流
水而已。'"《后汉书·百官志》曰："将作大匠一人，二千石。本注曰：承秦，
曰将作少府，景帝改为将作大匠。掌修作宗庙、路寝、宫室、陵园木土之功，
并树桐梓之类列于道侧。……（刘昭）注（将作大匠）曰：'位次河南尹，光
武中元二年省，谒者领之，章帝建初元年复置。'"《后汉书·孝安帝纪》李贤
注将作大匠云："《续汉志》曰：'将作大匠属官有左右校，皆有令、丞。中兴
未置，今始复。'"将作大匠这一职官虽然在光武帝中元二年罢置而为谒者代领
其职，但这一机构及其职能却始终如一。有汉一代，将作大匠始终是帝陵营建
的管理与执行机构。

作为负责皇室土木工程建筑的机构，将作大匠之下有一套完整的官僚管理
体系。西汉时，将作大匠有将作大匠丞二人为其副手。秦时属于少府的东园匠
也被划入将作大匠这一机构内，东园匠下有东园主章并在武帝太初元年被更名
为木工。颜师古注曰："东园匠，主作陵内器物者也。"[2]专为帝、后陵制作各
种随葬器物的东园匠成为将作大匠的属官，其为汉代帝陵营建中的重要角色
由此亦可见一斑。除此之外，将作大匠属下还有石库、左右前后中校六令丞。
《汉书·百官公卿表》云："成帝阳朔三年，省中候及左右前后中校五丞。"从
此将作大匠的机构被缩减，中候及左右前后中校五机构的丞被裁撤。东汉时
期，将作大匠这一机构被继续压缩，除将作大匠外还有"丞一人，六百石。左
校令一人，六百石。本注曰：掌左工徒。丞一人。右校令一人，六百石。本
注曰：掌右工徒。丞一人。"[3]丞减少为一人，下属左右校二机构。左右校各有

① 《汉书》卷十《成帝纪》，第 322 页。
② 《汉书》卷十九上《百官公卿表》，第 732 页。
③ 《后汉书·百官志》，第 2462 页。

令一人，令各有一丞，分别掌管左右校工徒。这一变化的原因在于"西汉后期，王朝没落，国力下降，帝陵规模大大缩小，因应这种变化，主持营建工程的将作大匠从专业技术型官员逐渐转变为纯行政型官员，其官署机构也随之萎缩"。①

由《后汉书》对将作大匠属下机构左、右校的职能是掌管下属工徒的记载来看，西汉将作大匠下属机构中东园匠、左右前后中校、石库的组织形式亦当如之，其下各有司职不同的诸多工匠负责帝陵建造相关事务的营作。东园匠则是专营陪葬品与葬具的制作，汉代帝陵中的棺椁、金缕玉衣等应均出自其手。

但是，帝陵的营建是一项庞大而又持久的工程。《汉旧仪》说汉代天子即位第二年即开始为自己营建陵墓。事实上，西汉明确见诸文献记载的仅有武帝茂陵、成帝延陵、哀帝义陵是在即位后第二年即开始修建的，其他的西汉帝王陵中，景帝阳陵建于景帝五年，宣帝杜陵建于即位八年后的元康元年，元帝渭陵是在即位后的第九年。②高祖长陵、惠帝安陵、文帝霸陵、昭帝平陵、平帝康陵的营建时间则不见于文献记载。但即使"（汉代）天子即位一年而为陵"的记载在西汉并非通制，文献上明确记载中营建时间最短的哀帝义陵也用了五年时间。"东汉王朝从一开始就没有执行'即位一年而为陵'的制度"。③陵墓地宫、封土、丛葬坑、陵园建筑等庞大的规模仅靠以将作大匠为首的国家官僚机构及其下属工匠是不可能完成的。所以，军队和刑徒也参加了帝陵的营建工程并为其中的主体劳动力量。文帝去世后，"令中尉亚夫为轻骑将军，属国悍为将屯将军，郎中令张武为覆土将军，发近县卒万六千人，发内史卒五千人，臧郭穿覆土属将军武"。④在阳陵发现了修陵人的大规模的刑徒墓地。⑤《汉书·景帝纪》亦记载："（中元四年）秋，赦徒作阳陵者。"洛阳市南郊也发现

①　马永赢：《从"将作大匠"看西汉帝陵的变化》，《考古与文物》2009 年第 4 期。

②　《汉书·武帝纪》云："（建元二年）初置茂陵邑。"《汉书·成帝纪》："（建始二年）闰月，以渭城延陵亭部为初陵。"《汉书·哀帝纪》："（建平二年）七月，以渭城西北原上永陵亭部为初陵。"《汉书·景帝纪》："（景帝五年）春正月，作阳陵邑。夏，募民徙阳陵，赐钱二十万。"《汉书·宣帝纪》："（元康元年）春，以杜东原上为初陵，更名杜县为杜陵。"《汉书·元帝纪》："（永光四年）九月，以渭城寿陵亭部原上为初陵。"

③　阎崇东：《两汉帝陵》，中国青年出版社，2007 年，第 40 页。

④　《汉书》卷四《文帝纪》，第 133 页。

⑤　杜葆仁：《汉阳陵附近钳徒墓的发现》，《文物》1972 年第 7 期。

东汉时期刑徒墓地并被认为是营建东汉后期建在洛阳城东南一带的帝陵的。[①]
这些军队和刑徒也应是在将作大匠为首的营陵机构指挥之下来进行陵墓各项工
程的建设。将作大匠及其属下官吏多属于技术官僚的范畴，并且他们的职能也
决定了他们只能处于宏观监控与具体管理的位置之上。东汉时期，光武帝忙于
政事，提倡节俭，建武二十六年才开始作陵，至其去世共五年。东汉中后期之
后，由于国家贫弱、政治腐败、君权黯弱，帝陵营建的时间就更短了，但东汉
帝陵营建的主体力量与西汉并没有差异。

　　"汉天子即位一年而为陵，天下贡赋三分之，一供宗庙，一供宾客，一供
山陵。"[②]汉代尤其是东汉帝王虽并非即位第二年就营建陵墓，但由于陵墓工程
浩大，大多数帝王陵墓营建持续时间长久，其所耗费的财力也必然非常庞大。
这也就必然要求有专管陵墓建设财务开支的机构。将作大匠只是专司营建事
务，并根据工程耗费程度向财务管理机构申请资金投入。由于汉代主管财政的
机构是大司农，帝陵营建的财务也应由其统筹负责。《汉书·百官公卿表》云：
"治粟内史，秦官，掌谷货，有两丞。景帝后元更名大农令，武帝太初元年更
名大司农。属官有太仓、均输、平准、都内、籍田五令丞，斡官、铁市两长
丞。又郡国诸仓农监、都水六十五官长丞皆属焉。骏粟都尉，武帝军官，不常
置。王莽改大司农曰羲和，后更为纳言。初，斡官属少府，中属主爵，后属大
司农。"[③]东汉亦称大司农。《后汉书·百官志》曰："大司农，卿一人，中两千
石。本注曰：掌诸钱谷金帛诸货币。郡国四时上月旦见钱谷薄，其逋未毕，各
具别之。边郡诸官请调度者，皆为报级，损多益寡，取相给足。丞一人，比千
石。部丞二人，六百石。本注曰：'部丞主帑藏。'"[④]由此可见，秦汉时期，全
国财赋收入、农工商业、货物调运、物价平抑、国库监管、政府开支的管理者
都是大司农——秦名治粟内史。作为国家财政支出的主要方向之一，帝陵营建
的财务运作也当由其来负责。也只有它才能准确把握国家财政收支状况，并在
出入之间保持平衡。或许在某种程度上，正是国家财政可供帝陵营建的支出的
程度决定着陵墓的工程进度。

（二）管理制度

1. 中央政府与帝陵管理

由于帝王陵墓所具有的重要政治意义，有关的任何风吹草动都会引起在位君王及其臣属的关注。除帝王会过问有关先帝陵寝之事外，在中央政府也有专门的机构负责监管陵寝事务。

帝陵的修筑营造主要由将作大匠和少府分工负责。《汉书·百官公卿表》载："将作少府，秦官，掌治宫室，有两丞、左右中候。景帝中六年更名将作大匠。属官有石库、东园主章、左右前后中校七令丞，又主章长丞。武帝太初元年更名东园主章为木工。成帝阳朔三年省中候及左右前后中校五丞。"①实际上将作大匠的职能不只是"掌治宫室"，帝陵的修筑也是其重要职责，《汉旧仪》即载"天子即位明年，将作大匠营陵地。"②而其属官东园主章的职责就是管理和筹办制作东园秘器的大材，颜师古注云："东园主章掌大材，以供东园大匠也。"③少府沿自秦官，"掌山海池泽之税，以供给养"，"属官有尚书、符节、太医、太官、汤官、导官、乐府、若卢、考工室、左弋、居室、甘泉居室、左右司空、东织、西织、东园匠十六官令丞"，颜师古注云："大司农供军国之用，少府以养天子也。""东园匠，主作陵内器物者也。"④也就是说，将作大匠负责帝陵的建设规划和土木工程，其属官东园主章具体负责制作东园秘器的大材的筹办，少府则负责帝陵建设经费的供给，其属官东园匠具体负责陵内器物的制作。刘庆柱认为帝陵营筑中的经费开支由大司农直接负责，并举大司农田延年为修筑平陵"取民牛车三万两为僦，载沙便桥下，送致方上"为例，⑤恐怕不符合西汉经济体制。田延年动用大司农经费修筑平陵，仅是特殊情况，是"昭帝大行时，方上事暴起，用度未办"的情况下不得已而为之或权宜之计。⑥

秦代由于存在时间短暂，仅秦始皇帝修建了大规模寝园，且其死后三年时

---

① 《汉书》卷十九上《百官公卿表上》，第 733 页。
② 《后汉书》志第六《礼仪志下》刘昭注补引，第 3144 页。
③ 《汉书》卷十九上《百官公卿表上》，第 734 页。
④ 《汉书》卷十九上《百官公卿表上》，第 731 页。
⑤ 刘庆柱、李毓芳：《西汉十一陵》，陕西人民出版社，1987 年，第 230 页。
⑥ 《汉书》卷九十《酷吏传》，第 3665 页。

间秦朝就灭亡了。所以有关其陵园管理方面的状况难以获知。考虑到陵墓的修建一直是由丞相主持，那么秦始皇陵在中央政府层面也应是由其负责。

西汉时期，陵寝管理制度得以发展完善。在中央，丞相和太常都对帝王陵寝负有管理之责。《汉书·张汤传》云："会人有盗发孝文园瘗钱，丞相青翟朝，与汤约俱谢，至前，汤念独丞相以四时行园，当谢，汤无与也，不谢。丞相谢，上使御史案其事。"①张汤与丞相约定上朝时一起为文帝霸陵前所埋之钱被盗之事谢罪，但上朝之后却又因为觉得只有丞相有四时巡查陵园的职责而自己却没有责任，于是反悔，让丞相独自一人去承担了罪责。《汉书·鲍宣传》亦曰："丞相孔光以四时行园陵。"这说明总揽朝政的丞相需要在春夏秋冬四季各对诸陵巡视一次，并对陵园的管理负有领导责任。丞相之下，更有太常具体掌管有关帝王陵寝之事，对陵园的管理机构有直接的监管之责。《汉书·百官公卿表》云："奉常，秦官，掌宗庙礼仪，有丞。景帝中六年更名太常。属官……又诸庙寝园食官令长丞，有雍太宰、太祝令丞，五畤各一尉。又博士及诸陵县皆属焉。"②《后汉书·百官志》亦云："太常，卿一人，中二千石。本注曰：掌礼仪祭祀。每祭祀，先奏其礼仪；及行事，常赞天子。每选试博士，奏其能否。大射、养老、大丧，皆奏其礼仪。每月前晦，察行陵庙。丞一人，比千石。六百石。本注曰：掌凡行礼及祭祀小事，总署曹事。"③太常在秦代就是掌管宗庙礼仪等礼制事务的官员，"秦兼天下，建皇帝之号，立百官之职。汉因循而不革，明简易，随时宜也"，④汉代以其总领陵寝事务，秦代或亦如之。陵园内的相关事务，各机构都应向太常禀报，并由之独立决断或再上报丞相甚或皇帝。东汉时期，太常不仅总揽宗庙陵寝礼仪之事，还亦须在"每月前晦"即每月月初及月终"察行陵庙"。太常也常因陵寝管理问题而被处罚。"（武帝）元朔二年，蓼侯孔臧为太常，三年坐南陵桥坏衣冠道断绝免。……六年，渑侯周平为太常，四年坐不缮园陵免"。⑤

2. 日常管理

帝陵陵园、寝园、庙园皆设有专门的机构进行管理，其长官分别称园令、

①《汉书》卷五十九《张汤传》，第2643—2644页。
②《汉书》卷十九上《百官公卿表》，第726页。
③《后汉书》志第二十六《百官二》，第3571页。
④《汉书》卷十九上《百官公卿表》，第722页。
⑤《汉书》卷十九上《百官公卿表》，第771、773页。

寝园令、庙园令。《关中记》载：汉诸陵"守陵、溉树、埽除凡五千人，陵令、食官令各一人，寝、庙令各一人，园令一人，门吏三十二人，候四人"。[①]据《汉书·百官公卿表》，陵令、食官令、寝令、庙令、园令等皆为太常属官，由太常管理。陵令或即陵园令，而非陵邑令。食官令的职责是"给陵上祭祀之事"，史载冯参曾"以王舅出补渭陵食官令"，[②]传世铜印中有"渭陵食官令印"。[③]寝园令简称寝令，负责寝园里的日常工作，韦贤长子韦方山曾为"高寝令"，[④]传世铜印中有"高寝郎印""高寝令印"。[⑤]庙园令也简称庙令，其职责是"守庙，掌案行扫除"，[⑥]传世有"孝文庙令"封泥。"园令"当即"陵园令"的简称，汉代帝、后陵园一般称"园"。园令的职责是"掌守陵园，案行扫除"，[⑦]司马相如曾拜为"孝文园令"，[⑧]汉代封泥中有"孝昭园令印""孝昌园令"。令之下，又各设佐贰官，如"丞""校长"等，分工负责具体事务。[⑨]可见，秦汉帝陵陵园设有专门机构和官员负责陵园的日常管理工作，包括陵园令、食官、寝令。

《周礼·春官》记载，早在西周时即有负责王族公墓管理的冢人和管理埋葬平民邦墓的墓大夫。春秋战国之际，随着社会关系的巨大变革，维系周代社会的礼乐等级制度土崩瓦解，社会制度急剧变化，族墓制度逐渐崩溃。此时平民墓地有无政府管理尚不得而知，但由于彼时墓祭习俗的出现和"事死如事生，事亡如事存"的传统观念早已根深蒂固，尤其是中央集权君主权力的逐渐加强，国君的墓葬仍应处于一定的管理守护之下。《云梦秦简·法律答问》云："何谓甸人？守孝公、献公冢者殴（也）。"可见，战国中晚期的秦国王陵陵园之中仍有管理陵园事务的官员。战国时期中山王陵出土的铜版《兆域图》便标明墓冢之上有五间称之为"堂"的建筑，实际发掘的中山1号和2号墓的覆斗形封土半山腰也有一圈方形的回廊建筑遗迹；河南辉县固围村并列的三座战国

---

①　刘庆柱：《关中记辑注》七"汉陵"条，三秦出版社，2006年，第119页。
②　《汉书》卷七九《冯奉世传》，第3306—3307页。
③　汪启淑：《汉铜印原》，西泠印社，1996年，第31页。
④　《汉书》卷七十三《韦贤传》，第3107页。
⑤　汪启淑：《汉铜印原》，西泠印社，1996年，第31页。
⑥　《后汉书》志第二十五《百官二》，第3573页。
⑦　《后汉书》志第二十五《百官二》，第3574页。
⑧　《汉书》卷五十七下《司马相如传下》，第2592页。
⑨　《后汉书》志第二十五《百官二》，第3573—3574页。

大墓除四周有围墙建筑遗迹外，中间大墓上亦有七间建筑遗迹，两侧二墓上各有五间建筑遗迹；"这些陵墓上并列的许多间建筑，也该和中山王墓出土《兆域图》上的五间'堂'一样，属于'寝'的性质"。①

战国晚期的秦东陵已出现了"寝"这一性质的陵园建筑。②秦始皇陵园更确立了这一制度，在陵园内城的封土西北修建了大型寝殿建筑。"寝"本是古代君主宫殿中"朝"之后用于日常居住的部分。又因为古人相信死者依然有灵魂存在，故死去的君主也会如生前一般有处理政务和居住之处。所以在"事死如事生"的理念之下，古人就认为君主生前有"朝"和"寝"，死后亦当有"朝"——"庙"的存在和有用于灵魂休憩的"寝"。庙和寝原本建在一起，通常位于都城之中。战国时期，庙后的寝逐渐建到墓上或边侧。随着秦的统一和君主专制中央集权制度的建立，秦始皇为了强化帝王权威，不但没有将自己的陵墓和先君秦王修在一起，更继承前制确立了陵侧设寝的制度，以独享臣民的供奉。20世纪的考古探查与发掘在秦始皇陵内城封土以北53米处的内城西侧发现了一处南北长62米，东西宽57米，面积约3 534平方米的夯土建筑基址。其形状近方形，外环以回廊，并发现散水、大量的砖瓦、墙壁碎块、红烧土及灰烬等。根据这一基址的位置、形状及规格，学界一般认为这就是秦始皇陵园的寝殿建筑。在寝殿以北150米至内城北墙近处，亦即内城西墙与小城西墙之间的东西狭长地带，也密集分布着多处建筑基址。其中，南部的1—4号建筑基址呈东西排列，构成有分有合的一个整体，总面积达五千平方米。其各建筑单元以承重墙隔开，室内地面经夯筑，或铺以石板。堆积物中多见瓦当、陶屋脊等，还发现一种特大型的夔纹瓦当。此建筑遗址被认为是秦始皇陵的"便殿"建筑。③便殿，《汉书》颜师古注曰："寝者，陵上正殿，若平生路寝矣；便殿者，寝侧别殿耳。"即："'便殿'是附属于'正寝'边侧的别殿，大概和地下墓室的便房差不多，为供墓主灵魂游乐之处。"④由于在现实生活中，寝为君主起居生活之处，故陵园中的寝殿亦应当有现实生活中的一切设

---

①　杨宽：《中国古代陵寝制度史研究》，上海人民出版社，2003年，第31页。

②　徐卫民：《秦公帝王陵》，中国青年出版社，2002年，第76页。又，刘士莪、马振智亦云："战国晚期的秦国芷阳陵区一号陵园则将建在墓室口上的'堂'移至封土之侧，演变为'寝'，被后来的秦始皇陵所继承。"《秦国陵寝制度对西汉帝陵的影响》，《文博》1990年第5期，第149页。

③　赵华成、高崇文等：《秦汉考古》，文物出版社，2002年，第20页。

④　杨宽：《中国古代陵寝制度史研究》，上海人民出版社，2003年，第32页。

置，如床被枕座、衣冠、几案等等，并有宫人、侍者在主管官员的监管下侍奉整理，以使帝王的灵魂依然能够如生前一样在寝中起居，在便殿中游乐。东汉蔡邕《独断》即言："宗庙之制，古者以为人君之居，前有'朝'，后有'寝'，终则前制'庙'，以象朝，后制'寝'以象寝。'庙'以藏主，列昭穆；'寝'有衣冠、几杖、象生之具，总谓之宫。……古不墓祭。至秦始皇出寝，起止于墓侧，汉因而不改，故今陵上称寝殿，有起居、衣冠、象生之备，皆古寝之意也。"所以，秦汉帝陵附属的寝殿与便殿虽分离自先秦的宗庙，却根源于古代君王的现实生活环境。2010 年对秦始皇陵礼制建筑进行的最新勘探，又"在秦皇陵内城以内西北部再次确认了一处大型建筑遗址区，而且其形制保持完整，结构复杂，又是秦及后代帝王陵墓所未发现的建筑形式，……曾在秦始皇帝陵园封土北侧、本次勘探的建筑基址正南侧多次发掘的寝殿遗址，正好与这次勘探发现的建筑遗址连为一体，共同组成十进式的建筑结构，共同组成了秦始皇帝陵园的陵寝建筑遗存"。① 很明显，这十进建筑遗存不仅包括了 20 世纪发掘所确认的寝、便殿遗址，而且原所认为的便殿以北的大面积建筑遗存的性质也得以确认，其整体范围除原先确认的寝殿遗址外，"南北长约 598、东西宽约 241 米，面积约 15 万平方米"。② 规模如此之巨大，其中的侍奉、管理人员队伍必然也十分庞大。

除寝、便殿之外，在秦始皇陵西北内外城之间也发现了"丽山飤官"遗址，其南北长约 200 米，东西宽约 169 米，面积达 33 900 平方米，并在遗址中发现了刻有"丽山飤官""丽山飤官左""丽山飤官右"陶文的陶器。飤官，《汉书·百官公卿表》曰："詹士，秦官，掌皇后、太子家，有丞。属官有太子率更、家令丞，仆，中盾，卫率，厨厩长丞，又中长秋、私府、永巷、仓、厩、祠祀、食官令长丞。诸宦官皆属焉。"③ 食与飤为通假字，其意相同。《后汉书·百官志》曰："太子食官令一人，六百石。本注曰：主饮食。"④《汉官仪》曰："长公主属官，……食官长、永巷令、家令各一人，秩皆六百石。"所以，

---

① 陕西省考古研究院：《2010 年度秦始皇帝陵园礼制建筑遗址考古勘探简报》，《考古与文物》2011 年第 2 期。

② 陕西省考古研究院：《2010 年度秦始皇帝陵园礼制建筑遗址考古勘探简报》，《考古与文物》2011 年第 2 期。

③ 《汉书》卷十九上《百官公卿表》，第 734 页。

④ 《后汉书》志第二十七《百官四》，第 3609 页。

食官是秦汉时期皇宫、太子、公主府内均有设置的主管饮食的机构。在"事死如事生"的丧葬理念的指导下，秦始皇陵园中也设置了食官这一机构，以供给饮食、奉祀秦始皇的灵魂。除此之外，秦始皇陵园中尚存在着大量的管理、奉祀人员，他们的饮食或许也是由食官负责供应。食官的主管官员亦为食官令，下有长、丞协助其管理各类食官员属及相关事务。

在丽山飤官遗址之北另有两处大型建筑遗址，一般被认为是陵园管理者及其下属人员办公、居住的园寺吏舍建筑群。① 早在战国时期，秦栎阳陵区内即有为秦孝公、献公守墓的甸人，秦国统治者亦为东陵陵园设置了"东陵侯"这一管理陵园的官员。② 而文献记载中汉代帝陵陵园中已明确有了陵园令这一负责陵园管理事务的官职。考虑到战国中晚期秦公陵园已有设专门职官管理陵园的传统和秦代陵寝制度对汉代的影响，以及秦始皇陵园中庞大的奉祀人员的存在，且皇宫中本亦有各色服务人员的居所，此处建筑应确属园寺吏舍。但由于文献记载的缺失，陵园中管理人员的设置已不可详知，根据汉代帝陵的设置，推测其当有如园陵令一类的官员，下属有门吏、巡护、打扫、宫人等人员对秦始皇陵园进行完善、系统的管护。

汉承秦制。秦始皇创立的陵寝制度对汉代帝陵也产生了深远的影响，陵园的日常管理亦然。两汉时期都在帝陵陵园内或近侧设寝便殿、食官、园寺吏舍对帝陵进行日常祭祀和管理。

《汉书·韦贤传》云："京师自高祖下至宣帝，与太上皇、悼皇考各自居陵旁立庙，并为百七十六。又园中各有寝、便殿，日祭于寝，月祭于庙，时祭于便殿。寝，日四上食；庙，岁二十五祠；便殿，岁四祠。又有一游衣冠。"③ 规定得详细具体。《三辅黄图》曰："长陵城周七里百八十步，因为殿垣，门四出，及便殿掖庭诸官寺，皆在中。"④《后汉书·百官志》云："先帝陵，每陵园令各一人，六百石。本注曰：掌守陵园，案行扫除。丞及校长各一人。本注曰：校长，主兵戎盗贼事。先帝陵，每陵食官令各一人，六百石。本注曰：掌望晦时节祭祀。"⑤ 考古调查发现，在"长陵陵园的城垣之内北部，即长陵北

① 赵化成、高崇文等：《秦汉考古》，文物出版社，2002年，第20页。
② 徐卫民：《秦公帝王陵》，中国青年出版社，2002年，第77页。
③ 《汉书》卷七十三《韦贤传》，第3115页。
④ 何清谷：《三辅黄图校释》，中华书局，2005年，第362页。
⑤ 《后汉书》志第二十七《百官二》，第3574页。

130 米和吕后陵北 350 米附近各有一大型建筑基址，它们应为寝、便殿一类建筑"。① 景帝阳陵以后诸帝陵，寝殿之类的建筑则移到了陵园以外。"阳陵陵园外东南边发现的一处大型建筑遗址，有可能是阳陵寝殿遗址"；② "茂陵坟丘东南约一公里处，发现了大面积汉代建筑遗址，出土了很多有四神图案的空心砖、青玉铺首和饰有谷纹的琉璃璧等，值得注意的是，出土了一枚完整的有十二个篆字的瓦当，外圈八字为：'与民世世，天地相方'，内圈四字是'永安中正'。这片遗址可能是茂陵的寝殿废墟"。③ 杜陵寝殿遗址位于杜陵陵园墙外东南隅，平面呈长方形，其内有寝殿、便殿和"寺吏舍"一类的建筑。④ 东汉时期，帝陵陵园的形制有所变化，取消了陵园的墙垣并改用行马，行马内新增石殿、钟虡、园省等礼制建筑设施，但仍然继承了西汉陵园中寝殿、便殿、园寺吏舍和食官的设置。⑤

　　每个陵园管理机构都有一套完整的职官体系。《汉书·韦贤传》云："贤四子，长子方山为高寝令，早终。"⑥《汉书·平帝纪》云："乙未，义陵寝神衣在柙中，丙申旦，衣在外床上。"文颖注曰："哀帝陵也。衣在寝中，今自出在床上。"⑦ 西汉名臣冯奉世的儿子冯参亦出任过渭陵的寝中郎一职。"参字叔平，学通尚书。少为黄门郎给事中，……竟宁中，以（中山）王舅出补渭陵食官令。以数病徙为渭陵寝中郎，有诏勿事。阳朔中，中山王来朝，参擢为上河农都尉。病官免，复为渭陵寝中郎。"⑧ 从而表明，在汉代帝陵陵寝中有主管寝、便殿事务的机构。其最高级官员为寝令，寝令下有寝中郎以及其他下属官吏。他

① 刘庆柱、李毓芳：《关于西汉帝陵形制诸问题探讨》，《考古与文物》1985 年第 6 期。
② 阎崇东：《两汉帝陵》，中国青年出版社，2007 年，第 65 页。
③ 徐苹芳：《中国秦汉魏晋南北朝时代的陵园和茔域》，《考古》1981 年第 6 期。
④ 中国社会科学院考古研究所杜陵工作队：《1982—1983 年西汉杜陵的考古工作收获》，《考古》1984 年第 10 期。
⑤《后汉书·礼仪志下》刘昭注引《古今注》云："明帝显节陵，……无周垣，为行马，四出司马门。石殿，钟虡在行马内。寝殿、园省在东。园寺吏舍在殿北。……章帝敬陵，……无周垣，为行马，四出司马门。石殿、钟虡在行马内。寝殿、园省在东。园寺吏舍在殿北。……和帝慎陵，……无周垣，为行马，四出司马门。石殿、钟虡在行马内。寝殿、园省在东。园寺吏舍在殿北。……殇帝康陵，……寝殿、钟虡在行马中。因寝殿为庙。园寺吏舍在殿北。……安帝恭陵，……石殿，钟虡在行马内。寝殿、园寺吏舍在殿北。……顺帝宪陵，……无周垣，为行马，四出司马门。石殿，钟虡在司马门内。寝殿、园寺吏舍在殿东。……冲帝怀陵，……为寝殿行马，四出门。园寺吏舍在殿东。……质帝静陵，……为行马，四出司马门。寝殿、钟虡在行马中，园寺吏舍在殿北……因寝为庙。"第 2136—2137 页。
⑥《汉书》卷七十三《韦贤传》，第 3107 页。
⑦《汉书》卷十二《平帝纪》，第 351 页。
⑧《汉书》卷七十九《冯奉世传》，第 3306 页。

们的职责应是在寝便殿之内管理相应的祭祀事务。值得注意的是，汉代陵寝中除与管理机构有关的官吏和侍者、宫人之外，还有大量的已故帝王的嫔妃。《汉书·贡禹传》："贡禹奏言……武帝时，又多取好女至数千人，以填后宫。及弃天下……又皆以后宫女置于园陵。"又云："及诸陵园女亡子者，宜悉遣。独杜陵宫人数百，诚可哀怜也。"① 如此多的奉陵宫人存在于寝殿之中，目的便在于使帝王像生前一样的被她们继续服侍。而管理他们的人，当然也应该是寝令及其属下。

由上可知，西汉帝陵陵园内有园令一人，总揽陵园守护、清洁诸事。园令下辖有丞，为其副职，且丞必须是年轻的孝廉郎，其下还有校长一人，主管陵园内的治安，防止盗贼的侵扰。据《长安志》引《关中纪》，西汉帝陵陵园内尚有负责日常活动的"门吏""候"，每座陵园内有"门吏"三十三人，"候"四人。食官有令一人——东汉称监，掌管每月十五、月终及时节祭祀。食官下有丞一人，中黄门八人，从官二人。除此之外食官之下本还有祠祀令一人，当主司祭祀事务，只是后来被划归少府管辖。《史记·司马相如列传》云："相如拜为（茂）陵园令。"汉平帝即位后，太后、王莽执掌政权，他们为粉饰太平，便"使使者分行风俗，采颂声，而稚无所上。琅邪太守公孙闳言灾害于官府，大司空遣属驰至两郡讽吏民，而劾闳空造不祥，稚绝佳应，嫉害圣政，皆不道。太后曰：'不宣德美，宜与言灾害者异罚。且后宫贤家，我所哀也。'闳独下狱诛。稚惧，上书陈恩谢罪，愿归相印，入补延陵园郎，太后许焉。食故禄终身。由是班氏不显莽朝。"②

由于陵园令、食官的秩级都是六百石，寝令秩级未见记载但应与之相同。如此，帝陵陵寝三大管理机构不仅职能分工不同，主管官员也都是相同的级别，处于互不隶属的状态。所以，他们可能直接隶属于中央政府中太常的领导，西汉陵邑或也对他们有管理之责。

3. 祭祀管理

秦始皇陵确立了"陵侧出寝"的制度。因为时人迷信死者的灵魂居住在墓中和陵侧的寝中，为了方便君王的灵魂从庙中赶到寝殿中接受祭祀以及宗庙地位的下降，③ 至迟在西汉文帝时期皇帝的庙就已经修到了陵墓的附近，从而将祭

---

① 《汉书》卷七十二《贡禹传》，第3071—3072页。
② 《汉书》卷一百上《叙传》，第4204页。
③ 杨宽：《中国古代陵寝制度史研究》，上海人民出版社，2003年，第22页。

庙和祭陵结合在一起。

秦始皇陵园祭祀的具体内容不见于文献记载。但，"二世（元年）下诏，增始皇寝庙牺牲及山川百祀之礼，令群臣议尊始皇庙。群臣皆顿首言曰：'古者天子七庙，诸侯五，大夫三，虽万世不能轶毁。今始皇为极庙，四海之内皆献贡职，增牺牲，礼咸备，毋以加'"。①秦二世所要求增加的"始皇寝庙牺牲及山川百祀之礼"必然包括对秦始皇陵寝的祭祀，既然"礼咸备，毋以加"，则与之相关的祭祀礼仪制度必然已有一个完整的体系。《汉官仪》曰："古不墓祭。秦始皇起寝于墓侧，汉因而不改。诸陵寝皆以晦、望、二十四气、三伏、社、腊及四时上饭。其亲陵所宫人，随鼓漏理被枕，具盥水，陈庄具。"②秦始皇陵寝内奉祀人员的祭祀制度应与汉代相似。

西汉帝陵陵寝沿袭了秦始皇陵"陵侧出寝"的做法，设置了以寝殿为中心，包括便殿等在内的"寝园"，并且从文帝霸陵开始实行"陵旁立庙"的制度。《汉书·韦贤传》云："京师自高祖下至宣帝，与太上皇、悼皇考各自居陵旁立庙……又园中各有寝、便殿。日祭于寝，月祭于庙，时祭于便殿。寝，日四上食；庙，岁二十五祠；便殿，岁四祠。又月一游衣冠。"③《三辅黄图》亦指出："高园于陵上作之，既有正寝，以象平生正殿路寝也；又立便殿于寝侧，以象休息闲宴之处也。"④陵园祭祀活动较前代更加普遍，更加制度化。虽然秦汉时期寝已从庙中转移到陵墓边侧，使"陵"和"寝"得以紧密结合，同时西汉又将庙从都城迁到了陵墓附近，各庙距陵远近不一。但庙"并不作为陵园的一部分。'寝'只作为侍奉墓主灵魂的日常起居生活的场所，重要的祭祀祖先的典礼还必须在陵园以外的'庙'中进行"。⑤因而，西汉皇帝祭祖主要是庙祭，一年二十五次，且每个月要把寝殿中的衣冠取出游历到庙中摆放，然后再送回寝殿，称为"月一游衣冠"，原因在于汉人相信死者的灵魂会附着在衣冠之上。衣冠出游、送归之时，陵园、寝殿内的奉祀、管理人员应都会配合祭祀者举行一定的祭祀仪式，但皇帝不亲自参与，主持者应为太常之类的主管宗庙礼仪的官员。便殿祭以四时，一岁四祠。"西汉时，皇帝不祭陵寝，而是委派

①　《史记》卷六《秦始皇本纪》，第 266 页。
②　《汉官仪》，见孙星衍等辑，周天有点校：《汉官六种》，中华书局，1990 年，第 182 页。
③　《汉书》卷七十二《韦贤传》，第 3115—3116 页。
④　何清谷：《三辅黄图校释》，中华书局，2005 年，第 305 页。
⑤　杨宽：《中国古代陵寝制度史研究》，上海人民出版社，2003 年，第 37 页。

丞相以四时行陵园"。① 又由于西汉丞相有以四时巡行陵园的职责，在便殿的祭祀可能是与丞相巡陵结合在一起而由丞相主持的。"日祭于寝"应即"日四上食"，当由食官令或其下属官吏或寝殿官员进行。

在天人感应、君权神授的观念影响下，为了宣扬东汉刘氏政权统治的正统性，巩固统治地位，光武帝对远在长安的西汉诸帝陵园亦详加管理。除委派专员和地方官祭祀之外，刘秀也多次借西巡之际祭祀西汉诸陵。《后汉书·祭祀志》即云："建武以来，关西诸陵以转久远，但四时特牲祠；帝每幸长安谒诸陵，乃太牢祠。"② 光武帝之后的东汉诸帝对此一以行之，对西汉诸陵的祭祀也成为东汉帝陵祭祀、管理的一个重要内容。

除此之外，由于朝代的更替以及秦末战乱的破坏，秦始皇陵原有的管理祭祀制度与人员在汉代当都已不复存在。但汉高祖十二年，"诏曰：'秦皇帝、楚隐王、魏安釐王、齐愍王、赵悼襄王皆绝亡后。其与秦始皇帝守冢二十家，楚、魏、齐各十家，赵及魏公子无忌各五家，令视其冢，复亡于它事'"。③ 所以，至少在西汉一代，其当仍然在汉代政府的管护之下，只是规模与重视程度远远不如以前。

（三）陵邑与帝陵的管理

陵邑肇始于秦始皇陵之丽邑，西汉元帝以前因而不改，元帝以后及东汉不复再设。

"（秦始皇）十六年，秦置郦邑。"④ 丽邑的修建是在秦始皇十年亲政之后伴随着陵墓规模、工程的扩大而设置的。秦始皇设置丽邑的原因是秦始皇陵修建工程及以后供奉祭祀及管理的需要。由于汉代陵寝制度受秦代的影响，从高祖长陵至宣帝杜陵七座帝王陵墓附近也都设有陵邑。并且，继承秦始皇三十五年"徙三万家郦邑"的做法，汉代也从关东或全国迁徙了大量富人入居诸陵邑之中。陵邑的功能，在秦代最初的设置目的当是为营陵机构及其人员提供后勤支持，并兼顾日后帝陵的管理与祭祀。秦始皇统一六国之后，天下初定，出于巩

---

① 王柏中：《试论汉代陵寝祭祀及其对宗庙祭祀的影响》，《鞍山师范学院学报》2000 年第 4 期。
② 《后汉书》志第九《祭祀下》，第 3200 页。
③ 《汉书》卷一《高帝纪》，第 76 页。
④ 《史记》卷六《秦始皇本纪》，第 232 页。

固政权的需要，也因为实现了"平定天下，海内为郡县，法令由一统，自上古以来未尝有，五帝所不及"①的功绩而日益骄奢，遂迁徙三万户约十余万关东民众充实陵邑，以在弱关东、强关中的同时使自己在死后仍然如同生前一般被人簇拥、侍奉，也显示出其死后仍然继续实行统治。

汉代初年面临着和秦代类似的局面。天下初定，关东六国贵族残余势力依然强大，北方匈奴常常南下侵扰，而关中久经战乱、经济疲敝，从而需要迁徙大量关东富豪充实于陵邑之中，以促进关中经济发展，削弱关东分裂势力的经济基础，同时达到北御匈奴的目的。而除此之外，与秦丽邑一样，西汉陵邑也应有管理陵寝事务的功能。

《汉书·百官公卿表》云："奉常，秦官，掌宗庙礼仪，有丞。景帝中六年更名太常。属官有……又诸庙寝园食官令长丞，……又博士及诸陵县皆属焉。"②秦始皇陵远离秦咸阳城，从而使中央政府对陵寝事务无法做到及时有效的管理，因而丽邑作为因管理营陵事务而特设的县级特别行政机构，在秦始皇死后，在继续指挥、管理陵园未完工程的同时，陵园内的日常管理也应当在它的监控之下。西汉陵邑隶属于主管陵寝事务的太常，其最高行政长官秩级为"两千石"③；西汉普通县级行政长官则"万户以上为令，秩千石至六百石。减万户为长，秩五百石至三百石"；④主管西汉陵寝的陵园令、食官令却仅秩"六百石"。这表明辖地包括诸陵所在之地的西汉陵邑，或也当为陵园令、食官令、寝殿管理官员的上级管理者，其职能介于太常与陵园管理机构之间。

秦汉帝陵管理制度的演变实际上是社会关系变革之下的结果。经历了春秋、战国时期激烈的社会关系变革，秦汉时期帝陵管理制度的逐渐巩固和发展使以血缘为纽带的宗法氏族关系终于退出了历史舞台。与此同时，大一统帝国的建立和君主集权的高度强化，也使独立陵园制以秦始皇陵园为标志正式确立并在汉代得到继续发展，加之汉王朝实行的以孝治天下的统治理念，使得陵园的管理设施趋于复杂化、功能趋于完善化。秦始皇把原来置于墓上的寝殿移至墓侧，并设有便殿、饮官、寺吏园舍、陵邑等，这些，使得作为"独立陵园

---

① 《史记》卷六《秦始皇本纪》，第 236 页。
② 《汉书》卷十九上《百官公卿表》，第 726 页。
③ 《汉书》卷三《高后纪》云："吕后六年，秩长陵令两千石"，此应为汉代通制。《汉书》，第 99 页。
④ 《汉书》卷十九下《百官公卿表》，第 742 页。

制"所应具备的管理功能趋于完善。但事实上，帝陵的管理不仅仅是陵园管理机构对其的日常祭祀、管护，它应该是一个动态的历史过程。帝陵的营建与祭祀也是其中的重要内容。正是通过修建大规模的陵墓和对先君陵墓的祭祀和妥善管理，统治阶级从另一个方面巩固、明确了等级制度并在一定程度上维护了统治地位的稳定性。

十

秦汉陵邑制度

陵邑制度起始于秦始皇时，后被西汉王朝继承并发扬光大，到汉元帝时（前40年），下诏罢置陵邑，共延续了近200年。陵邑是秦汉时期专为帝陵设置的相当于县一级的地方行政管理组织，又称陵县，是通过迁徙大量人口聚居在陵旁而形成的行政区域，它以帝陵为中心，为的是满足当时帝王等修筑庞大陵寝、保护陵寝以及祭祀需要，是帝陵的重要组成部分。但其地位明显高于一般的县，其最高长官权力也大于县一级最高长官。这是由于其特殊的内涵和外延造成的。

邑，在中国古代的意思很多。据《辞源》有五种含义。第一，指京城；第二，侯国之称；第三，指城市，大者曰都，小者曰邑；第四，大夫的封地；第五，古代行政区域单位。《辞海》在以上意思之外，又提出邑是旧时县的别称。实质上两本辞书都提到了"邑"具有"县"的意思，秦汉时期实行的陵邑制度正是沿用了"邑"的这个意思，即在帝陵旁设置相当于县一级的陵邑，用来管理陵园的修建及以后的祭祀等活动。

（一）陵邑制度兴起的原因

陵邑制度之所以兴起于秦汉时期，是与秦汉时期特殊的社会环境有关系的。秦始皇"奋六世之余烈，振长策而御宇内"，实现了全国的统一，成为中国历史上第一个皇帝。于是制定了一系列的巩固中央集权制的措施，秦始皇认为自己"德兼三皇，功过五帝"，是天下最伟大的人，无所不能，因而其陵墓也不和自己的祖父和父亲在一起，而是一墓独尊。

秦始皇陵是我国古代规模最大的陵墓，面积达56.25平方公里，秦始皇当时动用了全国众多的人力、物力、财力来为自己修建陵墓。按照"事死如事生"的原则，因而陵园中应有尽有，陪葬品极为丰富，是古代实行厚葬制度的典型。

　　既然是为历史上第一个皇帝筑陵，又实行厚葬制度，那么在陵墓制度上必然有所创新。修建秦始皇陵最多的时候动用了来自全国各地的 70 余万劳动力，如何管理这些修陵者，成为当时主管修陵者必须要考虑的问题。因此设立一个地方行政机构就被提上议事日程，丽邑便随之产生，当然设立陵邑还有为了日后管理与祭祀的需要。这是中国历史上第一个皇帝设立的第一个陵邑。

　　汉承秦制，西汉时期的陵邑制度被发扬光大，不但出现了帝王陵邑，而且还有为皇帝的父亲、母亲修建陵邑的，西汉时期共有十一个陵邑，直到汉元帝废除陵邑制度。西汉时期设置陵邑的目的既有与秦相同的方面，也有新的目的，与汉代的社会多方面有关系。除了修建陵墓和供奉陵寝的需要外，迁徙关东地区的贵族豪富到关中地区，一来充实因秦末农民战争和楚汉战争导致的关中地区人烟稀少的状况，二来预防了秦末出现的关东贵族的反抗情况，三来增强了关中的经济实力，四来强化了中央集权。达到一举多得的效果。

　　西汉时期设置陵邑的目的之一是借迁徙关东地区大族、豪侠、巨富于陵邑，充实因秦末农民战争和楚汉战争造成的关中人口缺乏情况，以稳定中央集权统治的基础，消除不安定因素。这应该是吸取了秦统一后，东方六国贵族不服、起兵反抗而导致秦快速灭亡的经验教训。《史记》云："今陛下（刘邦）虽都关中，实少人。北近胡寇，东有六国之族、宗强，一旦有变，陛下亦未得高枕而卧也。臣愿陛下徙齐诸田，楚昭、屈、景，燕、赵、韩、魏后，及豪杰名家居关中。无事，可以备胡；诸侯有变，亦足率以东伐。此强本弱末之术也。"[①]《汉书·地理志》也指出："汉兴，立都长安，徙齐诸田、楚昭屈景及诸功臣家于长陵，后世世徙吏两千石、高赀富人及豪杰兼并之家于诸陵，盖亦以强干弱枝，非独为奉山园也。"[②]《汉书·元帝纪》："顷者有司缘臣子之义，奏徙郡国民以奉陵园。"[③]《汉书·陈汤传》也云："初陵，京师之地，最为肥美，可立一县。天下民不徙诸陵三十余岁矣，关东富人益众，多规良田，役使贫民，可徙初陵，以强京师，衰弱诸侯，又使中家以下得均贫富。于是天子从其计，果起昌陵邑，后徙内郡国民。"[④]（图二十六）

　　① 《史记》卷九十九《刘敬叔孙通列传》，第 2720 页。
　　② 《汉书》卷二十八《地理志》，第 1642 页。
　　③ 《汉书》卷九《元帝纪》，第 292 页。
　　④ 《汉书》卷七十《陈汤传》，第 3024 页。

图二十六　长陵邑的城墙

　　另外，咸阳原上的五座陵邑还客观上具有防御匈奴民族南下威胁京师的军事屏障作用。因为西汉前期，中原久经战乱，百业凋敝，军事上无力与强悍的匈奴游牧民族相抗衡，匈奴趁机不断南侵，其主要方向即为西汉都城长安。据《汉书·文帝纪》载，文帝十四年（前166年）匈奴两路兵马甚至攻到了雍城（今陕西凤翔县）和甘泉（今陕西淳化县北），直接威胁到都城长安的安全，从而迫使西汉政府不得不发十万骑"军长安旁以备胡"。而在位于长安西北的五陵原上建立陵邑，迁住民众，无疑为京师设置了一道坚固的屏障，也繁荣了京城地区的经济和文化。

　　西汉时期陵邑众多的原因还与汉王朝实行的"以孝治天下"的国策有关，前文已详，此不赘述。

（二）陵邑的设置及影响

　　秦始皇十六年（前231年），置丽邑。《史记·秦始皇本纪》正义引《括地志》云："雍州新丰县，本周时骊戎邑。《左传》云：晋献公伐骊戎。杜注在京兆新丰县，其后秦灭之以为邑。"丽邑是为秦始皇陵而专门设立的，开创了中国历史上帝王陵设邑的先例，也证明了"园邑之兴，始自强秦"。①之所以称为丽邑，是因秦始皇陵原称"丽山"（秦始皇陵是后来人的称呼），故陵邑称为"丽邑"。近年来，在秦始皇陵附近发现了不少带有"丽邑"陶文的器物和砖瓦，这应为当时陵邑中的物品和建筑材料。笔者认为，丽邑实质上正是当时修建秦始皇陵的指挥部。

丽邑的具体位置在什么地方呢？既然与秦始皇陵有关，当距秦始皇陵不会太远。《水经注·渭水》云："戏水出丽山冯公谷，东北流，又北径骊戎城东，……秦之骊邑也。""渔池水径鸿门坂西，又径新丰县故城东。"《汉书·地理志》亦载："新丰，骊山在南，故骊戎国，秦曰骊邑，高祖七年置。"《史记·高祖本纪》记载："更名丽邑曰新丰。"由上记载可知，新丰故城在今新丰镇西。赵康民指出：在南至新丰原，北至陇海铁路，东至刘家寨，西至阴盘坡一带，经常有秦汉云纹瓦当、五角形陶水管道等文物出土。②袁仲一认为："秦之丽邑故城位于秦始皇陵园的北侧约2.5公里的刘家村东，遗址南北长约1000米，东西宽约500米。地面上堆积着大量的残片、红烧土，许多片上有陶文印记。与秦始皇陵出土的板瓦、筒瓦、印文完全相同，还有成排的五角星下水道。"③

考古工作者在秦始皇陵以北约4公里的刘家寨一带发现了三处大型的秦汉地面建筑遗址。其中的刘家寨遗址占地75万平方米，文化堆积层厚约半米，有建筑夯土、五角形陶水管道、条形砖、板瓦、筒瓦和各式云纹瓦当；其西北的沙河村、苗家寨遗址，面积可达150万平方米，除常见的秦汉砖瓦堆积外，还发现一段长40、残高2、基宽8米的城墙；刘家寨东的前街遗址面积虽然只有2万平方米，但仍有大量的建筑材料出土。这些建筑基址及其建筑时代，有秦有汉，或处于同地异域，或两者叠压。属秦的文物，无论从其大小、规格、形状、纹饰或质地，都同始皇陵的出土物并无二致。尤其是砖瓦上戳印的"宫寺""宫门""频阳""寺婴"等陶文，与陵园陶文酷似。王学理认为刘家寨、沙河村南遗址就是秦丽邑——汉新丰的故址。④

① 《后汉书》卷四十二《东平宪王苍列传》，第1437页。
② 赵康民：《骊山风物趣谈》，陕西旅游出版社，1992年。
③ 袁仲一：《秦始皇陵的考古发现与研究》，陕西人民出版社，2002年，第108页。
④ 王学理：《秦始皇陵研究》，上海人民出版社，1994年，第3页。

在秦始皇陵设置丽邑，完全是为了秦始皇陵修建工程及以后供奉祭祀及管理的需要。陵墓设邑制度不见于前代，丽邑遗址的发现证实了文献的记载。丽邑管辖范围南到骊山，北到渭河，西至芷阳，东到郑县。在如此大的范围内当时的人口是很多的，不要说这里的常住人口，仅修建秦始皇陵劳工最多时达 70 余万人，还有在置邑十九年后，秦始皇下令迁 3 万户于丽邑，若按每户有五口人计，这一次迁入的人口就达 15 万人之多。

汉承秦制，西汉王朝建立后继承了秦代的陵邑制度。西汉时期，共设置陵邑 11 个。汉初刘邦时设置了两个陵邑，一是在其父亲太上皇陵附近设置陵邑——万年邑。《汉书·高帝纪》："太上皇崩，葬万年。"颜师古注引《三辅黄图》云："十年，太上皇崩，葬其北原，起万年邑，置长丞也。"二是为自己的陵墓设置了长陵。高祖十二年，长陵建成，置长陵县。正如《汉书·地理志》所云："长陵，高帝置。"此后汉又相继设置了安陵邑、霸陵邑、阳陵邑、茂陵邑、平陵邑、杜陵邑等六座帝王陵邑。其中除霸陵和杜陵两座陵邑位于长安城东南外，其余五座陵邑均位于咸阳原上，五陵原之称也正是由此而来。另外还有南陵邑、奉明邑和云陵邑。

西汉时期的陵邑，大体上可以分为两类。一类是为皇帝死后设立的陵邑，从汉高祖到汉宣帝为止，共设置了七个陵邑；另一类是皇帝为自己的父母亲设置的陵邑：南陵邑是汉文帝为自己的母亲薄太后的陵墓南陵而设，云陵邑是汉昭帝为自己的母亲钩弋夫人陵墓云陵而设，万年邑是汉高祖为自己的父亲陵墓万年陵而设，奉明邑是汉宣帝为自己的生父史皇孙墓地奉明园而设。其中有很多陵邑是新设立的，还有一些是由原来的县级行政区改名而来的。

秦汉帝陵陵邑的设置是为了供奉陵园的方便。陵园中的祭祀活动是十分频繁的，陵园中修建了寝殿、便殿等建筑。蔡邕《独断》指出："古不墓祭，至秦始皇出寝，起之于墓侧，汉因而不改，故今陵上称寝殿，有起居衣冠象生之备，皆古寝之意也。"秦始皇陵的寝殿和便殿建筑已发现并进行了考古发掘，其规模庞大，设施讲究。

实质上，在墓侧起寝制度并非开始于秦始皇时期，而是开始于秦始皇祖父母的东陵，在秦东陵已发现了陵侧设寝，秦东陵一号陵园的两座"亞"字形大墓封土的附近，发现四处夯土建筑遗址，出土有板瓦、筒瓦等建筑材料。[1] 这

---

[1] 程学华、林泊：《秦东陵第一号陵园勘察记》，《考古与文物》1987 年第 4 期。

是目前发现的最早的陵寝建筑。关于秦时祭祀的情况，由于缺乏记载，不得详知。但汉承秦制，从汉代祭祀情况我们便可以知晓秦时陵墓祭祀的一般情况。

汉代陵邑的祭祀供奉活动十分复杂和频繁。据《汉书·韦贤传》记载："京师自高祖下至宣帝，与太上皇、悼皇考各自居陵旁立庙，并为百七十六。又园中各有寝、便殿。日祭于寝，月祭于庙，时祭于便殿。寝，日四上食；庙，岁二十五祠；便殿，岁四祠。又月一游衣冠。"①

西汉帝陵除有寝、便殿以外，还建有陵庙，陵庙当时称为"宫"，如景帝阳陵的庙称为德阳宫，武帝陵庙称为龙渊宫。在陵旁立庙进行祭祀开始于西汉，陵庙和宗庙一样，四周筑有围墙并开辟四门，门外筑有双阙，四阙门分别用带有青龙、白虎、朱雀、玄武的瓦当或空心砖代表方位。

由于秦汉时期的祭祀活动极为复杂，费用也很大。据记载："一岁祀，上食两万四千四百五十五，用卫士四万五千一百二十九人，祝宰乐人万二千一百四十七，养牺牲卒不在数中。"②可见耗费巨大。西汉政府还规定，在进行宗庙活动时，各个诸侯都要献黄金助祭，所献黄金成为酎金，其所献酎金的数量按所在地的人口而定，如果酎金数量和质量达不到标准者，王要被削地，侯要被免国。汉武帝时曾发生了历史上著名的因酎金达不到要求而被削夺爵位的事件。

五陵原上的各陵邑在陵园中的位置稍有不同，长陵和安陵的陵邑均位于帝陵北面，阳陵、茂陵、平陵三陵邑则在帝陵以东。下面分别将各个陵邑的具体情况作一介绍。

《史记·汉兴以来将相名臣年表》记载：长陵邑在汉高祖十二年时即已设立，但其墙垣却是在高后六年（前182年）修筑的。其遗址位于今咸阳市渭城区正阳镇怡魏村一带。《太平寰宇记》卷26载：长陵邑"去高帝陵二里"。《长安志》卷13引《关中记》云："长陵城有南、北、西三面，东面无城。"《读史方舆纪要》卷53"长陵城"条也记载；"汉百官注，长陵有南北西三面，而东面无城。"这些文献记载与实际情况是相符合的。笔者曾经多次去长陵邑考察，仍然可以看到西、南、北三面高大的连绵的城垣，确实是叹为观止，可以说是目前全国保存情况比较好的西汉时期城墙之一，但不容乐观的是由于自然环境

---

① 《汉书》卷七十三《韦贤传》，第3115—3116页。
② 《汉书》卷七十三《韦贤传》，第3116页。

的影响，风化十分严重，如果不采取好的保护措施，也许若干年以后，我们就看不到这种情况了。因此我们呼吁各级文物保护部门要认真保护这一文化遗址。近年来在长陵邑发现大面积的汉代建筑遗址和大量的汉代砖瓦残块，以及当时的各种生产工具、陶器、铜器，还有地下排水管道等。《后汉书·郡国志》中长陵刘昭注引蔡邕《樊陵颂》中云："前汉户五万，口有十七万，王莽后十不存一。永初元年，羌戎作虐，至光和，领户不盈四千。"这些都证明了东汉时长陵邑已遭到严重的破坏，以至于人口"十不存一"。长陵邑的城址平面为长方形，南北长 2 200 米，东西宽 1 245 米，墙宽 7—9 米，地面上城墙保存最高处达 6 米，城墙均夯筑，夯层一般厚 6—8 厘米。墙基夯层较厚，一般 14—16 厘米，南、北、西三面城垣各开一门，南、北二门相对，西门辟于城垣中央。[1]到了三国时代，这座繁华一时的陵邑被彻底废弃。

长陵邑当时的规模颇为可观，目前还保留有部分高大城墙。邑内设官署、市场、里居等。据文献记载，在此居住的人口多达五万余户，人口多达十七万九千余人。其居民成分主要是从关东等地迁来的旧贵族，《汉书·高帝纪》载：高祖九年（前 198 年）"徙齐楚大族昭氏、屈氏、景氏、怀氏、田氏五姓关中，与利田宅"。[2]《汉书·刘敬传》也载：汉高祖刘邦采纳刘敬"徙齐诸田，楚昭、屈、景、燕、赵、韩、魏后，及豪杰名家，且实关中。无事，可以备胡；诸侯有变，亦足率以东伐，此强本弱末"的建议，"乃使刘敬徙所言关中十余万口"。[3]这其中当有很大一部分人被徙居长陵邑。"长陵邑是以汉高祖长陵为中心建造的专供守陵、护陵和祭祀之用的特别行政区，作为特殊的地方行政组织，长陵邑在巩固长安的政治中心地位、促进长安地区经济繁荣、发展长安周边文化教育事业和促进关中地区民风多样化方面都产生了重要影响。在政治上强干弱枝以拱卫京师，经济上提高农业技术、增进商业发展，文化上不仅提升了当地的文化素质同时也丰富了关中地区的民俗"。[4]

安陵邑，惠帝时置。其位置在安陵以北 900 米处，目前还保留有部分城墙。据《水经注·渭水》记载，陵邑城址平面为长方形，东西 1 548 米，南北 445 米。城垣宽 9 米，现存残高 2—3.6 米。近年来陕西省考古研究所的孙铁

---

① 刘庆柱、李毓芳：《西汉十一陵》，陕西人民出版社，1987 年，第 23 页。
② 《汉书》卷一下《高帝纪》，第 66 页。
③ 《汉书》卷四十三《刘敬传》，第 2123 页。
④ 喻曦、李令福：《西汉长陵邑的设置及其影响》，《陕西师范大学学报》2012 年第 2 期。

山对安陵邑进行了进一步调查。其调查结果和以前公布的材料略有出入。他认为安陵邑呈不规则形，因此陵邑城墙的长短也略有出入。①安陵邑中的居民成分与长陵邑略有不同，安陵邑又称"女啁陵"，其意为安陵邑中有一批"倡优乐人"。汉惠帝生前为人仁弱，由于不满其母吕后鸩杀赵王如意及摧残戚姬为"人彘"的残酷行为，遂不理朝政，日夜淫乐，只活了22岁便死去了。吕后遂在其死后为其陵邑迁徙关东五千户"倡优乐人"以充实陵邑，其徙民多来自楚国，如文献提及的安陵爰氏、籍氏、闳氏、班氏等均为楚人。这些人大多出身寒微，为当地豪侠"群盗"。

阳陵邑，景帝设立。位于阳陵以东，据文献记载，与阳陵陵园东西相距二里。但经实地调查此处没有城垣砖瓦等遗迹，但在今高陵县泾渭镇东北泾河谷地发现有大量汉代瓦片、砖块堆积。该遗址已被考古工作者勘探发掘，规模庞大，占地面积约八平方公里，有众多排列整齐的建筑遗址，也发现了城垣遗迹。在对阳陵邑遗址分布区进行具体钻探和部分发掘时发现，有宽度不一的东西向道路 11 条，有宽度分别为 3 米与 6 米的南北向道路 23 条。在交错的道路之间，还发现了汉代居民取水用的多件陶制井圈、红烧土遗存和部分建筑基址遗迹等。此外，在一条长达 1 700、宽约 250 米的长方形探方内，还出土了空心砖及成片的铺地方砖等汉代文物遗存。

据《史记·孝景本纪》载：景帝四年（前 153 年）"后九月更以弋阳为阳陵"。第二年夏天"募徙阳陵，予钱二十万"。这些移民主要也是来自关东，其中有田氏、革氏、爰氏、单父氏、秘氏、郦氏、奚氏、周氏、张氏和翟氏等。此外，景帝、武帝时期有些居住在京城其他地方的达官显贵也有徙居阳陵邑的。

茂陵邑，武帝设立。《汉书·武帝纪》记载：建元二年（前 139 年），"初置茂陵邑"；建元三年，"赐徙茂陵者户钱二十万，田二顷"。元朔二年（前 127 年）夏，"又徙郡国豪杰及訾三百万以上于茂陵"。太始元年（前 96 年），"徙郡国吏民豪杰于茂陵"。

关于茂陵邑的位置，《水经注·渭水》载：成国故渠"又东径汉武帝茂陵南，……故渠又东径茂陵县故城南"。据《长安志》卷十四记载的茂陵与茂陵邑距兴平市的距离来推算，其位置过去有人认为应在茂陵以东二里处，即今兴

---

① 孙铁山：《关于西汉安陵的新发现》，《考古与文物》2002 年第 4 期。

平市南位镇道常村附近的瓦碴沟一带，此处经常出土大量的汉代文物，尤其是砖、瓦等建筑材料最多，其范围东西大约 1 500 米，南北 700 米左右。1973—1975 年，当地农民在茂陵附近大搞农田基本建设，在茂陵及其陪葬墓附近陆续发现了四神空心砖、青玉铺首、谷纹琉璃璧等一批重要文物，在公布的材料中明确提出豆马村是西汉茂陵县城遗址的所在地。[①] 此后，杨宽也曾对茂陵作过实地调查，同样认为茂陵邑在茂陵东南的豆马村一带。[②] 1982 年，刘庆柱、李毓芳在《西汉诸陵调查和研究》一文中提出，茂陵邑在南位公社道常大队东窑匠沟以西，白鹤馆遗址以东，南到渭惠渠，北至茂陵至霍去病墓东西路以南范围内，东西 1 500 米，南北 700 米。[③] 2003 年咸阳市文物考古所通过实地勘探、考察和研究，认为茂陵邑并不在此，而是在茂陵封土堆的东北方，这是一片开阔的平地，是设置陵邑的好地方。茂陵邑的四周不是城垣，而是壕沟。茂陵邑被巧妙地安排在茂陵东司马道北侧陪葬墓区的中间，和陪葬墓一起组成了帝陵内一个不可缺少的重要的部分，其设计更加严密有序，充分说明了陵邑不但是国家对人口控制的一种手段，而且它也是属于帝陵的，是为了奉陵园的。茂陵邑的这种布局，突出地体现了茂陵宏大的布局、独尊的地位和一统的风格。这种将陵邑镶嵌于陪葬墓中的做法史无前例，后无来者。茂陵邑周长11 190 米，总面积 5 536 500 平方米。[④] 为什么汉武帝茂陵邑不建城垣，而是修建壕沟，与其他陵邑拥有城墙的做法形成鲜明对比，其中的原因需要深入探讨研究。有学者指出："茂陵邑一反传统没有修筑垣墙而用沟渠代替，可能考虑到茂陵整体景观的设计，因为高大的夯土垣墙对茂陵的整体风貌是不和谐的。茂陵邑的设计风格应该是开放的。"[⑤]

　　茂陵邑是五陵原上居民人口最多的一个陵邑，这与汉武帝时期国力的强大和汉武帝好大喜功的个性有关系。据《汉书·地理志》载，茂陵邑当时的居民有六万多户，二十七万余人。比当时汉长安城内的人口还要多，在西汉陵邑中是人口最多的一个。茂陵邑的居民成分是相当复杂的，据文献记载，武帝设立茂陵邑后，曾三次徙民于此。其所徙居民大多为各地的豪杰、高官和家产

---

　　① 王志杰、朱捷元：《汉茂陵及其陪葬冢附近新发现的重要文物》，《文物》1976 年第 7 期。
　　② 杨宽：《中国古代陵寝制度史研究》，上海古籍出版社，1985 年，第 206 页。
　　③ 刘庆柱、李毓芳：《西汉诸陵调查和研究》，《文物资料丛刊》第 6 辑，文物出版社，1982 年。
　　④ 刘卫鹏、岳起：《茂陵邑的探索》，《考古与文物》2008 年第 1 期。
　　⑤ 刘卫鹏、岳起：《茂陵邑的探索》，《考古与文物》2008 年第 1 期。

三百万以上的"高赀"家族。据《史记·平津侯主父偃列传》云："茂陵初立，天下豪杰兼并之家，乱众之民，皆可徙茂陵，内实京师，外销奸猾，此所谓不诛而害除。"① 这些人既掌握着西汉政府比较大的政治权力，又拥有强大的经济实力，他们在西汉王朝的统治集团中起着比较大的作用。茂陵邑的特殊地位，也使当时一大批社会名流入居其中，如史学家司马迁、班固，思想家董仲舒、孔安国，文学家司马相如等，他们大多在西汉王朝的历史舞台上扮演过非常重要的角色。

平陵邑为汉昭帝所置，到南北朝时，前秦王苻坚将始平县城迁至茂陵县，平陵邑才逐渐被废弃。平陵邑的大致范围为西自大王村，东至北上兆村，南起十三号公路，北达庞村一带。断崖上暴露有大量的灰坑、灰层，文化层厚达 2.5 米。板瓦、筒瓦和陶器等残片，俯拾皆是。② 最新勘探成果为，平陵邑位于平陵东北部，其范围北起庞北村北部 300 米的二支渠下，南到三号公路南 50—100 米处，东到富羊村至北上召一线，西到庞西村西部一线，东西长 2 400、南北宽 3 100 米。陵邑四面皆有夯墙围绕，在庞北村北部 300 米的二支渠下的断面上，暴露有一段夯墙和大量的瓦片堆积。在北上召东北 600 米的取土壕内，暴露有东墙的断面，墙宽 6 米，墙体上和左右两侧皆有丰富的瓦片堆积。在庞西村西北部的断崖上有西墙的断面。经钻探，陵邑墙宽 4—10、夯层厚 6—10 厘米。其中心区域在庞村和李都村，在庞东、庞西村的土壕和断崖上，分布有大量的灰坑，其中绳纹瓦片、陶器残片随处可见。庞村曾出土"王氏"铜鼎，富羊村出有一件铜壶。李都村西南也有不少大灰坑，其中包含丰富的瓦片和烧骨堆积。③

平陵邑在政治、文化方面的作用尤为突出。西汉宣帝本始元年（前73）春正月"募郡国吏民訾百万以上徙平陵"。西汉后期的 21 位丞相中，其中就有魏相、韦相、王嘉、平当、平晏五位来自平陵邑。另外，西汉的许多著名学者也都云集于此，如朱云、张三拊、郑宽中、涂恽、吴章等均为名冠当时的文人学士，平陵邑的人口也多达 15 万人。

五陵邑由于其人口大多是从关东迁徙而来的富豪贵族，成分复杂，因而陵

① 《史记》卷一百一十二《平津侯主父偃列传》，第 2961 页。
② 咸阳市博物馆：《汉平陵调查简报》，《考古与文物》1982 年第 4 期。
③ 咸阳市文物考古研究所：《西汉昭帝平陵钻探调查简报》，《考古与文物》2007 年第 5 期。

邑中的社会生活丰富多彩，民俗风情"五方杂厝"。每个陵邑都有自己的特点，如安陵邑因其居民多"倡优乐人"，这里的歌舞、音乐等文化娱乐活动异常活跃，被视为京畿的艺术城；平陵邑则多居文人学士，而成为京畿附近的学术中心；茂陵邑多豪富大侠；长陵邑多达官显贵，为政治中心，等等。陵邑中不仅居住着外地迁来的大族高官、豪杰巨富，还住有皇亲国戚。汉武帝的同母异父姐姐就住在长陵邑，汉武帝还曾亲自到陵邑中去看望她，并将她接入宫中，与其母王太后团圆。

《西汉帝陵钻探考古调查报告》中有多个陵邑的实际勘探面积，长陵邑南北长2 156米，东西宽近2 000米；安陵邑平面大致呈"凸"字形，东西最长1 620米，南北最宽730米；阳陵邑城址东西长4 500米，南北宽1 000米，总面积4.5平方公里；茂陵邑城址平面略呈曲尺形，东西宽1 830米，南北长2 450米，总面积5.5平方公里；平陵邑城址东西宽2 400米，南北长3 100米。刘庆柱曾在杜陵进行考古勘探多年，他指出，杜陵邑东西长2 100米，南北宽约500米。人们怀疑陵邑面积虽然不小，但也不能容纳下十多万到二十多万的人口。实际上，当时的陵邑除了在城内居住的人口，在陵邑城外还有人口居住。城内居住的多为官僚贵族，城外居住的则为一般老百姓，共同构成了陵邑的全部人口结构。

由于五陵邑中的居民多为达官贵人豪富，其日常生活奢华糜烂，挥霍无度。"茂陵富民袁广汉藏镪巨万，家僮八九百人。于北邙山下筑园，东西四里，南北五里，激流水注其内。构石为山，高十余丈，连延数里"。[1]能修建如此大的园林，绝非等闲之辈。达官富豪的子弟们则放荡不羁，不务正业，大多饱食终日，无所事事。因而斗鸡走狗、博戏便成为其生活的主要内容，更有甚者敲诈勒索，杀人越货，作恶多端。所以后来的人们便将游手好闲、不干正业的纨绔子弟称为"五陵少年"或"五陵公子"。到汉元帝时，已在诏令中称陵邑之民为"无聊之民"了。据《西京杂记》载，从山东徙居茂陵的文固阳"本琅琊人，善驯野雉为媒，用以射雉。每以三春之月为茅障以自翳，用魧矢以射之，日连百数。茂陵轻薄者化之，皆以杂宝错厕翳障，以青州芦苇为弩矢，轻骑妖服，追随于道路，以为欢娱也。阳死，其子亦善此事"。[2]还有茂陵少年李

---

① 何清谷：《三辅黄图校释》卷四，中华书局，2005年，第234页。

② （晋）葛洪撰，周天游校注：《西京杂记》卷四，三秦出版社，2006年，第201页。

亨"好驰骏狗，逐狡兽，或以鹰鹘逐雉兔，皆为之佳名"。[1] 由于当时斗鸡走狗之风甚盛，鸡犬的身价倍增，"杨万年有猛犬，名青駹，买之百金"。[2] 五陵邑中的赌博之风也很兴盛，安陵人许博昌"善陆博"，就连当时的丞相窦婴也好此道，"常与（许博昌）居处"。许博昌还将自己赌博的经验编成歌谣，"三辅儿童皆诵之"，甚至还作《大博经》一篇。有关西汉五陵邑的繁华而混乱的景象和奢侈尤度的生活，后人多有诗文描述。东汉学者张衡在《西京赋》中描述道："都邑游侠，张赵之伦。齐志无忌，拟迹田文。轻死重气，结党连群。寔蕃有徒，其从如云。茂陵之原，阳陵之朱。"[3] 这正是五陵恶少劣行的真实写照。

陵邑中除了这些达官显贵以外，当然也离不开为这些达官贵人服务的人，还需要一定数量的手工业者和商人。如茂陵富人袁广汉有"家僮八九百人"。可以说，陵邑中除了多一些达官贵人以外，和其他县的人口是差不多的。

除了以上位于咸阳原上的陵邑外，西汉时期还在长安的东南设置了霸陵邑和杜陵邑。霸陵邑，据《史记·汉兴以来将相名臣年表》记载，"（文帝九年）以芷阳乡为霸陵"，[4] 后在此置霸陵邑。其遗址，据《水经注·渭水》云："东北经霸县故城南，汉文帝之霸陵汉县也。"具体遗址还需要进行考古勘探来确认。

杜陵邑，据《汉书·宣帝纪》云："元康元年春，以杜东原上为初陵，更名杜县为杜陵。徙丞相、将军、列侯、吏两千石、訾百万者杜陵。"[5] 其具体遗址，据《水经·渭水注》云："杜陵西北有杜县故城。"据刘庆柱的研究，杜陵邑位于杜陵西北五里，在今三兆村西北，缪家寨村以南。城址为长方形，东西长 2 100 米，南北宽约 500 米。[6] 据记载当时陵邑内有 3 万多户。这些人当中，很多是当时的达官显贵和豪商富贾，如御史大夫张汤、大司马张安世、典属国苏武、后将军赵充国、御史大夫萧望之、京师首富樊嘉等。

西汉除了为帝陵置邑外，高祖还为其父亲设置了万年邑，文帝为薄太后设置了南陵邑，昭帝为其母赵婕好设置了云陵邑等。

秦的丽邑位于秦的内史地区，地理位置重要，与秦都咸阳的联系非常密

---

① （晋）葛洪撰，周天游校注：《西京杂记》卷四，三秦出版社，2006 年，第 202 页。
② （晋）葛洪撰，周天游校注：《西京杂记》卷四，三秦出版社，2006 年，第 202 页。
③ （汉）张衡：《西京赋》，见（清）严可均辑：《全后汉文》，商务印书馆，1999 年，第 540 页。
④ 《史记》卷二十二《汉兴以来将相名臣年表》，第 1127 页。
⑤ 《汉书》卷八《宣帝纪》，第 253 页。
⑥ 刘庆柱、李毓芳：《西汉十一陵》，陕西人民出版社，1987 年，第 101—102 页。

切，在秦的历史上产生了重要作用。西汉陵邑在当时是仅次于京师长安的全国政治经济文化中心，是京师长安的卫星城，在某些方面甚至超过了京师长安的富庶和繁荣，和长安城的关系至为密切。班固在《西都赋》中指出："若乃观其四郊，浮游近县，则南望杜、霸，北眺五陵，名都对郭，邑居相承，英俊之域，黻冕所兴，冠盖如云，七相五公。与乎州郡之豪杰，五都之货殖，三选七迁，充奉陵邑。盖以强干弱枝，隆上都而观万国也。"[1] 作为西汉特殊的行政区，陵邑不像普通县那样由郡统辖，而是由中央主管宗庙礼仪的太常直接掌管。由于其所处的地理位置优越性，陵邑区成为当时人口最稠密的地区之一，茂陵邑的人口甚至一度超过了京师长安。

西汉陵邑与长安城的关系至为密切，当时在陵邑中政治人物占的比例比较大，在长陵邑、安陵邑、霸陵邑、阳陵邑和杜陵邑所占比例分别达到79.2%、64.3%、75%、81%和70%。由于长安城内的居住面积有限，不少的政治人物就住在陵邑中。陵邑还是政府官吏的重要来源地，一些重要官员就是从陵邑居民中选拔出来的。关中地区"群士慕响，异人并处"，九卿以上的高级官吏籍隶属诸陵者颇多。

陵邑中的富商大贾云集，茂陵邑商人所占比例高达18.2%，平陵邑11.5%，杜陵邑占比例6.6%。从而可以看出陵邑经济对汉长安城的影响。陵邑所徙人口非富即贵，为长安经济的迅速发展注入了活力，人口大量涌入形成的巨大市场带来了无限商机。陵邑移民中有许多各地的富商大贾，不仅有着较高的经营水平与商业头脑，而且也有较为雄厚的资金积累。他们来往于诸陵邑之间，在一定程度上控制着京师长安的商业贸易，"千金之家比一都之君，巨万者乃与王者同乐"。[2] 随着迁徙而来的商贾、豪族的增多，陵邑地区的消费水平提高，人口云集创造了丰富的商机，刺激了长安经济的快速发展。

陵邑中除了政治和经济相关人才外，还有不少的文化名人，从而使长安城周围形成了独具一格的文化圈。平陵邑的名士大儒人数最多，占人物总数24.4%。董仲舒、孔安国、司马迁、司马相如都曾经居住于茂陵邑。王子今认为，关中从政的文人中，《汉书》中合计有42位，其中出身各陵邑的有30人，占71.43%，而班固《汉书》中专门立传的34人中，有22人出身陵邑，占

---

① （汉）班固：《西都赋》，见（清）严可均辑《全后汉文》（上），商务印书馆，1999年，第237页。
② 《史记》卷一百二十九《货殖列传》，第3282页。

68.75%。①

　　设置陵邑客观上大大繁荣了京师长安和陵邑地区的经济文化生活。西汉王朝在帝陵附近设置陵邑的制度，使官僚豪富迁居于此，这些人不仅以此保卫和供奉陵园，还形成了相对集中的文化中心。陵邑直属位列九卿的太常管辖。于是，从高祖长陵起，到昭帝平陵止，形成了若干个异常繁荣的、直辖中央的准都市。

　　虽然陵邑与秦汉时期的县是同一级行政级别，但其地位显然要高于县。陵邑的最高长官均为令，而且秩禄为两千石，相当于郡一级别的秩禄，而当时的县一级秩禄仅为六百石。《汉书·高后纪》云：高后六年"秩长陵令二千石"。②而且当时担任陵邑县令者均为工作能力很强的人，如义纵原为上党郡县令，由于"县无逃事，举第一，迁为长陵及长安令。"③在汉景帝阳陵新近发现的西汉封泥中就有"阳陵令印"。另外还发现了"长陵丞印""安陵左尉""霸陵左尉"等与陵邑管理有关的封泥。在陵邑之下，同样设置乡、里一级地方政府。目前发现的有"南乡"等封泥。

　　鉴于陵邑人员混杂、出现了治安的混乱局面，西汉王朝对其采取了严格的管理措施。陵邑四周修筑高大围墙，居民必须住在邑中的"里"内，里设里门，并有严格的门禁制度，进出门里的人都必须下车接受检查，官宦也不例外。里中的居民以家为单位，都得住在各自的宅中。陵邑中还设有专门的官署及监狱，以加强其治安管理。《汉书》记载："汉兴，立都长安，徙齐诸田，楚昭、屈、景及诸功臣家于长陵。后世世徙吏二千石、高訾富人及豪杰并兼之家于诸陵。盖亦以强干弱枝，非独为奉山园也。是故五方杂厝，风俗不纯。其世家则好礼文，富人则商贾为利，豪杰则游侠通奸。濒南山，近夏阳，多阻险轻薄，易为盗贼，常为天下剧。又郡国辐辏，浮食者多，民去本就末。列侯贵人车服僭上，众庶仿效，羞不相及。嫁娶尤崇侈靡，送死过度。"④这是对汉代陵邑制度的比较全面的总结概括。

　　陵邑的出现，不仅使关中地区的人口有了大量的增加，而且促进了关中地区社会、经济、文化的发展。由于当时的陵邑均位于都城附近，加之陵邑人员

---

① 王子今：《秦汉区域文化研究》，四川人民出版社，1998年，第43页。
② 《汉书》卷三《高后纪》，第99页。
③ 《汉书》卷九十《酷吏传》，第3653页。
④ 《汉书》卷二十八下《地理志》，第1642—1643页。

来自不同的地区，又多达官贵人，对都城及其附近地区的政治、经济、文化及社会生活均产生了深远的影响。

西汉长安城周围的陵邑与长安城关系极为密切，相当于长安城的卫星城，既疏散了长安城的人口，又促进了长安城的繁荣，无疑是一种新的城市规划建设模式，对于现代社会建设田园都市城市无疑具有借鉴意义。

（三）陵邑制度废止的原因

要分析秦汉陵邑废止的原因，必须从设置陵邑的原因说起。就是说陵邑制度在完成任务之后，已经没有存在的价值了，所以才将其废止。

西汉的陵邑制度延续到元帝时废止。据《汉书·元帝纪》云："安土重迁，黎民之性；骨肉相附，人情所愿也。顷者有司缘臣子之义，奏徙郡国民以奉园陵，令百姓远弃先祖坟墓，破业失产，亲戚别离，人怀思慕之心，家有不安之意。是以东垂被虚耗之害，关中有无聊之民，非久长之策也。《诗》不云乎？'民亦劳止，迄可小康，惠此中国，以绥四方。'今所为初陵者，毋置县邑，使天下咸安土乐业，亡有动摇之心。布告天下，令明知之。"①从上文可以看出，之所以废除陵邑制度，是由于汉元帝怜悯天下百姓由各地迁徙于关中所带给人们的不便和麻烦。但我们觉得这种观点值得商榷，也就是说汉元帝仅以怜悯百姓这一点就取消陵邑是讲不通的，这只是皇帝诏书中的一般措辞而已。

此后的汉成帝仍有新建陵邑之议，且一度付诸实施。如成帝初在咸阳原上营陵，后又在霸陵曲亭南另造新陵，名为昌陵。大臣解万年、陈汤上疏言："天下民不徙诸陵三十余岁矣，关东富人益众，多规良田，役使贫民。可徙初陵，以强京师，衰弱诸侯，又使中家以下得均贫富。汤愿与妻子家属徙初陵。"②成帝从之，起昌陵邑，并于鸿嘉二年"徙郡国豪杰赀五百以上五千户于昌陵"。③数年后，因耗资太大，不得不停建昌陵。昌陵邑也不复徙民实之，且丞相御史等均主张"废昌陵邑中室"，故此邑终未发展起来。东汉以后，随着政治重心的转移，西汉时期的陵邑制度逐渐被废弃。

---

① 《汉书》卷九《元帝纪》，第 292 页。
② 《汉书》卷七十《陈汤传》，第 3024 页。
③ 《汉书》卷十《成帝纪》，第 317 页。

东汉初年也曾有恢复建造陵邑之议，《后汉书·东平宪王苍列传》载，汉明帝欲为自己的显节陵和光武刘秀的原陵置县邑，结果被臣下刘苍谏止。"伏闻当为二陵起立郭邑，臣前颇谓道路之言，疑不审实，近令从官古霸问涅阳主疾，使还，乃知诏书已下。窃见光武皇帝躬履俭约之行，深睹始终之分，勤勤恳恳，以葬制为言，故营建陵地，具称古典，诏曰'无为山陵，陂池裁令流水而已'。孝明皇帝大孝无违，奉承贯行。至于自所营创，尤为俭省，谦德之美，于斯为盛。臣愚以为园邑之兴，始自强秦。古者丘陇且不欲其著明，岂况筑郭邑、建都郭哉！上违先帝圣心，下造无益之功，虚费国用，动摇百姓，非所以致和气、祈丰年也。又以吉凶俗数言之，也不欲无故缮修丘墓，有所兴起。考之古法则不合，稽之时宜则违人，求之吉凶复未见其福。陛下履有虞之至性，追祖祢之深思，然惧左右过议，以累圣心。臣苍诚伤二帝纯德之美，不畅于无穷也。惟蒙哀览。"① 此后陵邑便退出历史舞台。

对于陵邑在西汉末年废止的原因，论者众说纷纭。笔者认为，实质上陵邑的废止与当时社会的复杂矛盾有关，因而其原因是多元的。

首先，陵邑的废止是由于其已经完成了当初设置的任务，已经没有存在的必要。西汉设置陵邑的一项重要任务便是迁徙关东的富豪大贾到关中，以加强中央集权，防止他们在东方离京城太远，难于控制。从汉初到汉武帝时期，西汉中央政府已经采取了一系列的措施，中央集权已得到了很好的加强，关东地区对中央的威胁已经解除了。

其次，迁徙到陵邑中的人口太多、太复杂，超过其承载量，从而给社会管理带来很大困难，造成许多问题。达官贵人、富豪大贾为所欲为，五陵少年、纨绔子弟为非作歹，在社会上造成了极坏的影响，陵邑的副作用表现得愈来愈明显。

最后，经济上的变化也使统治者不得不调整陵邑政策。表现在：其一，西汉政府在汉初无为而治政策影响下，出现了文景之治，经济实力有所增强，但是经过汉武帝的好大喜功、穷兵黩武之后，又出现了衰弱的迹象，导致社会矛盾愈来愈复杂，汉武帝晚年虽然不得不调整了政策，颁布了"轮台诏"，承认自己施政有误，欲改弦更张，但积重难返，西汉王朝从此走向衰败。汉元帝罢废陵邑，实质上是武帝政策的延续，正如上文提到的"使天下咸安土乐业，亡

---

① 《后汉书》卷四十二《光武十王列传》，第1437—1438页。

有动摇之心"。其二，陵邑中的花费非常巨大，使西汉政府也难于承担。其三，庞大的陵邑人口规模，造成了严重的土地问题。刚开始实行陵邑制度时，关中地区因为秦末农民战争和楚汉战争，地广人稀，后来随着陵邑制度的建立和都城建在长安，关中地区的人口大增，成为全国人口密度最大的地区，据葛剑雄先生统计，西汉一代从关东"徙入关中地区的人口累计数有三十万，在关中的关东移民后裔已有约一百二十一万六千，几乎占三辅人口的一半"。[①] 继之而来的是粮食供给问题日益严重，西汉政府不得不从关东漕运粮食到长安，加重了运输负担。解决不好这个问题，将直接影响社会的稳定。因此统治者必须调整政策，废除陵邑制度是解决这一问题的措施之一。

从以上原因可以看出，西汉后期废除陵邑制度是历史的必然。

---

① 葛剑雄：《西汉人口地理》，人民出版社，1985 年，第 160—161 页。

十 一
西汉帝陵与自然环境的互动关系

西汉帝陵共 11 座,坐落在渭河南北的两个陵区,即汉长安城北的咸阳原上和汉长安城东南的杜陵原(少陵原)和白鹿原上,聚土为冢,封土高大,气势恢宏,尽展大一统帝国的雄风。其中汉景帝阳陵和汉武帝茂陵已建有博物馆,长陵博物馆正在修建中,杜陵已经建有公园,游客如织,驰名中外。渭河以北的咸阳原,东西横亘有 9 座西汉帝陵,可以称作西汉帝陵的渭北陵区。这 9 座帝陵,北依九嵕山,南临渭水,隔渭河与汉长安城相望,选址十分精当。

古人讲究"事死如事生",帝王陵寝是其生前生活的生动写照和具体反映,为我们了解当时政治、经济、文化、社会生活等都提供了不可多得的资料。而探析西汉渭北帝陵的营建、存在、维护等与周边自然环境的关系,可以为我们带来关于秦汉社会的新认识。

(一)五陵原与咸阳原地望、名实考辨

"五陵"之称谓,汉代已经出现。东汉班固在其《两都赋》中就有"南望杜、霸,北眺五陵"的名句。在其所著的《汉书·游侠传·原涉》中记载:"先是,涉季父为茂陵秦氏所杀……郡国诸豪及长安、五陵诸为气节者皆归慕之。"颜师古注:"五陵,谓长陵、安陵、阳陵、茂陵、平陵也。班固《西都赋》曰:'南望杜、霸,北眺五陵。'是知霸陵、杜陵非此五陵之数也。而说者以为高祖以下至茂陵为五陵,失其本意。"①说明当时关于"五陵"称谓所指还有一些不同看法。到了唐代,"五陵"作为一种文学意向,在文人诗句中更是不乏其例。仅李白一人,对于"五陵"的描写,就有数量可观的诗句。通过艺术的创作,其诗句中"五陵少年""五陵松柏""五陵豪""拥兵五陵"等生

---

① 《汉书》卷九十二《游侠传》,第 3715 页。

动文学形象跃然纸上。① 到了北宋，王安石的《凤凰山》："愿为五陵轻薄儿，生在贞观开元时。"南宋陆游的《题庵壁》："侠气当年盖五陵，今成粥饭在家僧。"元代元好问的《会稽古陵》："五陵王气有时尽，万里中原无日归。"明人唐寅的《桃花庵歌》："不见五陵豪杰墓，无花无酒锄作田。"明末清初王崇简的《姚若侯至感赠》："莫向帝城怀往事，五陵松柏半荒烟。"② 清人郑用锡的《叹老》："裘马五陵同学辈，云龙下上日相亲。"

而"五陵原"之称，在唐及后世文人诗词中亦可见到。《全唐诗·第八一六卷》中僧皎然的《和裴少府怀京兄弟》："宦游三楚外，家在五陵原。凉夜多归梦，秋风满故园。北书无远信，西候独伤魂。空念青门别，殷勤岐路言。"《全唐五代词》中有《天仙子》："五陵原上有仙娥，摧歌扇。"③ 清初钱谦益编选的明诗选本《列朝诗集·丁集第三》中亦有《书似楼卷呈古冲太宰》："五陵原上秋田儿，昔日华驹金作羁。"④

看来，"五陵"及"五陵原"作为特殊的文学意象及人文地理符号，其丰厚的历史文化内涵千百年来一直为人们所关注。作为一种历史文化区域名称，"五陵"和"五陵原"是可以通用的。

关于西汉渭北帝陵所在的咸阳原或五陵原，学者们对其名实、地望一直有探讨。学者们对于五陵原地望范围的认识，从二百多平方公里到八百平方公里不等，可谓众说纷纭。不过，关于五陵原地理范围的划分，应从人文地理的角度去分析，因为五陵原根本就不是一个独立的自然地理单元，只是其上分布有大量的历史遗迹，承载了厚重的文化底蕴，所以才成为一个独特的人文地理符号。既云"五陵"，则西汉渭北五个帝陵陵邑及后四陵的分布应是其地域范围

---

① 参见李白《杜陵绝句》："南登杜陵上，北望五陵间。"《杂曲歌辞·少年行三首》："五陵年少金市东，银鞍白马度春风。"《永王东巡歌十一首》："二帝巡游俱未回，五陵松柏使人哀。"《至陵阳山登天柱石，酬韩侍御见招隐黄山》："拥兵五陵下，长策遏胡戎。"《杂曲歌辞·白马篇》："龙马花雪毛，金鞍五陵豪。"《叙旧赠江阳宰陆调》："我昔斗鸡徒，连延五陵豪。"
② （清）沈德潜选编：《清诗别裁集》，河北人民出版社，1997年，第26页。
③ 《全唐五代词·卷四·敦煌词199首》中《云谣集杂曲子》中有《天仙子》："燕语莺啼三月半，烟蘸柳条金线乱。五陵原上有仙娥，摧歌扇。香烂漫，留住九华云一片。犀玉满头花满面，负妾一双偷泪眼。泪珠若得似珍珠，拈不散。知何限，串向红丝应百万。"
④ 清初钱谦益编选的明诗选本《列朝诗集·丁集第三》中亦有《书似楼卷呈古冲太宰》："君不见沧海沤，聚珠如山瞥眼收。又不见青山云，长空弄住徒氤氲。人生如寄亦何有，世上荣华只翻手。五陵原上秋田儿，昔日华驹金作羁。秋风萧萧吹白草，空留径路令人悲。咸阳宫殿亦消歇，麟阁云台总骚屑。世上认假皆成真，鹿梦还从梦中说。君家茅屋山之幽，仿佛天边十二楼。谿风徐来帘上钩，落叶满山松竹秋。何时与君携手登上头，当窗浩歌消百忧。胡为劳形死不休，醉看蜃海成山丘。"

的参考，当然还要包含与其相关的陵园、寝园、庙园、陪葬墓、陵邑等遗迹的分布情况。根据这个依据，梁安和在《五陵原地理范围考辨》一文中提出："综上所述，五陵原的中心范围是：西起兴平市南位镇，东到高陵县马家湾乡的陈滩村，北到泾阳县的高庄乡，南部为渭河以北的二道原以北，东西长约 46 公里，南北最窄处 1.25 公里，最宽处 8.75 公里，总面积约 230 平方公里，这是五陵原的中心区域，是文物保护及其旅游井发重点区域。"[①]这种说法似乎较为合适。

关于五陵原、咸阳原、咸阳北坂、咸阳北原的名实问题，学者们也有不同看法。梁安和认为："五陵原和历史上的咸阳原关系密切，但并不是完全等同的关系。如果把五陵原作为一个特殊的人文地理概念来看待的话，五陵原大致呈一个不规则的三角形地带。"[②]而上面提到王丕忠等人在《从长陵新出土的瓦当谈秦兰池宫地理位置等问题》一文中提到："汉长陵附近，即咸阳原东段，秦汉以来，谓之咸阳北阪、渭城北阪、石安原和五陵原，俗呼一道原。"[③]王子今亦认为："'五陵原'历史上曾有'咸阳北阪'、'咸阳北原'、'咸阳原'等名号，这一地区承载着异常丰厚的历史文化积累，既作为战国秦汉宫苑集中之地，据说又'文武成康周公太公及秦汉君臣陵墓俱在焉'，因而其自然地理和人文地理的景况都显示出若干与其他地区不同的特征。"[④]

本文要探讨的是西汉渭北帝陵的营建与自然环境的互动影响。而包含有西汉渭北帝陵的五陵原，正是我们所要关注的一个人文地理符号。为了论述的方便起见，暂将五陵原、咸阳原、咸阳北坂、咸阳北原等视作同一人文地理区域处理。

（二）西汉渭北帝陵的营建与植被的关系

1. 西汉渭北帝陵营建之前的五陵原植被

五陵原地区最早不是秦人的势力范围，随着秦人势力向东扩展，才逐渐纳入秦人的管理之下。《史记·秦本纪》中记载："武公元年，伐彭戏氏，至于华

---

① 梁安和：《五陵原地理范围考辨》，《秦汉研究》第 4 辑，陕西人民出版社，2010 年，第 49 页。
② 梁安和：《五陵原地理范围考辨》，《秦汉研究》第 4 辑，陕西人民出版社，2010 年，第 47 页。
③ 王丕忠、李光军：《从长陵新出土的瓦当谈秦兰池宫地理位置等问题》，《人文杂志》1980 年第 1 期。
④ 王子今：《秦汉时期生态环境研究》，北京大学出版社，2007 年，第 252 页。

山下。"①"十一年，初县杜、郑。"②到了秦穆公时代，"益国十二，开地千里，遂霸西戎"，"秦地东至河"。③至此，"五陵原"地区始被秦人有效控制。秦人是实用主义者，有着重视耕战的传统。而秦的变法功臣商鞅在秦地所倡导的"垦草"政策，应该也在秦人所控制的五陵原地区推广开来。樊志民在《秦农业历史研究》一书中提到："商鞅变法由垦草令开始，反映了秦对发展农业问题的极端重视。"④商鞅倡导的垦草政令，应是针对关中东部的政策。樊志民指出：

> 其实，商鞅倡行的垦草、徕民之术，只是适于关中东部特殊条件的具体政策，而缺乏比较普遍的实践意义。这是因为，关中西部自周秦之兴，即保持了较高的农业发展水平。在《徕民》《算地》诸篇中被商君视为楷模的制土分民之术、任地特役之律，正是源诸岐丰，而行于周秦的周制。它所规划的土地比例、食夫之数正是商君力图实现的理想目标。这里的土地开发与农业发展，不会在数百年后反倒有所衰退。关中西北的农牧交错地带，受生产类型之制约，只宜农牧兼营，维持相对较低的农牧负载水平。大规模的垦草、徕民行动，只会破坏既有生产结构，加剧秦戎冲突。秦不会在东进的同时，激化民族矛盾使自己陷于背腹受敌的被动境地。而关中东部作为秦新占领的地区之一，土地垦殖率相对低于关中西部，有"垦草"之余地；人口密度相对小于三晋诸邻，有"徕民"之空间。而且垦草可以富秦，徕民可以损敌。于此行垦草、徕民之术，既为客观所允许，又为现实所必须。⑤

秦人强大的执行力毋庸置疑，包含五陵原地区的关中东部受到了"垦草"的巨大影响。由牧转农的秦人终于富足起来，建立了强大的农耕国家，并顺利灭掉六国，一统天下。在《商君书·徕民》的时代，人们对于秦地的印象还是"今秦之地，方千里者五，而谷土不能处什二，田数不满百万，其薮泽溪谷名山大川之材物货宝，又不尽为用，此人不称土也"。⑥到了司马迁的时代，人

① 《史记》卷五《秦本纪》，第 182 页。
② 《史记》卷五《秦本纪》，第 182 页。
③ 《史记》卷五《秦本纪》，第 194 页。
④ 樊志民：《秦农业历史研究》，三秦出版社，1997 年，第 63 页。
⑤ 樊志民：《秦农业历史研究》，三秦出版社，1997 年，第 63 页。
⑥ 蒋鸿礼：《商君书锥指》卷四《徕民》，中华书局，1986 年，第 87 页。

们对于关中的印象已是"关中之地，于天下三分之一，而人众不过什三；然量其富，什居其六"。①这种记载上的对比，或许反映了"垦草"的巨大效果。然而，开垦土地可以看作是人类活动加之于自然环境的一种影响。既云"垦草"，必然要对原来土地上的原生植被进行刈除，从而使得农业作物生长其上。或烧或铲或锄的农事活动，使得栽培植物逐渐代替原生植被。

农业经济的巨大发展，使得秦人积聚了巨大的财力、物力。素有"好大喜功"之风的秦人又在五陵原上修建了大量的都城宫殿、墓葬，如咸阳宫、六英宫、六国宫室、兰池宫、望夷宫、秦惠文王陵、秦武王陵等等。②《史记·秦始皇本纪》记载：秦在统一天下的过程中，"每破诸侯，写放其宫室，作之咸阳北阪上。南邻渭，自雍门以东至泾、渭，殿屋复道周阁相属，所得诸侯美人钟鼓，以充入之"。③《三辅黄图》卷一《咸阳故城》亦载："始皇廿六年，徙天下高赀富豪于咸阳十二万户。诸庙及台、苑，皆在渭南。秦每破诸侯，彻其宫室，作之咸阳北坂上。南临渭，自雍门以东至泾、渭，殿屋复道周阁相属，所得美人钟鼓以充之。……咸阳北至九嵕、甘泉，南至鄠、杜，东至河，西至汧、渭之交，东西八百里，南北四百里，离宫别馆，相望联属。"④大量豪华富丽的宫室和陵墓等土木工程的兴修，必将耗费大量的木材。

考古工作者还在这里发现了大量的秦窑遗址，这些陶窑"烧制陶器和建筑材料，以供这些宫殿、陵墓的建筑之需。现已发现的秦陶窑遗址共约20座，汉窑共约75座"。⑤由于窑址数量巨大，这些陶窑的烧制工作所需的薪柴燃料用量应该十分可观。由于其上种种因素，当时当地植被景观的变化可想而知。

2. 西汉渭北帝陵的营建与五陵原植被的破坏

到了西汉，这种植被景观的变化仍在继续。西汉王朝在渭北咸阳原上陆续营建了9座帝陵。西汉帝陵区域由陵园、寝园、庙园、陪葬坑、陪葬墓、陵邑等相关要素构成，分布有大量的礼制建筑。规模宏大的陵寝及其相关工程的兴修，耗费木材的数量是惊人的。

---

① 《史记》卷一百二十九《货殖列传》，第3262页。
② 参见杨希义、吴发荣、祝烨：《五陵原史地与文化》，西北大学出版社，1997年，第172—228页。
③ 《史记》卷六《秦始皇本纪》，第239页。
④ 何清谷：《三辅黄图校释》卷一《咸阳故城》，中华书局，2005年，第18—22页。
⑤ 杨希义、吴发荣、祝烨：《五陵原史地与文化》，西北大学出版社，1997年，第222页。

　　西汉初年，实行郡国并行制。各诸侯王国"制同京师"，其政府机构和官僚制度模仿中央王朝，其都城、墓葬制度亦类似西汉都城、帝陵。因此，从西汉诸侯王墓的情况，可以管窥西汉帝陵的一些情形。

　　20 世纪 70 年代中期发现发掘的北京大葆台西汉墓，被认为是汉武帝子燕王刘旦和妻子华容夫人的合葬墓。两座墓都是"梓宫、便房、黄肠题凑"形制的大型木椁墓。[①]据汉代丧葬制度，"梓宫、便房、黄肠题凑"乃"天子之制也"。汉代帝陵就使用了这种墓葬形制。因此，考察大葆台汉墓的一些情况，有助于我们对于西汉帝陵认识的深入。墓中的所谓"黄肠题凑"，文献中记载"以柏木黄心，致累棺外，故曰黄肠。木头皆内向，故曰题凑"。[②]燕王旦的黄肠题凑，由 15 880 根黄肠木堆叠而成。北壁三十层每层纵铺 108 根，东西两壁各三十层，每层横铺 160 根，南壁有缺口（缺口为门），东西两侧各三十层，每层纵铺 34 根。这样，四壁全见"木头"，就叫作"题凑"。黄肠木绝大多数制作平整，表面打磨光滑，呈棕褐色，木质很好，经鉴定是柏木，一般长 90 厘米，高宽各 10 厘米，个别的也有高宽各 20 厘米的。[③]《大葆台西汉木椁墓发掘简报》中也提到："黄肠木长 90、宽厚都为 10 厘米，木头都内向。其结构特征和《汉书·霍光传》苏林注相吻合。外径南北长 16 米，东西宽 10.8 米，高 3 米。内径南北长 14.20 米，东西宽 9 米，高 3 米。正南有门，宽 3.6 米，高 3 米。各层黄肠木之间无榫卯固定，但堆垒十分坚固，其顶端有压边木加固。保存最好的地方是西北部，除微向西闪外，整个黄肠木堆垒严密齐整。木质犹新，呈棕褐色，至今闻之仍有芳香。"[④]西汉诸侯王墓中存在"黄肠题凑"的还有高邮天山 M1 墓、河北定县 M40 墓等。[⑤]诸侯王墓中的"黄肠题凑"规模如此之大，作为被其尊崇和模仿对象的西汉时期帝陵，虽然目前还没有经过正式的考古发掘不得晓其真相，但我们有理由相信其中的"黄肠题凑"所耗费的木材量更是有过之而无不及。

---

①　北京市古墓发掘办公室：《大葆台西汉木椁墓发掘简报》，《文物》1977 年第 6 期。

②　《汉书·霍光传》："梓宫、便房、黄肠题凑各一具。"颜师古注引苏林曰："以柏木黄心致累棺外，故曰黄肠。木头皆内向，故曰题凑。"

③　鲁琪：《试谈大葆台西汉墓的"梓宫"、"便房"、"黄肠题凑"》，《文物》1977 年第 6 期。

④　北京市古墓发掘办公室：《大葆台西汉木椁墓发掘简报》，《文物》1977 年第 6 期。

⑤　参见刘瑞、刘涛：《西汉诸侯王陵墓制度研究》，中国社会科学出版社，2010 年，第 455—466 页。"高邮天山 M1 墓是目前发现形制复杂，保存较完好的'黄肠题凑'墓。……（河北定县 M40）在椁外有 6 层枋木一横一顺叠垒而成的'黄肠题凑'……。"

　　皇帝的棺材称"梓宫"。^①一件梓木制作的棺具重达万斤。皇帝的梓宫长一丈三尺（约今 3 米），宽和高各四尺（约今 0.92 米）。梓宫有四重。^②北京大葆台一号汉墓发掘出土的梓宫有五层棺木，^③棺外有二层椁，故北京大葆台一号汉墓"采用五棺二椁制，按'天子棺椁七重'来说，墓主人的爵级至少为诸侯王无疑"。^④椁的木质系油松。西汉诸侯王墓葬中像这种"木椁墓"^⑤，还有河北石家庄小沿村张耳墓、山东青州香山汉墓、老山汉墓、河北鹿泉市北新城汉墓等多座，贯穿西汉前中后期。^⑥从此可推知西汉帝陵中的棺椁制作更是有过之而无不及，耗费了大量木材。

　　西汉具体负责营建帝陵的官员将作大匠的属官有"东园主章"等七令丞。^⑦"东园主章"是掌管大型木材的机构。如淳曰："章谓大材也。旧将作大匠主材吏名章曹掾。"《史记》裴骃集解引《汉书音义》曰："章，材也。"^⑧颜师古注："今所谓木钟者，盖章声之转耳。东园主章掌大材，以供东园大匠也。"汉武帝太初元年（前 104 年），改"东园主章"称为"木工"。^⑨"东园主章"除了掌管大型木材，还可能负责给皇帝等统治集团高层制作棺椁。《汉书·董贤传》载：哀帝赐董贤"东园秘器，珠襦玉柙，豫以赐贤，无不备具"。颜师古注："东园，署名也。《汉旧仪》云东园秘器作棺椁。"^⑩将作少府属下还有"主章长丞"，颜师古注："掌凡大木也。"这些称谓，显示了帝陵营建对于木材的大量需求和应用。

　　西汉帝陵为了隔潮防腐，往往会在墓葬中放入大量的木炭。据文献记载，在修筑昭帝平陵时，仅没收商人的"阴积贮炭苇诸下里物"，就价值"数

---

　　①　《太平御览》卷五百五十引《风俗通》："梓宫者，礼，天子敛以梓器。宫者，存时所居，缘生事亡，因以为名。"

　　②　刘庆柱、李毓芳：《西汉十一陵》，陕西人民出版社，1987 年，第 165 页。

　　③　北京市古墓发掘办公室：《大葆台西汉木椁墓发掘简报》，《文物》1977 年第 6 期。

　　④　北京市古墓发掘办公室：《大葆台西汉木椁墓发掘简报》，《文物》1977 年第 6 期。

　　⑤　"木椁墓，指开挖在竖穴土石坑中用木质材料构造椁、题凑等墓室结构的墓葬形式。"参见刘瑞、刘涛：《西汉诸侯王陵墓制度研究》，中国社会科学出版社，2010 年，第 448 页。

　　⑥　刘瑞、刘涛：《西汉诸侯王陵墓制度研究》，中国社会科学出版社，2010 年，第 448—449 页。

　　⑦　《汉书》卷十九上《百官公卿表》第 733 页。"将作少府，秦官，掌治宫室，有两丞，左右中侯。景帝中元六年（前 144）更名将作大匠。属官有石库、东园主章、左右前后中校七令丞，又主章长丞。"

　　⑧　《史记》卷一百二十九《货殖列传》，第 3274 页。

　　⑨　《汉书》卷十九《百官公卿表上》，第 733 页。"武帝太初元年（前 104）更名东园主章为木工。"

　　⑩　《汉书》卷九十三《佞幸传·董贤传》，第 3734 页。

千万"。^①这些木炭都被放入昭帝平陵用以防潮。大量木炭的烧制，必将耗费惊人的木材数量。

西汉帝陵的陪葬坑，有的构筑成木室，还有个别陪葬墓的陪葬坑，有以枋木垒成的"椁箱"。已经发掘的杜陵两座陪葬坑就均构筑成木室。长陵东南的陪葬墓杨家湾四号墓，在其墓坑拐弯处四至五层间填土内的泥塑车马坑和西墓道南段祭祀坑的四壁及顶盖，均用长方木拼凑而成。^②这些工程也都需要大量的木材。

在帝陵及其陪葬墓的陪葬坑中，还发现有陪葬各种陶俑的"俑坑"。这些俑，有男有女，有侍者，有军队，还有动物，数量十分庞大。仅在长陵陪葬墓的杨家湾汉墓陪葬坑中，就出土了 2 500 件模拟士兵彩绘陶俑。^③上面提到，考古工作者在五陵原地区就发现了大量的秦汉窑址。"汉代窑址位于今咸阳市渭城区窑店乡仓张砖厂至黄家沟一带，是考古工作者在 1980 年 1 月至 1983 年初与上述 14 座秦窑同时发现的，共 75 座……（汉窑）结构与秦窑基本相似，但在修筑方法上有较大改进。……窑室较大，土壁窑虽基本上沿袭了秦代圆形土壁窑的结构，但窑室明显扩大，最大径均超过 3 米，窑室高度亦有所增加，最高可达 3.8 米。"^④由秦窑至汉陶窑修筑方法的改进，窑室的明显扩大，反映了烧制规模的扩大。大量陶俑的烧制，薪柴燃料的用量是十分可观的。

西汉王朝在渭北咸阳原上营建的 9 座帝陵中有 5 个建有陵邑，分别为高祖长陵邑、惠帝安陵邑、景帝阳陵邑、武帝茂陵邑、昭帝平陵邑。设立陵邑的目的，一是以移民充实关中地区人口，增加关中地区的财富，繁荣关中社会经济的发展，所谓"强干"或"强本"；二是加强对于东方贵族豪强的控制，削弱地方势力坐大的可能性，防止其作乱，达到"不诛而除害"的目的，所谓"弱枝"或"弱末"；三是可以"备胡"，形成一个针对北方游牧民族的人为的屏障，藩卫京师。《汉书·娄敬传》记载："敬从匈奴来，因言'匈奴河南白羊、楼烦王，去长安近者七百里，轻骑一日一夕可以至。秦中新破，少民，地肥饶，可益实。夫诸侯初起时，非齐诸田，楚昭、屈、景莫与。今陛下虽都关中，实少人。北近胡寇，东有六国强族，一日有变，陛下亦未得安枕而卧也。

---

① 《汉书》卷九十《酷吏传·田延年传》，第 3665 页。
② 刘庆柱、李毓芳：《西汉十一陵》，陕西人民出版社，1987 年，第 204—205 页。
③ 刘庆柱、李毓芳：《西汉十一陵》，陕西人民出版社，1987 年，第 205—206 页。
④ 杨希义、吴发荣、祝烨：《五陵原史地与文化》，西北大学出版社，1997 年，第 225 页。

臣愿陛下徙齐诸田，楚昭、屈、景，燕、赵、韩、魏后，及豪杰名家，且实关中。无事，可以备胡；诸侯有变，亦足率以东伐。此强本弱末之术也。'上曰：'善。'乃使刘敬徙所言关中十余万口。"①《史记·平津侯主父列传》记载，主父偃曾对汉武帝说："茂陵初立，天下豪杰并兼之家，乱众之民，皆可徙茂陵，内实京师，外销奸猾，此所谓不诛而除害。"武帝"从其计。"②

　　西汉时期，政府曾将大量人口迁徙入五陵邑。《汉书·地理志》："长陵，高帝置。"③《汉书·高后纪》：六年六月"城长陵"。④《汉书·高帝纪》卷一（下）记载："（高祖九年）徙齐楚大族昭氏、屈氏、景氏、怀氏、田氏五姓关中。"⑤而《汉书·娄敬传》亦记载：高祖"乃使刘敬徙所言关中十余万口。"⑥《后汉书·第五伦列传》记载："第五伦字伯鱼，京兆长陵人也。其先齐诸田，诸田徙关中多，故以次第为氏。"⑦《长安志》卷十三引《关中记》云："长陵城有南北西三面，东面无城，陪葬者皆在东，徙关东大族万家以为陵邑。"⑧说明徙入关中的人口中，有大量迁入长陵邑。

　　《汉书·地理志》："安陵，惠帝置。"⑨安陵邑中的关中徙民多来自楚国，如文献记载的安陵爰氏、籍氏、阆氏、班氏等，均系楚人。汉代史学大家班彪、班固父子，祖上系楚国人，他们的先人徙居到了安陵。⑩除此之外，安陵邑还是一个艺人的天地。《长安志》卷十三引《关中记》云："徙关东倡优乐人五千户奉陵邑。善为啁戏，故俗称女啁陵也。"⑪

　　《汉书·地理志》："阳陵，故弋阳，景帝更名。"⑫《史记·孝景本纪》云："五年（前152年）三月作阳陵、渭桥。五月，募徙阳陵，与钱二十万。"⑬《汉书·景帝纪》亦有相似记载：五年春正月"作阳陵邑，更募民徙阳陵，赐钱

① 《汉书》卷四十三《娄敬传》，第2123页。
② 《史记》卷一百一十二《平津侯主父列传》，第2961页。
③ 《汉书》卷二十八上《地理志》，第1545页。
④ 《汉书》卷三《高后纪》，第99页。
⑤ 《汉书》卷一《高帝纪》，第66页。
⑥ 《汉书》卷四十三《娄敬传》，第2123页。
⑦ 《后汉书》卷四十一《第五伦传》，第1395页。
⑧ 《长安志》卷十三引《关中记》。
⑨ 《汉书》卷二十八上《地理志》，第1547页。
⑩ 刘庆柱、李毓芳：《西汉十一陵》，陕西人民出版社，1987年，第32页。
⑪ 《长安志》卷十三《咸阳·惠帝安陵》条引《关中记》。
⑫ 《汉书》卷二十八上《地理志》，第1545页。
⑬ 《史记》卷十一《孝景本纪》，第442—443页。

二十万。"①

汉武帝在位时间较长，加之经过西汉初期的休养生息，汉武帝时期经济社会发展呈现繁荣景象，故而茂陵邑的人口规模居五陵之最。汉武帝时期西汉政府曾多次向茂陵邑移民，移民的对象有各地的豪富和官吏。《汉书·地理志》："茂陵，武帝置。"②《三辅黄图》："建元二年初置茂陵邑，本槐里县之茂乡，故曰茂陵，周回三里。"③又引《三辅旧事》："武帝于槐里茂乡，徙户一万六千。"④《汉书·武帝纪》云，（建元）三年（前138年）春，"赐徙茂陵者户钱二十万，田二顷"；⑤元朔二年（前127年）三月，"又徙郡国豪杰及訾三百万以上于茂陵"；⑥太始元年（前96年）正月，"徙郡国吏豪杰于茂陵、云阳"。⑦

《汉书·地理志》："平陵，昭帝置。"⑧《汉书·宣帝纪》记载，本始元年（前73年）春正月，"募郡国吏民訾百万以上徙平陵"；⑨二年春"以水衡钱为平陵，徙民起第宅"。⑩《史记·吕不韦列传》索引引《汉旧仪》："武、昭、宣三陵邑，皆三万户。"⑪如果以每户5口计，人口也在15万以上。

陵邑中大量人口日常生活中的取暖、做饭等薪柴消耗，居住建筑用材，棺椁制作，都会消耗大量的木材，必然导致植被的减少。大量人口的存在，也必然对农业生产有着较高要求。而陵邑中百姓开垦土地等的农事活动，必然要对原来土地上的原生植被进行刈除，从而使得植被面积有所减少。上面提到，开垦土地可以看作是人类活动加之于自然环境的一种影响。农田的开垦使得农作物等人工栽培植物逐渐代替原生植被，从而使当地植被景观结构发生改变。

3. 西汉渭北帝陵的营建与五陵原植被的恢复

西汉帝陵的营建不仅对当地植被有着消极作用，其对局部地区小环境的植被改善，作用同样不可忽视。

---

① 《汉书》卷五《景帝纪》，第143页。
② 《汉书》卷二十八上《地理志》，第1547页。
③ 何清谷：《三辅黄图校释》，中华书局，2005年，第368页。
④ 何清谷：《三辅黄图校释》引《三辅旧事》，中华书局，2005年，第368页。
⑤ 《汉书》卷六《武帝纪》，第158页。
⑥ 《汉书》卷六《武帝纪》，第170页。
⑦ 《汉书》卷六《武帝纪》，第205页。
⑧ 《汉书》卷二十八上《地理志》，第1547页。
⑨ 《汉书》卷八《宣帝纪》，第239页。
⑩ 《汉书》卷八《宣帝纪》，第242页。
⑪ 《史记》卷八十五《吕不韦列传》，索隐引《汉旧仪》，第2512页。

汉代上至帝陵、下至一般人的坟墓均植树。帝王陵墓往往"上成山林"。[①]汉文帝霸陵墓上稠种柏树。《艺文类聚》卷八八引《三辅黄图》就说，汉文帝霸陵"稠种柏"。汉代制度规定，对于盗伐诸陵柏树者弃市。文献记载，汉昭帝时，"长安诸陵，柏树枯倒者，悉起生叶"。[②]可见，西汉诸陵上广泛种植柏树。《长安志》引《关中记》云："守陵、溉树、扫除，凡五千人。"[③]既云"溉树"，说明陵园中的植被有着可观规模。当时的渭北诸帝陵，远观之可能是一派郁郁苍苍的景象。这种来自最高权力集团的风尚还形成了上行而下效的影响，京师贵戚、郡县豪强、高赀大户、地方官吏往往争相效仿。《盐铁论·散不足》中就曾批评墓园"积土成山，列树成林"的风习。《潜夫论·浮侈》也说，京师贵戚，郡县豪家，均"造起大冢，广种松柏"。《艺文类聚》卷八八引谢承《后汉书》曰："方储幼丧父母，侍母，终日负土成坟，种奇树千株。"《艺文类聚》卷八八引《东观汉记》：李恂遭父母丧，"六年躬自负土树柏，常住冢下"。可见西汉时代，一般人的坟墓上种植柏树已成了当时的社会习俗。龚胜就提出他死了以后，"勿随俗"，不要在他的坟墓上"种柏"。[④]这种自发的植树活动，提高了局部地区的植被覆盖率，美化了特定区域的小环境。

当时五陵原地区的富豪们营建私人山水园林，亦是一时风气。《西京杂记》卷三载："茂陵富人袁广汉，藏镪巨万，家僮八九百人。于北邙山下筑园，东西四里，南北五里。激流水注其内。构石为山，高十余丈，连延数里。养白鹦鹉、紫鸳鸯、牦牛、青兕，奇兽怪禽，委积其间。积沙为洲屿，激水为波潮，其中致江鸥海鹤，孕雏产鷇，延蔓林池。奇树异草，靡不具植。屋皆徘徊连属，重阁修廊，行之，移晷不能遍也。广汉后有罪诛，没入为官园，鸟兽草木，皆移植上林苑中。"[⑤]茂陵周围还有白鹤观等园林建筑，园林内亦有树木鸟兽的生存。[⑥]这些人为营筑的园林，环境优美，草木繁多，同样改善了局部地区的小环境。

如果把西汉帝陵作为一种人为营造的景观，那么人为的植树活动对于自然

---

①　《汉书》卷五十一《贾山传》，第 2328 页。
②　《太平御览》卷九五四、木部、柏条，第 4231 页。
③　刘庆柱：《关中记辑注》，三秦出版社，2006 年，第 119 页。
④　刘庆柱、李毓芳：《西汉十一陵》，陕西人民出版社，1987 年，第 217 页。
⑤　周天游校注：《西京杂记》卷三，第 137 页。
⑥　梁安和：《五陵原水资源与水文状况》，《秦汉研究》第 6 辑，陕西人民出版社，2012 年，第 110 页。

环境的改造作用不应低估。当然，这种人为的植被恢复，应当是局部的，有着特定的范围。

（三）帝陵的营建与水环境的互相影响

人类的生活生产均离不开水。在五陵原的南边，渭河从西到东穿过，五陵原的东北部，泾水从西北到东南流过，一直注入渭河。这些天然河流哺育了两岸的人们，人类社会与之密切的互动关系自不必说。而西汉渭北帝陵的营建，亦对周边的水环境造成影响。西汉帝陵陵区对于水的需求大概有以下几点：一是居住人员的日常生活用水；二是农林灌溉、牲畜养殖用水；三是环境美化用水，等等。

九座帝陵，在渭河北岸一字排开，南临渭水。按说南临渭水，应不缺水，但是由于这几个帝陵及其陵邑基本分布于渭河的二级阶地以北，与北部的黄土台原相接，地理位置较高，海拔约460—480米不等，[①]所以西汉帝陵渭北陵区的人们是难以轻易利用渭河水的。黄盛璋就在《西安城市发展中的给水问题以及今后水源的利用与开发》一文中指出："（周丰京、镐京，汉长安城，隋唐长安城等都城）都是选在川原比较高亢之处；但又不过高，过高引水有困难，过低则不适宜于人类居住。渭河虽为本区主河，但渭河是一个断堑地带，渭滨一带全属滩地，上述城址大抵选择在渭河二级台地之上，渭河水引不上来，所以历来城市用水都没有引渭河的。"[②]都城难以引渭河水而用之，地处五陵原的西汉帝陵渭北陵区的人们更是如此。

再加上西汉政府曾多次向陵邑徙民，使得西汉帝陵陵区的人口不断增加。人口增殖，就会带来用水压力。到了武帝时期，五陵原上的人口规模已经相当可观，仅仅五个陵邑的人口估计就不下百万。如此庞大的人口规模，必然需要大量的水资源，作为天然河流的渭河又难以引上来，因此，十分有必要兴建水利工程来解决这一问题。所以，成国渠的修建自然成了"水到渠成"的事情。梁安和在《五陵原水资源及水文状况》一文中就指出："综合文献记载和实地

---

① 梁安和：《五陵原水资源及水文状况》，《秦汉研究》第6辑，陕西人民出版社，2012年，第108页。

② 黄盛璋：《西安城市发展中的给水问题以及今后水源的利用与开发》，《地理学报》第24卷第4期，第407页。

考查，我们认为，成国渠至迟在西汉武帝时期已经修成，目的是解决五陵原上近百万人口的生活用水及农业生产用水问题。"①

史料中关于成国渠的记载不是太多。《汉书·沟洫志》中记载，元封二年（前109）武帝与治河军民一起堵塞住了泛溢了二十三年的瓠子口后，使得黄河"复禹旧迹"②而东流，"而梁、楚之地复宁，无水灾"。③从此之后"用事者争言水利"，④全国范围内掀起了兴建水利的高潮，"朔方、西河、河西、酒泉皆引河及川谷以溉田。而关中灵轵、成国、湋渠引诸川，汝南、九江引淮，东海引钜定，泰山下引汶水，皆穿渠为溉田，各万余顷。它小渠及陂山通道者，不可胜言也。"如淳曰："成国，渠名，在陈仓。"⑤说明至迟在汉武帝时期成国渠已经存在。

汉成国渠从眉县起引渭水经扶风、武功、兴平、咸阳复入渭，全长121公里。⑥关于成国渠的起讫和流经走向，史料中记载最详细的当属《水经注》。《水经注》卷十九渭水条关于成国渠的一段文字为：

> 渭水又东会成国故渠。……其渎上承汧水于陈仓东，东径郿及武功槐里县北，渠左有安定梁严冢，碑碣尚存。又东径汉武帝茂陵南，故槐里之茂乡也。……故渠又东径茂陵县故城南，武帝建元二年置。……故渠又东径龙泉北，今人谓之温泉，非也。渠北故坂北，即龙渊庙。……故渠又东径姜原北，渠北有汉昭帝陵，东南去长安七十里。又东径平陵县故城南，……故渠之南有窦氏泉，北有徘徊庙。又东径汉大将军魏其侯窦婴冢南，又东径成帝延陵南，陵之东北五里，即平帝康陵坂也。故渠又东径渭陵南，……又东径哀帝义陵南，又东径惠帝安陵南，陵北有安陵县故城。……渠侧有杜邮亭。又东径渭城北，……又东径长陵南，亦曰长山也。……故渠又东径汉丞相周勃冢南，冢北有亚夫冢。故渠东南谓之周氏曲，又东南径汉景帝阳陵南，又东南注于渭，今无水。⑦

---

①　梁安和：《五陵原水资源及水文状况》，《秦汉研究》第6辑，陕西人民出版社，2012年，第110页。
②　《汉书》卷二十九《沟洫志》，第1684页。
③　《汉书》卷二十九《沟洫志》，第1684页。
④　《汉书》卷二十九《沟洫志》，第1684页。
⑤　《汉书》卷二十九《沟洫志》，第1684页。
⑥　李健超：《成国渠及沿线历史地理初探》，《西北大学学报》1977年第1期。
⑦　（北魏）郦道元著、陈桥驿校证：《水经注校证》，中华书局，2007年，第459—460页。

《汉书·地理志》也有记载："成国渠首受渭，东北至上林入蒙笼渠。"①《类编长安志》载："（成国渠）在兴平县北一里。自武功县界流入县界，凡六十里，溉田二百四十顷，东流入咸阳界，即古白渠也。"②关于成国渠的起讫和流经走向问题，学者们也有探讨。张波认为，这一时期成国渠渠线约二百余里。自眉县引渭水东流，溉眉县、扶风、武功、兴平等县地，至咸阳附近归蒙笼渠，同灌溉上林苑土地后入渭水，其起讫走向与今渭惠渠基本一致。③还有学者根据《水经注》有关成国渠的记述，结合地貌特征及秦汉时代的古城、陵墓遗迹，对成国渠主干线渠道和流经地区进行了实地勘察，试图恢复成国渠的原来面貌，④认为："由豆马村北故渠遗迹接连窑店北故渠遗迹的故渠干线，正是《水经注》记载成国渠的流线。""豆马村北与窑店村北故渠遗迹连接起来的渠线完全是可能的，因为今渭惠高干渠提供了最好的证据、这两点与北边平行而东的渭惠高干渠的高差大约都是 20 米。"⑤李健超还根据地面遗迹和《水经注》的详细资料，绘制了《成国渠上游略图》《成国渠过漆图》《成国渠流经咸阳原图》，附于其《成国渠及沿线历史地理初探》一文后。这为我们了解成国渠提供了直观印象。

成国渠的兴修应该在相当程度上缓解了当时五陵原地区人们的用水压力。广大劳动人民兴修水利、改造自然的伟大创造，改善了相关地区的水环境，是人类活动施加于自然环境的重要影响。而且这种影响在汉以后还长期持续。汉时建设的成国渠曾嘉惠后世千余年。

三国魏青龙元年（233），魏尚书左仆射卫臻征蜀，主持复开扩修成国渠，⑥在汉代基础上向西扩展，水源改承宝鸡陈仓以东的汧水，将汉成国渠向西延伸了 47 公里。⑦根据现代学者的勘察，曹魏时扩建的成国渠从虢镇西北临河村附近引汧水来增加水量，位置在宝鸡峡汧河王家崖水库上游附近，经土家崖、冯

---

①《汉书》卷二八上《地理志》。

② （元）骆天骧撰、黄永年点校：《类编长安志》卷之六，泉渠条，三秦出版社，2006 年，第 182 页。

③ 张波：《西北农牧史》，陕西科学技术出版社，1989 年，第 124 页。

④ 李健超：《成国渠及沿线历史地理初探》，《西北大学学报》1977 年第 1 期。

⑤ 李健超：《成国渠及沿线历史地理初探》，《西北大学学报》1977 年第 1 期。

⑥《晋书》卷一《高祖宣帝》："青龙元年，穿成国渠，筑临晋陂，溉田数千顷，国以充实焉。"《晋书卷二六·志第一六·食货》："青龙元年，开成国渠，自陈仓至槐里；筑临晋陂，引汧洛溉沪卤之地三千余顷，国以充实焉。"（元）骆天骧撰、黄永年点校：《类编长安志》卷之六，泉渠条，三秦出版社，2006 年，第 182 页："元魏时，仆射卫臻征蜀，复开（成国渠）以溉田。"

⑦ 李健超：《成国渠及沿线历史地理初探》，《西北大学学报》1977 年第 1 期。

家咀、李家崖、刘家崖村，然后绕虢镇南侧，又北曲至贾家崖，顺周原脚下向东延伸，与汉成国渠故道相接。^①这样，成国渠向西延伸至陈仓，全长三百余里，引汧水灌溉规模之大近于今日宝鸡峡灌溉工程。^②

因为渭河北岸从汧河入渭到泾河入渭之间只有一条支流就是漆水河，所以成国渠横绝漆水河的水利工程成为维系成国渠的生命线。^③到了大统十三年（547年），西魏开始在武功县西漆水河上修筑了六门堰（筑堰置六斗门故名六门堰）以节水。《类编长安志》引唐李石《记》云：“大统十三年，魏始筑堰，置六斗门，以节水。”^④这是为了解决成国渠横绝漆水的难题，也显示了古代劳动人民在水利工程技术上的智慧。

到了唐时，曾多次对西汉时期兴建的成国渠进行整修，引水灌田，使其发挥作用。《类编长安志》所引唐李石《记》就记载了永徽四年（653）、圣历中（698年正月—700年五月）、久视元年（700年五月—701年正月）、咸通十一年（870年）、咸通十三年（872年）等年份均先后修治成国渠。^⑤对于成国渠横绝漆水的六门堰，贞观时期亦曾大力整修并取得功效。《类编长安志》中记载：“贞观中，役九州夫匠，沉铁牛^⑥、铁剑以御魑魅，始就其功。”^⑦

宋以后随着中国经济、政治中心的东移南迁，关中地区逐渐落后，成国渠亦逐渐衰落。虽在宋朝熙宁时期还有修复，但其效益无法达到以前水平。元代骆天骧的《类编长安志》中记载：“今涸。”成国渠最终在历史的烟尘中走向没落。

---

① 梁安和：《五陵原水资源及水文状况》，《秦汉研究》第6辑，陕西人民出版社，2012年。
② 张波：《西北农牧史》，陕西科学技术出版社，1989年，第124页。
③ 李健超：《成国渠及沿线历史地理初探》，《西北大学学报》1977年第1期。
④ （元）骆天骧撰，黄永年点校：《类编长安志》卷之六，泉渠条，三秦出版社，2006年，第182页。
⑤ （元）骆天骧撰，黄永年点校：《类编长安志》卷之六，泉渠条，三秦出版社，2006年，第182页："咸通十三年夏四月戊子，京兆奏六门堰毕。其渠合韦川、莫谷、香谷、武安四水，溉武功、兴平、咸阳、高陵等县田四万余顷。俗号为白渠，其利与泾、白相上下。又曰成国渠，见《汉书·地理志》。……永徽四年，右仆射于志宁治之，寻决。圣历中，敕雍州刺史张知骞修焉，始引安武水。久视元年，副西京留守雍州长史薛季昶得许公稚法，缚土牛以杀水势，春官郎中薛稷刻石叙之。咸通十一年七月，咸阳县民薄逆等上言：'六门淤塞，缘渠之地，二十年不得水耕樗，而其官岁以水籍为税，请假钱二万八千九百八十贯，为修堰工作之费，候水通流，追利户钱以还。'京兆府为之奏，乃诏借内藏钱以充，命中使董其役事，又令本县官专之。既讫役，凡用钱万七千缗。"
⑥ 李健超先生认为漆水东岸有铁牛寨，与此事可能有关。参见李健超：《成国渠及沿线历史地理初探》，《西北大学学报》1977年第1期，第50页。
⑦ （元）骆天骧撰，黄永年点校：《类编长安志》卷之六，泉渠条，三秦出版社，2006年，第182页。

西汉渭北帝陵的营建、存在、维护等与周边自然环境的关系是互动影响的。

首先，帝陵的营建及其陵邑的兴起使得相关地域形成了一个独特的人文地理区域，"五陵原"的历史文化内涵异常丰厚。

其次，帝陵的营建及陵邑中大量百姓对于木材的需求，对相关地区的植被产生了消极影响，但是在特定的思想理念、风俗习惯的促使下，墓上植树、营建园林等人为活动，客观上又使得局部地区小环境的植被覆盖率得以改善。

最后，陵邑的兴起，其中人口数量的大量增加，再加上其所在的五陵原地势较高，造成了当时相关地区人们的用水压力，在相当大的程度上促使了成国渠的兴修。广大劳动人民兴修水利、适应和改造自然的伟大创造，改善了相关地区的水环境，是人类活动施加于自然环境的重要影响。而且这种影响在汉以后还长期持续。

十二

秦汉时期风水与墓葬选址

　　风水在秦汉时期被称为"堪舆"，魏晋以后称为"风水"。其字面含义是指一定的自然地理环境，引申义是对优越自然环境的勘查与选择。自从其产生之时起，它就对中国古人生活的各个方面产生了巨大的影响。而一般认为，风水可分为建筑风水与墓葬风水两层含义，风水术中关于阳宅的选择要远远早于阴宅，并且在早期的风水术中阳宅的宅法和阴宅的葬法有着不同的缘起和相对独立的吉凶推演体系。早在先秦时期，基于古人对环境的认知与选择以及早期哲学思想如阴阳五行思想的形成，丧葬风水思想已开始萌芽。秦汉魏晋南北朝时期更进入丧葬风水的形成与发展阶段。因此，对丧葬风水思想在秦汉时期墓葬中扮演的角色进行探讨有助于深入理解当时的葬俗，从而有利于对当时墓葬的考古学研究。

（一）秦汉时期丧葬风水思想的形成

　　风水是中国古代"天人合一"的宇宙观指导下一种趋吉避凶的、有关阳宅与阴宅选址的环境选择理论，其核心是关于人们命运吉凶的预测和趋避方法。

　　在史前社会时期，人类在长期的进化发展过程中对他们赖以生存又难以抗争的自然环境的认知逐渐深入，尤其是在进入新石器时代后人类开始定居生活以来，在保持对大自然的敬畏的同时，他们也从世代的生活经验中总结出了居住环境选择的一般规律，即居住地要选在既靠近水源又可免受洪灾、动物侵袭及冬季免受寒风的地带。这些规律在进入文明社会后，经过与古代哲学思想的融合，便逐渐演化成有关人们命运推演与吉凶趋避的风水思想。另一方面，人类至迟在旧石器时代就形成了灵魂和鬼魂观念，并开始认为鬼神所处环境的好坏会与生者的命运相关联，从而逐渐形成了"鬼神祸福及人"的观念。在这种观念以及早期风水思想的影响下，人们也更加重视对死者葬地的选择，并由此形成了有关阴宅的环境选择理论，也即丧葬风水。

今天还不清楚先秦时期的墓葬选址原则。但有观点认为新石器时代中期的半坡遗址已经出现的"割肢葬"[①]习俗便与鬼魂观念的产生有关，且这种割体葬仪只能界说为氏族成员死后进行的有意识、有目的的割切尸体并加以分离性埋葬的行为或仪式，原因在于原始人认为人在死后变成"鬼"，特别是夭殇、自杀、凶殴、恶疾等非正常死亡的人很容易变成"怪"或"煞"，对氏族成员乃至直系血亲造成危害，要加以回避和镇压。[②]然而这只是根据民族学的观点所得的推测。但至迟在战国晚期已经有了在鬼神祸福及人观念影响下的葬地选择观念，出现了丧葬风水思想的萌芽。《礼记·杂礼》云"大夫卜宅与葬日"，孔疏曰："宅谓葬地也。大夫尊，故得卜宅与葬日。"这表明在春秋战国时期已经有了通过占卜选择葬地以及下葬日期的习俗，葬地选择已经成了丧礼中的一个重要环节。虽然《礼记》中这一行为未必就是阴宅风水思想产生的结果，但其依然透露出一个重要信息，即死者的葬地已经如生者的住宅一般被重视，而这恰是丧葬风水得以产生的一个重要基础。

鬼神祸福及人观念的浓厚则进一步推动了丧葬风水的形成。对于鬼神的忌惮与敬畏，在大约成书于战国晚期[③]的择日书籍秦简《日书》中表现得更加强烈。据睡虎地日书"病"章简文，[④]人得病的原因不外乎两种：一是父母、祖父的亡灵即内鬼作祟；二是别人的亡灵捣乱也即外鬼作祟。治病的方法则是报祭神灵。而对于埋葬死者的日子，日书中也有非常明确的禁忌。"葬日，子卯巳酉戌，是胃（谓）男日；午未申丑亥辰，是胃（谓）女日。女日死，女日葬，必复之，男子亦然。凡丁丑不可以葬，葬必参。"[⑤]与此同时，生人居住的房宅所处的地势、方位也与主人的贫富贵贱息息相关："凡宇最邦之高，贵贫。宇最邦之下，富而泽。宇四旁高，中央下，富。宇四旁下，中央高，贫。宇北方高，南方下，毋宠。宇南方高，北方下，利贾市。宇东方高，西方下，女子为

---

①　石兴邦：《半坡氏族公社》，陕西人民出版社，1979年，第128页。

②　肖兵：《略论西安半坡等地发现的"割体葬仪"》，《考古与文物》1980年第4期，第76页。

③　刘乐贤：《睡虎地秦简日书的内容、性质及相关问题》，《中国社会科学院研究生院学报》1993年第1期，第68页。

④　《日书·病》："甲乙有疾，父母为祟……丙丁有疾，王父为祟……戊己有疾，巫堪行，王母为祟……庚辛有疾，外鬼伤死为祟……壬癸有疾，毋逢人，外鬼为祟……"，吴小强：《秦简日书集释》，岳麓书社，2000年，第70—71页。

⑤　吴小强：《秦简日书集释》，岳麓书社，2000年，第43页。

正。"^①而事实上，最迟在汉代既已有了选择居址环境的《宫宅地形》二十卷，^②表明建筑风水已经形成，也已经有了专门指导丧葬行为的《葬历》。《论衡·讥日篇》便引《葬历》曰："葬避九空、地臽，及日之刚柔，月之奇耦日吉无害，刚柔相得，奇祸相应，乃为吉良，不合此历，转为凶恶。"^③

所以鬼神祸福及人的观念既已深入人心，建筑风水也已形成，事死如事生的丧葬理念更早已普及并指导着时人的丧葬行为，丧葬风水形成的条件在秦汉时期便已完全具备了。

《史记·樗里子列传》云："（秦）昭王七年，樗里子卒，葬于渭南章台之东。曰：'后百岁，是当有天子之宫夹我墓'。樗里子疾室在於昭王庙西渭南阴乡樗里，故俗谓之樗里子。至汉兴，长乐宫在其东，未央宫在其西，武库正直其墓。"在这一记载中，身为王族、曾位至秦国丞相的樗里子已经有了为自己预测生后的祸福并为自己选择位置优越的葬地的思想行为，可以说这就是丧葬风水观念的产物。即使说这一记载为司马迁所杜撰而并不真实，丧葬风水思想在秦汉时期却的确已经产生了。

《史记·蒙恬列传》记载，秦二世与赵高、李斯谋夺帝位后，派使臣命蒙恬自裁，"恬喟然太息曰：'我何罪于天，无过而死乎？'良久，徐曰：'恬罪故当死矣。起临洮属之辽东，城堑万余里，此其中不能无绝地脉哉？此乃恬之罪也。'乃吞药自杀"。蒙恬以自己破坏了地脉作为自己该死的理由，可见地脉这一后世风水学家称之为龙脉并在风水术中占有极重要地位的思想观念在秦汉时期已经流行，并且认为地脉与人的祸福吉凶密切相关。不仅如此，司马迁也认为韩信之所以能够拜将称王，建立不世功绩的原因在于韩信将他母亲葬在了非常好的地方。因此他在《史记·淮阴侯列传》即云："吾如淮阴，淮阴人为余言，韩信虽为布衣时，其志与众异。其母死，贫无以葬，然乃行营高敞地，令其旁可置万家。余视其母冢，良然。"司马迁不仅只听别人说韩信的成就归功于他母亲的葬地，并且亲自前去察看并也认为韩母埋葬的地方"良然"——非常好，表明秦汉之际鬼福及人的丧葬风水思想已经非常普遍、深入人心，并成为人们选择葬地的一个根本依据。《后汉书·袁安列传》亦云："初，安父没，

①　睡虎地秦墓竹简整理小组：《睡虎地秦墓竹简》，文物出版社，1990年，第210页。
②　《汉书·艺文志》，中华书局，1962年，第803页。
③　（汉）王充著，张宗祥校注：《论衡校注》，上海古籍出版社，2010年，第476页。

母使安访求葬地，道逢三书生，问安何之，安为言其故，生乃指一处，云：'葬此地当世为上公。'须臾不见，安异之。于是遂葬所占之地，故累世隆盛焉。"所以，毫无疑问风水思想在秦汉时期已经形成，并在墓葬选址中扮演着重要的角色。

（二）秦汉时期墓葬选址的风水原则

《吕氏春秋·节丧》云："古之人有藏于深山而安者，非珠玉国宝之谓也，藏不可不藏也。藏浅则狐狸㧓之，深则及于水泉。故凡藏必于高陵之上，以避狐狸之患，水泉之湿。"在战国晚期时编撰的《吕氏春秋》中，墓葬选址的标准是"高岭之上"，原因在于防止死者的尸体被野兽侵害和地下水侵蚀，还不能看出风水术的影响。《后汉书·冯衍列传》云："先将军葬渭陵，哀帝之崩也，营之以为园。于是以新丰之东，鸿门之上，寿安之中，地势高敞，四通广大，南望骊山，北属泾渭，东瞰河华，龙门之阳，三晋之路，西顾鄠、鄀，周秦之丘，客观之墟，通视千里，览见旧都，遂定茔焉。"在这里，东汉名臣冯衍在为自己的墓葬选址时不仅要求地势高敞，还要观察葬地所处的形势并强调山水走势，最终选择了一个四通广大之地。从《吕氏春秋》到司马迁对韩信母亲墓地选址的记载，再到冯衍对自己墓地的要求，可以看出秦汉时期的墓葬的选址都要求地势高敞。似乎在秦汉时期北方地区墓葬居于地势高敞之处已经是一个通例，并具有了风水术的意义。

考古学的调查研究也表明秦汉时期的帝王墓葬的选址也遵守了地势高敞这一原则。秦始皇陵位于骊山北麓，北有渭水，东西也各有数条河溪环绕；"陵园的布局巧妙地利用了自然环境，将陵、山、水浑然融合为一体；作为核心区的陵园置放在最高的台塬上，其他附属陵寝项目摆放在较低的台塬上，以自然河道分割，主从关系明确"。[1]如果不考虑秦始皇帝陵区高于地宫的潜水位，单从地势来说，秦始皇陵也具有地形高敞的特点。西汉十一个皇帝的十一座陵园，文帝的霸陵在今西安市东郊的白鹿原上，宣帝杜陵在今西安市东南郊的杜陵原上，其他九陵则都在今西安市北面渭河北岸的咸阳原上。[2]

---

① 段清波：《秦始皇帝陵园相关问题研究》，西北大学博士论文，2007年，第25页。
② 徐苹芳：《中国秦汉魏晋南北朝时代的陵园和茔域》，《考古》1981年第6期。

咸阳原南临渭河，并从渭河北岸向北逐渐抬高，西汉帝陵就雄踞于原上最高处。

焦南峰亦认为西汉帝陵的选址有风水因素的作用。"咸阳原东起泾渭交汇，向西约 30 余公里止于咸阳兴平市境，相对高出关中平原，且愈西去原势愈高。原面南北宽 10 多公里，平坦开阔，土厚水深，道路辐辏，良田万顷"的地理环境正符合《葬书》所谓的"平地之势，其稍高地坦夷广阔，相牵相连"之"龙势"；而"咸阳原南襟渭水而北带泾河，可谓好水环绕"亦与《葬书》"高垅之地，天阴自上而降，生气浮露，最怕风寒易为荡散""气乘风散，界水则止"的思想相吻合，充分具备了上述所谓'聚气'之条件。"长安附近其他诸如白鹿原、少陵原、神禾原等相对较大的黄土台原，虽然也都地处两河之间，接近所谓'龙势'，但均比不上咸阳原的原面开阔、气势雄伟。此外，其面积较大的白鹿原、杜东原大多呈阶梯状倾斜，槽形洼地和缓丘状高地较多，原面不够平坦，如安排个别陵墓，尚能找出地形地貌相对较好的位置，但若规划整个汉王朝的帝陵，则明显受到很大局限。"[①]然而，《葬书》的成书年代大多认为是在唐宋之际并应该是在前代风水思想和实践的基础之上形成的，其理论要点如"生气说""地形藏气说"在秦汉时期是否形成还尚未可知。或许，西汉帝陵的选址实践正是《葬书》得以形成的历史基础之一。

不惟西汉，东汉帝陵也选择在"北依黄河、南临伊洛河盆地的邙山地区地势最为平坦开阔的区域，这里地形地貌属于低山丘陵地带，是秦岭——崤山山脉的余脉，海拔高度 120 至 340 米。地势起伏平缓，高敞而空旷"。[②]位于汉魏洛阳城之北的东汉帝王陵区北兆域之内的"五座帝陵以及陪葬墓都应分布在海拔 170 至 210 米的邙山塬上"，"汉魏故城之南的地理形势，由伊洛河到万安山北麓，海拔高度逐渐升高，大约是 120 至 250 米。从五万分之一地形图上看，高崖汉墓群（推测是汉质帝的静陵）和逯寨（汉桓帝宣陵）位于海拔 120 至 150 米的地域，其余四陵墓群位于海拔 150 至 200 米之内"。[③]由此可见，与西汉帝陵一脉相承，地势高敞、面向开阔、襟山带水也是东汉帝陵的选址原则。

① 焦南峰、马永赢：《西汉帝陵选址研究》，《考古》2011 年第 11 期。
② 洛阳市第二文物工作队：《洛阳邙山陵墓群的文物普查》，《文物》2007 年第 10 期。
③ 韩国河：《东汉帝陵有关问题的探讨》，《考古与文物》2007 年第 5 期。

　　事实上，在商周时期，包括秦人大堡子山陵区、雍城陵区、芷阳陵区在内的许多诸侯国的陵区或墓地都具有地势较高、地形开阔的共同特点。[①] 而对"高敞"的追求，其出发点也"原本自有实用的意义，可能首先在于防水以保证墓主及其地下居室和用物的安全"。[②] 此说甚是。无论是史前时期到商周时期长江中下游地区堆土墓或土墩墓的盛行，还是春秋战国时期积炭墓的出现，都是防止墓室积水的结果。秦始皇陵为防止地下水进入地宫，甚至还在封土周围加筑了阻排水设施。所以，不可否认，西汉帝陵选址在咸阳原上高敞之处必然有防水的实用性考虑。但是，风水实际上也是一门实用性的学问，其产生于人们的社会实践之中，"趋利避害"的主导思想也与人们在现实生活中的选择紧密结合。因而，一切在生活中对人们的生活有利的因素都可以上升为风水思想来指导现实生活。丧葬风水亦然。史前时期以来人们所累积的对最佳居址选择的认识，如背风向阳、地势高敞、近水开阔、环境优美的法则，在"事死如事生""鬼神祸福及人"观念的影响下完全可以演变成丧葬风水的原则来指导墓地的选择。

　　因而，秦汉时期北方地区墓葬选址原则基本可以概括为要求地势高敞、环境优美、注重葬地形势和山水走势。隋唐时期的帝陵选址原则与此也是相继相承的。

　　但令人疑惑的是，西汉的诸侯王崖墓，尤其是在南方地区，墓葬的选址却似乎又是一个完全不同的体系。

　　据研究，西汉诸侯王崖墓"一般是选择在山腰较平坦处面对山岗主峰的方向露天开凿出斜坡墓道，待至山壁达到一定高度时即向山壁开凿洞穴，营造墓室"。[③] 其中，江苏徐州地区的西汉楚国王陵多为因山为藏的大型崖洞墓。"西汉各个时期的楚王及王室家族的墓葬一般都选择黄河与淮水之间的平原地带和石灰岩低丘陵岗地上，在相对高度 100 米左右的山岗中腹部开山凿崖洞墓构筑玄室。"[④] 其所处的地形环境如下表[⑤]所示：

---

①　焦南峰、马永赢：《西汉帝陵选址研究》，《考古》2011 年第 11 期。
②　王子今：《说"高敞"：西汉帝陵选址的防水因素》，《考古与文物》2005 年第 1 期。
③　黄展岳：《汉代诸侯王墓论述》，《考古学报》1998 年第 1 期。
④　黄晓芬：《汉墓的考古学研究》，岳麓书社，2003 年。
⑤　周学鹰：《徐州汉墓建筑》，中国建筑工业出版社，2001 年，第 269 页。

陵墓名称	地　形　环　境
楚王山刘交陵	楚王陵墓位于楚王山北坡，与山主峰浑然一体，墓向朝东。墓群东西排列。楚王山周围一片平原，其东为黄河故道（古泗水）。
狮子山楚王陵	楚王陵位于狮子山南坡，墓向朝南，山南一片平原。其北是羊鬼山、西北是绣球山，西北约600米外是当地最大的骆驼山。西2 000米处为故黄河（古泗水），由西北向东南缓缓流过。
驮蓝山楚王、王后陵	驮蓝山有东西并列的两山头，墓向朝南，山体呈东北至西南走向。西南约1.5公里处有东洞山楚王陵，南约1公里处有蟠桃山。东距京杭大运河3公里。
北洞山楚王陵	楚王陵位于北洞山南坡，墓向朝南。南600米为京杭大运河，隔河与琵琶山相望，东南隅为恒山。
龟山楚王、王后陵墓	楚王、王后陵墓位于龟山西部脚下，坐东朝西。龟山东南为小孤山，西南为大孤山，南为绵延不断的九里山。龟山东、西、北三面地势平坦，十分开阔。
东洞山楚王、王后陵墓	楚王、王后陵墓位于东洞山西北麓，坐东朝西。东洞山周围地势平坦，其西偏北500米处是鸭子山，南侧1 000米有一列东西走向山丘，向东分别为广山、羊山、黑头山、老龙潭山、爬山等，东北有蟠桃山、陶家山，二山北为驮蓝山。
南洞山楚王、王后陵墓	楚王、王后墓位于南洞山南麓，坐北朝南。山北为连接东南到西北的望山、曹山，南面是大片平原。
卧牛山楚王陵	王陵位于卧牛山东北麓，坐北朝南。山坡南为韩山和云龙湖，隔湖群山连绵，南坡地势平坦，山北侧不远即为黄河故道（古汴水）。

从表中可以看出西汉楚国王陵均因山为陵，墓向背朝山岗；陵墓的正面多面对开阔的平原，陵前多有河流或者湖泊；墓葬的远处正前方多有山，犹如墓之屏障，类似后世风水中所说的案山；墓葬左右两侧多有阙山遥相呼应。[①] 同样，"河北满城县中山王墓的埋葬设施特意选建在拥有左右山峰的高大陵山之上，玄室开于主峰顶侧，左右两边各有一山峰护卫。玄门正前方面对广阔的河北大平原，背后则有蜿蜒连绵的太行山脉为天然屏障"。[②] 西汉诸侯王崖墓这些墓葬选址的特点与风水思想大著于世的六朝帝王墓葬有着高度的一致性，也

---

① 李智：《西汉诸侯王崖墓的风水选择及其原因初探》，《学理论》2009年第4期。
② 黄晓芬：《汉墓的考古学研究》，岳麓书社，2003年，第127页。

与通常认为唐宋之际才形成的《葬书》所确立的风水体系有着惊人的契合度。《葬书》云：

> 葬者，乘生气也。夫阴阳之气，噫而为风，生而为云，降而为雨，行乎地中而为生气，生气行乎地中，发而生乎万物。人受体于父母，本骸得气，遗体受荫。盖生者，气之聚凝，结者成骨，死而独留，故葬者反气内骨，以荫所生之道也。经云："气感而应，鬼福及人，是以铜山西崩，灵钟东应；化于春，栗芽于室。"气行乎地中，其行也，因地之势；其聚也，因势而止。丘陇之骨，冈阜之枝，气之所随。经云："气乘风则散，界水则止，古人聚之使不散，行之使有止，故谓之风水。"

《葬书》的理论要点首先是生气说。生气说是《葬书》所确立的丧葬风水的根本理论出发点。《葬书》认为："夫阴阳之气，噫而为风，生而为云，降而为雨，行乎地中而为生气，生气行乎地中，发而生乎万物。"即万物皆生于气，而只有在气聚凝的地方，才会形成一种充满生机的葬地环境，也才会是风水宝地。其次，好的葬地要能藏风得水。"气乘风则散，界水则止，古人聚之使不散，行之使有止，故谓之风水。"风和水是保护生气不散的关键因素，因而葬地的选择既要藏风即防止风的吹袭使生气飘零消散，又要邻近水流让其不致消逝。并且，风水之法，"得水为上，藏风次之"，水是葬地生气的最关键因素。第三，地形藏气说。"气行乎地中，其行也，因地之势；其聚也，因势而止。丘陇之骨，冈阜之枝，气之所随。"形成万物生命之源的气存在于大地蜿蜒起伏的山脉之中，并随之而行止。因而，好的葬地要根据山势的走向来决定。第四，方位说。《葬书》以青龙、白虎、朱雀、玄武四神为四方代表并以四方之山为之象征，四者齐备是风水宝地的必要条件。最后，是丧葬风水的根本出发点"遗体受荫"说。"人受体于父母，本骸得气，遗体受荫。盖生者，气之聚凝，结者成骨，死而独留，故葬者反气内骨，以荫所生之道也。经云：'气感而应，鬼福及人，是以铜山西崩，灵钟东应；化于春，栗芽于室。'"死者与生者是情气相感的，葬地美则鬼神安，鬼神安就会子孙昌盛。

根据以上理论要点，葬地山川模式的选择要依据以下程序。首先是寻龙认脉。风水中的龙脉就是地表蜿蜒起伏的山脉。因为地形藏聚着生气，所以连绵起伏、悠远绵长的山脉中就有生气相贯通。是以丧葬风水中墓葬选址的第一步就是从宏观上审定山的走势，来脉悠远的山脉就会生气连贯。然后察砂。砂是指与主龙——大山相伴的小山，尤其是指穴场也即葬地周围层层环绕的山体。各种砂因排列的位置和所起的作用不同又有不同的名称。且砂的层次越多越好，只有层峦叠嶂，才能层层护卫，防止风的侵袭，保护生气的凝聚。再次观水。因为水是丧葬风水中的最关键因素，所以葬地周围是否有水环绕就非常重要。最后点穴。穴即龙脉的终点，也就是山脉终止的地方、生气凝聚之处，通常要求山环水绕、负阴抱阳。

据此，《葬书》所确立的葬地风水的基本原则就可概括为如下几点：第一，要求葬地所在要背倚山峰，并且是在山脉的终止处。第二，葬地周围应"屏障罗列、远近有致"。也即是要求周围都要有山环绕、并且重峦叠嶂，且也要错落有致、主次分明。第三，应面向开阔。葬地虽处于群山环绕之中，却有不可过于封闭。第四，葬地两侧翼及前面必须都有水流，从而做到山环水绕。第五，最佳的葬地还要符合坐北朝南的原则。

总的来说，《葬书》所确定的这一套丧葬风水模式要求葬地背面有蜿蜒而来的崇山峻岭，南面有远近呼应的低山小丘，左右两侧则护山环抱，重重护卫。山峦之中则地势宽敞，且有屈曲流水环抱。由此，便构成了一个后有靠山，左右有屏障护卫，前方开敞的一个相对封闭的小环境。无疑，西汉诸侯王崖墓就大多符合这一原则，因而，或者可以认为，西汉时期的诸侯王墓的选址原则就与此相似。现已发现和发掘的六朝大墓也无不符合这一规律。[①]如西善桥油坊村大墓处于海拔 104.3 米的罐子山麓，距地面高 1.5 米；富贵山大墓处于海拔 80 米的富贵山麓，距地面高 9 米；栖霞山甘家巷大墓处于海拔 73 米的洼子山麓，距地面高 10 米；丹阳胡桥大墓处于海拔 100 米的鹤仙坳山麓，距地面高 25 米。四墓皆背倚山峰，面临平原。可见，西汉时期的诸侯王墓与六朝帝王墓在选址思想上有一脉相承之处。

在历史上，《葬书》的作者被认为是东晋时期的学者郭璞。但从东晋到隋唐，历代史籍中都未载有《葬书》之名，是以《四库全书总目·葬书解题》曰："考璞本传，载璞从河东郭公受青囊中书九卷，遂洞天文五行卜筮之术。璞门人赵载尝窃青囊书，为火所焚，不言其尝著《葬书》。《唐志》有《葬书地脉经》一卷，《葬书五阴》一卷，又不言为璞所作。惟《宋志》载有璞《葬

---

① 罗宗真：《魏晋南北朝考古》，文物出版社，2001 年，第 96 页。

书》一卷，是其书自宋始出。"此说亦多为后世研究风水的学者所接受。《世说新语·术解》云："晋明帝解占冢宅，闻郭璞为人葬，帝微服往看。因问主人：'何以葬龙角？此法当灭族。'主人曰：'郭云："此葬龙耳，不出三年，当致天子。"'帝问：'为是出天子耶？'答曰：'非出天子，能致天子问耳。'"晋明帝作为皇帝居然都知道相墓之术，魏晋时期风水观念之浓厚由此可见一斑。而秦汉时期的风水实践活动必定是形成魏晋浓厚风水思想的基础。东汉张衡在《冢赋》中也概括了当时所见陵墓的环境"高冈冠其南，平原承其北，列石限其坛，罗竹藩其域。系以修，洽以沟渎。曲折相连，迤靡相属"。应该说，西汉诸侯王崖墓的风水理论是后世风水理论化、系统化的雏形，并为后世风水理论的发展奠定了基础。六朝帝陵选址的风水因素应当也来自西汉诸侯王崖墓的选址风水艺术。

由上可以看出，秦汉时期丧葬风水思想确已形成但并不统一，有着不同的体系。在北方地区以帝陵为代表的墓葬坚持地势高敞的选址原则，唐朝的帝陵大都选在高峻的山岭之上，或与此有一定的继承关系。而西汉的诸侯王崖墓，特别是南方，却与唐宋以后的丧葬风水体系一脉相承。可以说，秦汉时期的丧葬风水实践与理念为中国古代的风水文化奠定了基础。而正如东汉中后期镇墓瓶的盛行一般，"事死如事生""鬼神祸福及人"的观念是这一时期也是风水思想产生之后促使人们据其选择葬地的主要原因。

虽然风水并不是秦汉时期墓葬选址的唯一决定性因素——如在西汉帝陵的选址中除风水因素外，还受到了"诸如传统墓地选择习俗的传承、政治形势的需要、帝王个人好恶的影响等因素的重要影响"，[①]但是作为秦汉时期社会生活中已经客观存在的因素，丧葬风水已经成为当时葬俗之中的重要组成部分并因此在研究秦汉时期墓葬的过程中不容忽视。

---

① 焦南峰、马永赢：《西汉帝陵选址研究》，《考古》2011 年第 11 期。

十三
秦汉帝陵陵园中刑徒墓定名商榷

目前学界认为的刑徒墓地除了东汉洛阳的一处外，其他几处均在秦汉帝陵陵园内。

秦汉时期最早被认定为刑徒墓的墓地是在洛阳，位于东汉洛阳城的南郊，是由中国科学院考古研究所洛阳工作队在 1964 年春天发掘的，共发现刑徒墓 522 座。考古简报称："它们的发现以不可辩驳的事实，强有力地控诉了东汉封建统治者残酷迫害广大劳动人民的滔天罪行，揭露了封建社会人吃人的本质。""这些刑徒墓葬，均系长方形竖穴土坑墓。绝大部分都是南北方向，有极个别的是东西方向。墓坑长约 1.8—2.3 米左右，也有少数长仅 1.6 米的。一般宽约 40—50 厘米左右。墓坑都很浅，由于后代的破坏，现在发现的墓口已不是原来的墓口，有的拨开耕土层就露出骨架，最深的墓坑也不超过 1 米。从各种迹象表明，原来埋葬得就很浅。""墓坑中原来都有棺材，……骨架大多数保存得比较完整，每坑葬一人。其葬式绝大多数是仰身直肢葬，俯身、侧身和屈肢的葬式仅见数例。""根据对骨骼的初步观察，男性约占总数的百分之九十六，女性只占百分之四左右。他们的年龄，从牙齿的萌出和磨耗、骨化点的出现和骨器的愈合，颅骨骨缝的愈合以及骨骼的其他年龄变化来看，绝大多数为青壮年，老年的占极少数。特别值得注意的是，全部刑徒的脊椎骨都有明显的劳损痕迹。一个刑徒的左上肢骨和另一个刑徒的右下肢骨，都有骨折后又重新愈合的骨伤。""绝大多数的刑徒墓中均无随葬品。在少数墓中刑徒身上有一、二枚五铢钱，只一座墓中有九枚五铢钱。还有一座墓中放了一件釉陶碗。另两座墓中各放了一件高约 12 厘米的卷口短颈小陶罐。这些陶器不但体型很小，而且制作也很粗糙。比较例外的是，在一座女刑徒的墓中发现了一枚外径 2.8 厘米的银圈，它被压在死者的右臂骨下。这批刑徒墓没有随葬品或随葬品极为贫乏的情况，和当时封建统治阶级墓葬中所发现的大量精美的随葬品形成了鲜明的对照。"①

"在五百余座刑徒墓中共出土刑徒墓砖 820 余块。墓砖上的铭刻，记录了刑徒的部属、无任或五任、狱所名称、刑名、姓名和死亡日期等简略的项目。……每一墓中一般是放两块墓砖，也有不放墓砖的，也有只放一块的，也有放四、五块的。凡是放两块以上的，除死者本人的墓砖（一块或两块）之外，其他则均为别人的旧墓砖。""这个墓地中从永初元年五月二日至七月十六日死亡的刑徒（有砖铭可据者），分别来自司隶、兖、豫、荆、青、徐、冀、并八州，其中以豫州人数最多，占三分之一，兖州次之，占四分之一。"②此处墓地，文物出版社 2007 年出版的由中国社会科学院考古研究所编《汉魏故城南郊东汉刑徒墓地》一书仍认为是刑徒墓。③

第二处被称为刑徒墓的为汉阳陵刑徒墓，是 1972 年发现的。据秦中行《汉阳陵附近钳徒墓的发现》一文介绍，在修建水库的过程中共挖出 29 座刑徒墓，有 35 副骨架。经过探测，墓地的实际面积有 8 万平方米，可能埋葬有万具以上的刑徒尸骨。这些墓葬排列无序，葬式不一，墓坑多呈长方形或不规则形状，墓坑深度距现在地面不深，约 0.85 米至 1.7 米，压在汉代文化层下。刑徒的死亡原因不一，有的死于斩刑，身首异处，如 1 号墓所葬刑徒；有些则死于腰斩，骨盆以下躯体与躯干脱节，如 2 号墓第 4 号骨架。埋葬方式也有不同种类，有些为单人葬，如 2 号墓；有些则为数人合葬或叠压葬，如 2 号墓所葬六人，1—4 号骨架在上层，5、6 号骨架在下层。死者死亡方式悲惨，尸骨埋葬杂乱无章，没有任何棺椁葬具和陪葬品以及反映死者姓名身份的墓砖文字等资料。相较于河南洛阳发现的使用棺椁装殓，埋葬有大量刻有刑徒名字、身份等信息的墓砖文字及少量陪葬物品的东汉刑徒墓葬而言，汉阳陵刑徒墓地不但时代更早，而且官方处理死者的方式也更加残酷。④也就是说西汉阳陵刑徒墓比东汉洛阳刑徒墓所埋的刑徒遭遇更加凄惨。

以上两处所谓的刑徒墓，都是在以阶级斗争为纲的形势下发现、发掘、命名的。当时的定名和发掘简报的作者无疑会受到当时社会环境的影响，从而都以刑徒墓定名，笔者觉得都值得商榷。后文再论。

---

① 中国科学院考古研究所洛阳工作队：《东汉洛阳城南郊的刑徒墓地》，《考古》1972 年第 4 期。
② 中国科学院考古研究所洛阳工作队：《东汉洛阳城南郊的刑徒墓地》，《考古》1972 年第 4 期。
③ 中国社会科学院考古研究所编：《汉魏故城南郊东汉刑徒墓地》，文物出版社，2007 年。
④ 秦中行：《汉阳陵附近钳徒墓的发现》，《文物》1972 年第 7 期。

随着秦始皇陵考古勘探工作的进行，也在其陵园内发现了刑徒墓地，而且不止一处。1980 年，始皇陵秦俑坑考古发掘队在秦始皇陵西侧 1 500 米处的赵背户村发现一处墓地并进行了考古发掘。1978 年 9 月距该墓地西约 500 米的姚池头村北也曾发现过同类型的墓葬。这两处原系相连的一个大规模的墓区，初步探出墓葬 114 座，已清理 42 座。墓葬大致三行排列，西边两行为东西向，东边一排作南北向。墓与墓的距离约 0.2—1 米。有的是在一个大墓坑内又分成若干小墓坑，小坑之间有约 0.1 米的隔墙。墓葬形制均为竖穴土圹。清理的墓葬中，仅 M2 内有用粗绳纹板瓦砌成长方形盒状的瓦棺一具，出土时已残破，通长 1.16 米，宽 0.5—0.6 米，高 0.3 米。棺底是用两块顺长相接的残板瓦平铺，两壁各侧立二块，前后档各直立一块，再用两块板瓦顺长覆盖。其余各坑均无葬具，直接埋入尸体，也有部分坑底垫铺一层厚达 0.3—0.5 米的淡黄色灰烬，有的灰烬中杂有被烧过的动物骨骼或陶器残片。32 座秦刑徒墓中，出土骨架经初步鉴定，三具为女性，其余为男性。两名为儿童（6—12 岁），其余都是青壮年（20—30 多岁）。出土器物共二百零二件，大多为生产工具。考古工作者认定为刑徒墓地。[①]

近年来，考古工作者又在汉武帝茂陵陵园内发现了一处墓地，墓地面积约四万平方米，估计埋葬尸骨在两万具以上。经过局部发掘，在 30 平方米的范围内，发现长方形竖穴土坑墓 16 座，这些墓葬排列密集、埋藏浅、规模小，有的甚至葬入 2 人，无葬具及随葬品，在此发现了刑具。[②]但考古工作者并未将其定名为刑徒墓，而是称为修陵人墓地，这种称呼是值得肯定的。

以上四处墓地，有相同之处，也有不同之处。

洛阳南郊的墓地除了具有棺椁以外，还有不等的陪葬品，出土了众多的砖铭，在 500 余座刑徒墓中共出土刑徒墓砖 820 余块。墓砖上的铭刻记录了墓主的部属、无任或五任、狱所名称、刑名、姓名和死亡日期等简略的项目。每一墓中一般是放两块墓砖，也有不放墓砖的，也有只放一块的，也有放四、五块的。凡是放两块以上的，除死者本人的墓砖（一块或两块）之外，其他则均为别人的旧墓砖。个别的墓中，在棺下还发现有十几块残旧墓砖，这是特殊的现

---

① 始皇陵秦俑坑考古发掘队：《秦始皇陵西侧赵背户村秦刑徒墓》，《文物》1982 年第 3 期。

② 陕西省考古研究院、咸阳市文物考古研究所、茂陵博物馆：《汉武帝茂陵考古调查、勘探简报》，《考古与文物》2011 年第 2 期；马永赢：《汉武帝茂陵陵园布局的几点认识》，《考古与文物》2011 年第 2 期。

象。从未被扰乱的墓中观察，墓砖放置的位置，以放置两块墓砖为例，大体上是一块放在骨架的上身，一块放在骨架的下身。估计是把棺材放到墓坑后，即将墓砖置于棺上。而且从出土的全部刑徒墓砖来观察，在镌刻铭文之前，先用朱笔将要刻的铭文写于砖面上，然后再依朱笔字迹刻出。有的刻成后还用朱笔再行勾画，所以有些砖铭的阴文内尚存有朱色的痕迹，显然是比较认真的。该墓地墓坑集中稠密，排列整齐有序，绝大部分都是南北方向，似乎是按规律安排的。墓坑间距一般为 0.5 米，每排墓之间的距离在 1 米左右。墓葬皆为长方形竖穴土坑墓，多数墓坑长 1.8—2.3 米，宽 0.4—0.5 米。整个墓地的建造应是按照一定规矩有序进行的。从砖铭的内容来看，有的刻死者的姓名，有的带有死者的所在地，其中记刑名的砖只有 273 块，占不到砖铭的三分之一。所以并不是这批墓葬中所有的死者都是刑徒。因此这批墓葬称为劳役者墓地比较准确，是为修建东汉洛阳城而死在当地的劳役者的墓地。

西汉时期的阳陵是汉景帝的陵墓，汉景帝是文景之治的创立者之一，而文景之治的出现是与民休息、无为而治、减轻刑法等制度下的产物。从汉初到文景之治时期，《史记》《汉书》中没有关于大量刑徒修陵的记载，修筑长安城城墙是当时的大型工程，也是选择冬季农闲时节征集附近劳役者进行的，当时使用刑徒很少。《汉书》记载：

及孝文即位，躬修玄默，劝趣农桑，减省租赋。而将相皆旧功臣，少文多质，惩恶亡秦之政，论议务在宽厚，耻言人之过失。化行天下，告讦之俗易。吏安其官，民乐其业，畜积岁增，户口浸息。风流笃厚，禁罔疏阔。选张释之为廷尉，罪疑者予民，是以刑罚大省，至于断狱四百，有刑错之风。[1]

景帝元年，又下诏曰："加笞与重罪无异，幸而不死，不可为人。其定律：笞五百曰三百，笞三百曰二百。"犹尚不全。至中六年，又下诏曰："加笞者，或至死而笞未毕，朕甚怜之。其减笞三百曰二百，笞二百曰一百。"又曰："笞者，所以教之也，其定箠令。"[2]

可见文景时期的刑罚比较轻，不可能有那么多的刑徒参与帝陵的修建工

---

① 《汉书》卷二十三《刑法志》，中华书局，1962 年，第 1097 页。
② 《汉书》卷二十三《刑法志》，中华书局，1962 年，第 1100 页。

作。20 世纪 90 年代以来，考古工作者对汉景帝阳陵作了大量的考古勘探工作，被称为"阳陵模式"，但并未对所谓的刑徒墓进行新的勘探与发掘。所以过去在八万平方米的墓葬区内仅仅发掘 29 座墓葬，就定性为刑徒墓地，实质上是不科学的，值得商榷，当时之所以定为刑徒墓，是考古学研究受到社会上以阶级斗争为纲的影响。

汉武帝茂陵的修陵人墓地定名是对的，是符合当时的实际的定名。

关于秦始皇陵的刑徒墓地问题，史书记载比较多，研究者也比较多，但尚未形成一致的意见。

下面我们根据史料记载的情况来看看修建秦始皇陵的人员结构：

《史记·秦始皇本纪》："始皇初即位，穿治郦山，及并天下，天下徒送诣七十余万人。"

《史记·秦始皇本纪》："隐宫徒刑者七十余万人，乃分作阿房宫，或作郦山。"

《史记·秦始皇本纪》："二年冬，陈涉所遣周章等将而至戏，兵数十万，二世大惊，与众臣谋曰：'奈何？'少府章邯曰：'盗已至，众彊，今发近县不及矣，郦山徒多，请赦之，授兵以击之。'"

《史记·高祖本纪》："高祖以亭长为县送徒骊山，徒多道亡。"

《史记·黥布列传》："布已论输郦山，郦山之徒数十万，布皆与其徒长、豪杰交通。"

《汉书·陈胜传》："秦令少府章邯免郦山徒、人奴产子，悉发以击楚军，大败之。"

《汉书·贾山传》载："始皇修郦山，吏徒数十万，旷日十年。"

以上七条记载，没有称为刑徒的，都是称为"徒"，只有一条记载是"徒刑"。但有学者认为这是断句的问题，应该是"隐宫、徒、刑者七十余万人，乃分作阿房宫，或作丽山"。

据司马迁在《史记·秦始皇本纪》中记载，修建秦陵的工程到高潮时，动员劳动力竟达七十余万人。可以看出秦汉时期的史学家对秦始皇陵修建人员的认识是清楚的，并非一些学者认为的全是"刑徒"，而主要是"徒"。实际上"徒"的概念随着时代的不同而有着不同的含义。湖北云梦睡虎地出土了秦的法律文书，其中的徒，就是特指向国家服各种徭役的人。他们也不像因犯罪而失去自由的刑徒，如城旦、鬼薪之类。他们在服徭役前，应该是身份较为自由的农民。而秦的徒刑是一种限制犯人人身自由、强制劳役的徒刑制度，主要包括：城旦舂，男者为城旦，罚役修筑长城或戍边；女者为舂刑，罚为舂米。刑期一般四年至六年。鬼薪白粲，一般男为鬼薪，罚给神庙砍柴；女为白粲，罚给宗庙择米，刑期一般为三年。隶臣妾，指罚为官府服役。男者为隶臣，女者为隶妾。刑期往往为终身服役，但允许以钱或战功、耕作赎免。两者的概念是不一样的。实质上，根据《睡虎地秦墓竹简》记载可以看出，秦的法律并非传世文献记载得如此残酷，而且从汉初的张家山汉墓竹简《二年律令》也可以看出，汉初的法律是承自秦制。实质上传世文献的记载是受到汉王朝"过秦"思潮的影响，西汉王朝的开国皇帝刘邦是一个平民皇帝，为了证明其代替秦王朝的合法性，因此肆意夸大了秦法律的严酷性。

这里还要澄清"隐宫"的含义，《史记·秦始皇本纪》："隐宫徒刑者七十余万人，乃分作阿房宫，或作郦山"。对于"隐宫"的理解，从汉代以来就争论不断。从《睡虎地秦墓竹简》记载来看，笔者同意"隐宫"为"隐官"之误，断句可为"隐官、徒、刑者七十余万人"。意思是："宫内官员、军队和囚犯七十余万人"；断句亦可为"隐官、徒刑者七十余万人"。由传世文献结合出土文献可知，"隐宫"乃"隐官"之误写。"隐官"为机构名称，即受肉刑而获赦免、平反的人。笔者认为，徒刑者，并非专指刑徒。比如，司马迁在写秦始皇第二次出巡，过湘山祠因遇大风，几次不能渡江，始皇大怒，命令刑徒三千人"皆伐湘山树，赭其山"的时候，则直呼为"刑徒"。可见徒与刑徒并非完全一样。周晓瑜认为，始皇陵和阿房宫的修建者包括两部分人，一部分是刑徒，另一部分则是自由人，即"犯罪受过肉刑，身体不完全，而后又因立功被赦免为庶人的人"。这部分自由人中，有相当多的是工匠，有一技之长。[①] 这种认识是有道理的。《史记·秦始皇本纪》说秦始皇葬丽山后"尽闭工匠臧者，无复出者"；《汉书·刘向传》说此时"多杀宫人，生埋工匠，计以万数"，当时的修陵者中工匠一定是很多的，秦始皇陵的修建是需要许多的技术工匠的，有不少的科技工作人员。从秦始皇陵出土的兵马俑、铜车马、青铜水禽、石铠甲，以及数以万计的兵器来看，没有技术工匠是根本无法完成任务的，而且这

---

① 周晓瑜：《秦代"隐宫""隐官""宫某"考辨》，《文献》1998 年第 4 期。

些工程使用的劳动力是非常多的，多属于密集型的劳动。

从秦始皇陵修陵人墓地中出土的瓦文材料看，当时修陵人中涉及原三晋、齐、楚故地的十个县；瓦文所载十九个死者中，有十人系服居赀劳役，而且有爵位的达九人之多，包括公士三人、上造一人、不更五人，分别属于秦爵中的一等爵、二等爵和四等爵。未注明服役性质的九人中，有上造、不更各一人。"居赀"服役有两种情况：一是以服劳役的形式去偿付赀项（罚款）或赎免所犯的过错；一是用服劳役来抵偿所欠官府的债务。这些"居赀"服役者根本就不是刑徒。清理的一百具骨骼中，除年龄在 25—30 岁左右的女性三人，以及6—12 岁的两个儿童外，其余的均是 20—30 岁的男性。袁仲一在他的《秦始皇陵考古发现与研究》指出当时修陵人员中包括刑徒、居赀、官府和民间手工业作坊的工匠，并未把这些墓葬称为刑徒墓，而是称为修陵人墓地。[①]

综上论述，笔者认为把以上这些墓葬群称为"修陵人墓地"或者"劳役者墓地"比较符合秦汉时期的实际，因为这样的称呼更符合这些墓葬的实际情况，涵盖面广，易于被人接受，也摒弃了过去阶级斗争的思维方式，而不应该称为"刑徒墓地"。

---

① 袁仲一：《秦始皇陵考古发现与研究》，陕西人民出版社，2002 年，第 15—17 页。

主要参考资料

1. 古籍

（汉）司马迁：《史记》，中华书局，1959 年。

（汉）班固：《汉书》，中华书局，1962 年。

（汉）蔡邕：《独断》（卷下），上海古籍出版社，1990 年。

（晋）葛洪撰，周天游校注：《西京杂记》，三秦出版社，2006 年。

（南朝宋）范晔：《后汉书》，中华书局，1965 年。

（唐）房玄龄：《晋书》，中华书局，1974 年。

（清）孙星衍等辑，周天游点校：《汉官六种》，中华书局 1990 年。

陈奇猷校释：《吕氏春秋校释》，学林出版社，1984 年。

何清谷：《三辅黄图校释》，中华书局，2005 年。

2. 著作

段清波：《秦始皇帝陵园考古研究》，北京大学出版社，2011 年。

刘庆柱：《古代都城与帝陵考古学研究》，科学出版社，2000 年。

刘庆柱、李毓芳：《西汉十一陵》，陕西人民出版社，1987 年。

陕西省考古研究所、秦始皇兵马俑博物馆：《秦始皇帝陵园考古报告（1999）》，科学出版
　　社，2000 年。

陕西省考古研究院、秦始皇兵马俑博物馆：《秦始皇帝陵园考古报告（2001—2003）》，文
　　物出版社，2007 年。

王学理：《秦始皇陵研究》，上海人民出版社，1994 年。

咸阳市文物考古研究所：《西汉帝陵钻探调查报告》，文物出版社，2010 年。

徐卫民主编：《陕西帝王陵墓志》，三秦出版社，2018 年。

徐卫民：《秦公帝王陵》，中国青年出版社，2002 年。

阎崇东：《两汉帝陵》，中国青年出版社，2007 年。

杨宽：《中国古代陵寝制度史研究》，上海古籍出版社，1985 年。

袁仲一：《秦始皇陵兵马俑研究》，文物出版社，1989 年。

袁仲一：《秦始皇陵考古发现与研究》，陕西人民出版社，2002 年。

张卫星：《礼仪与秩序：秦始皇帝陵研究》，科学出版社，2016 年。

赵化成、高崇文等：《秦汉考古》，文物出版社，2002 年。

中国社会科学院考古研究所：《汉杜陵陵园遗址》，科学出版社，1993 年。

3. 论文

曹龙：《西汉帝陵陪葬制度初探》，《考古与文物》2012 年第 5 期。

崔建华：《论皇权传承规范对西汉帝陵布局的制约》，《考古与文物》2012 年第 2 期。

杜葆仁：《西汉诸陵位置考》，《考古与文物》1980 年第 1 期。

段清波：《秦始皇陵封土建筑探讨——兼释"中成观游"》，《考古》2006 年第 5 期。

段清波、张颖岚：《秦始皇帝陵的外藏系统》，《考古》2003 年第 11 期。

韩国河：《东汉帝陵踏查记》，《考古与文物》2005 年第 3 期。

韩国河：《东汉帝陵有关问题的探讨》，《考古与文物》2007 年第 5 期。

韩国河、张鸿亮：《东汉陵园建筑布局的相关研究》，《考古与文物》2019 年第 6 期。

黄宛峰：《汉文帝并非薄葬》，《南都学坛》1995 年第 1 期。

黄展岳：《西汉陵墓研究中的两个问题》，《文物》2005 年第 4 期。

焦南峰：《左弋外池——秦始皇陵园 K0007 陪葬坑性质蠡测》，《文物》2005 年第 12 期。

焦南峰：《西汉帝陵从葬坑初探》，《文物》2007 年第 7 期。

焦南峰：《宗庙道、游道、衣冠道——西汉帝陵道路再探》，《文物》2010 年第 1 期。

焦南峰：《西汉帝陵田野考古工作的新进展》，《考古与文物》2011 年第 3 期。

焦南峰：《秦、西汉帝王陵封土研究的新认识》，《文物》2012 年第 12 期。

焦南峰：《西汉帝陵形制要素的分析与推定》，《考古与文物》2013 年第 5 期。

焦南峰、马永赢：《西汉宗庙刍议》，《考古与文物》1999 年第 6 期。

焦南峰、马永赢：《西汉帝陵无昭穆制度论》，《文博》1999 年第 5 期。

焦南峰、马永赢：《西汉帝陵选址研究》，《考古》2011 年第 11 期。

焦南峰、孙伟刚、杜林渊：《秦人的十个陵区》，《文物》2014 年第 6 期。

焦南峰、杨武站、曹龙：《神道、徼道、司马门道——西汉帝陵道路初探》，《文物》2008
　　年第 12 期。

焦南峰、杨武站、曹龙、王东：《咸阳"周王陵"为战国秦陵补证》，《考古与文物》2011
　　年第 1 期。

焦南峰、李岗：《秦东陵相关问题初探》，《考古与文物》2021 年第 1 期。

焦南峰：《秦王陵的形制要素及其特点》，《考古学研究》2022 年第 1 期。

雷百景、李雯：《西汉帝陵昭穆制度再探讨》，《文博》2008 年第 2 期。

雷依群：《论西汉帝陵制度的几个问题》，《考古与文物》1998 年第 6 期。

李继鹏：《洛阳邙山东汉帝陵再探》，《中国历史博物馆馆刊》2020 年第 5 期。

李毓芳：《西汉陵墓封土渊源与形制》，《文博》1987 年第 3 期。

李毓芳：《西汉帝陵分布的考察——兼谈西汉帝陵的昭穆制度》，《考古与文物》1989 年第
　　3 期。

李自智：《试论秦始皇陵园布局对后代帝陵的影响》，《文博》1990 年第 5 期。

梁云、汪天凤：《论东汉帝陵南北兆域的形成》，《中原文物》2020 年第 2 期。

刘庆柱、李毓芳：《西汉诸陵调查和研究》，《文物资料丛刊》（6），文物出版社，1982 年。

刘瑞：《秦汉时期的将作大匠》，《中国史研究》1998 年第 4 期。

刘瑞：《秦、西汉帝陵的内、中、外三重陵园制度初探》，《中国文物报》2007 年 5 月 18
　　日，第 7 版。

刘卫鹏、岳起：《由平陵建制谈西汉帝陵制度的几个问题》，《考古与文物》2007 年第 5 期。

刘卫鹏、岳起：《茂陵邑的探索》，《考古与文物》2008 年第 1 期。

刘炜：《西汉陵寝概谈》，《中原文物》1985 年第 2 期。

刘秀红、丁岩：《东汉帝陵选址与血统传承因素》，《华夏考古》2022 年第 1 期。

刘钊：《论秦始皇帝陵园 K0007 陪葬坑的性质》，《中国文物报》2005 年 8 月 9 日。

刘尊志：《西汉帝陵分布及相关问题浅析》，《中原文物》2010 年第 5 期。

罗明：《秦始皇陵园 K0007 陪葬坑弋射场景考》，《考古》2007 年第 1 期。

洛阳市第二文物工作队、偃师市文物管理委员会：《偃师白草坡东汉帝陵陵园遗址》，《文
　　物》2007 年第 10 期。

马永赢：《汉武帝茂陵陵园布局的几点认识》，《考古与文物》2011 年第 2 期。

马永赢：《汉平帝康陵布局试析》，《文物》2014 年第 6 期。

马永赢：《汉文帝霸陵对西汉帝陵规制的影响》，《文博》2022 年第 3 期。

马永赢：《汉文帝霸陵考古调查勘探简报》，《考古与文物》2022 年第 3 期。

马永赢：《汉文帝霸陵选址研究》，《考古与文物》2021 年第 1 期。

马永赢：《汉文帝霸陵位置考》，《考古与文物》2022 年第 3 期。

马永赢、曹龙：《"凤凰嘴"误传为汉文帝霸陵的原因分析》，《秦汉研究》第 17 辑，西北
　　大学出版社，2022 年。

马振智：《试论秦国陵寝制度的形成发展及其特点》，《考古与文物》1989 年第 2 期。

钱国祥：《东汉洛阳帝陵的布局与归属辨析》，《中原文物》2019 年第 1 期。

陕西省考古研究所：《西汉安陵调查简报》，《考古与文物》2002 年第 4 期。

陕西省考古研究所阳陵考古队：《汉景帝阳陵考古新发现（1996—1998 年）》，《文博》
　　1999 年第 6 期。

陕西省考古研究院：《2010 年度秦始皇帝陵园礼制建筑遗址考古勘探简报》，《考古与文

物》2011 年第 2 期。

陕西省考古研究院：《汉武帝茂陵考古调查、勘探简报》，《考古与文物》2011 年第 2 期。

陕西省考古研究院、咸阳市文物考古研究所：《汉哀帝义陵考古调查、勘探简报》，《考古与文物》2012 年第 5 期。

沈睿文：《西汉帝陵陵地秩序》，《文博》2001 年第 3 期。

石兴邦：《秦代都城和陵墓的建制及其相关的历史意义》，《秦文化论丛》第 1 辑，西北大学出版社，1993 年。

石兴邦、马建熙、孙德润：《长陵建制及其相关问题——汉刘邦长陵勘察记存》，《考古与文物》1984 年第 2 期。

孙伟刚：《秦始皇帝陵北部西侧建筑遗址的性质及相关问题》，《考古与文物》2012 年第 6 期。

王建新：《西汉后四陵名位考察》，《古代文明》第 2 卷，文物出版社，2003 年。

王建新：《"阳陵模式"与西汉帝陵制度》，《古代文明》第 5 卷，文物出版社，2006 年。

王学理：《秦汉相承、帝王同制——略论秦汉皇帝和汉诸侯王陵园制度的继承与演变》，《考古与文物》2000 年第 6 期。

王子今：《西汉帝陵方位与长安地区的交通形势》，《唐都学刊》1995 年第 3 期。

王子今：《霸陵薄葬辨疑》，《考古与文物》2002 年第 2 期。

王子今：《说"高敞"：西汉帝陵选址的防水因素》，《考古与文物》2005 年第 1 期。

徐苹芳：《中国秦汉魏晋南北朝时代的陵园和茔域》，《考古》1981 年第 6 期。

严辉：《洛阳东汉帝陵地望问题研究综述》，《中原文物》2019 年第 5 期。

严辉：《秦、两汉帝陵二元式空间结构概说》，《中原文物》2021 年第 3 期。

严辉等：《洛阳孟津朱仓东汉帝陵陵园遗址》，《文物》2011 年第 9 期。

严辉等：《洛阳孟津朱仓东汉帝陵陵园遗址相关问题的思考》，《文物》2011 年第 9 期。

杨武站、曹龙：《汉霸陵帝陵的墓葬形制探讨》，《考古》2015 年第 8 期。

杨哲峰：《渭北西汉帝陵布局设计之观察》，《文物》2009 年第 4 期。

叶文宪：《西汉帝陵的朝向分布及其相关问题》，《文博》1988 年第 4 期。

喻曦、李令福：《西汉长陵邑的设置及其影响》，《陕西师范大学学报》2012 年第 2 期。

袁仲一：《秦始皇陵考古纪要》，《考古与文物》1988 年第 5、6 期。

岳起：《西汉帝陵诸问题的探讨》，《秦汉研究》第 4 辑，陕西人民出版社，2010 年。

张卫星：《试论秦始皇陵葬制的突破》，《考古与文物》2009 年第 5 期。

张卫星：《秦汉帝陵陵寝制度及其象征性研究的思路探析——以秦始皇陵的研究为例》，《中原文物》2010 年第 3 期。

赵化成：《秦始皇陵园布局结构的再认识》，《远望集》，陕西人民美术出版社，1998 年。

赵化成：《从商周"集中公墓制"到"秦汉独立陵园制"的演化轨迹》，《文物》2006 年第 7 期。

后　记

　　陵墓制度和丧葬文化是当时社会政治、经济、文化等各方面的真实反映，因为古人是按照"事死如事生"的礼制实行丧葬的，墓葬文化作为文化传承的一个重要组成部分，既集中体现了人们精神领域的本质特征，同时也反映了物质世界中的文化现状。人们生前所有和希望得到的都会在陵墓中体现出来，特别是作为秦汉社会最高统治者的皇帝陵墓更是有过之而无不及。因此从帝陵制度来分析当时社会的方方面面无疑会得出有价值的结论。

　　秦汉时期是中国历史上一个极为重要的时期，具有承上启下的作用，其创立的帝王陵墓制度方面也是一样。由于古代社会对礼仪典章制度极其重视，而帝王丧葬制度是礼仪典章制度的重要组成部分，对帝王陵墓制度的研究对于探讨中国古代文化具有十分重要的历史价值和学术意义，而且对于保护利用历史文化遗产同样具有重要的现实意义。

　　正因为如此，笔者对秦汉帝陵的关注研究已经 30 多年了，1989 年研究生毕业后我去秦始皇兵马俑博物馆从事研究工作，于是秦始皇陵成为我学术研究绕不开的话题，2000 年中国青年出版社邀约我写一本《秦公帝王陵》，2002 年顺利出版，极大地鼓舞我继续做下去的愿望，于是延伸到汉代帝陵。2011 年我申请到了国家社科基金西部项目"秦汉帝陵制度研究"，成为我的第二个国家社科基金项目，经过多年研究顺利结项。我的博士研究生张渊参与了本课题研究并撰写了秦汉帝陵制度研究综述等部分，研究生高凤、颜永杰也撰写了相关部分，在此一并感谢。

　　这本书就是该课题的研究成果，在研究过程中吸收了不少前贤的研究成果，向他们致敬感谢。本书能够顺利出版，要感谢西北大学文化遗产学院，也要感谢上海古籍出版社的编辑贾利民。

2022 年 9 月于西北大学